天神下凡

詹姆斯·卡梅隆的电影人生

THE

FUTURIST

THE LIFE AND
FILMS OF
JAMES CAMERON

[美] 丽贝卡·基根 著
Rebecca Keegan

朱沉之 译

法律出版社

THE FUTURIST：THE LIFE AND FILMS OF JAMES CAMERON by REBECCA KEEGAN

著作权合同登记号
图字:01－2010－1803

致我的父亲，

他给我讲了第一个故事

目　录

导 言
未来主义者

“首先我要告诉大家,我们全得完蛋。”说话的是一位满头银发的导演。2000 年的地球日,他在加州圣塔芭芭拉讲演,就是拿这句话来自嘲,指的是他对突然而至的炼狱场面的嗜好。詹姆斯·卡梅隆一直以来都在谨慎而期待地前瞻,而在电影这个他所投身的艺术形式中,他则以科技含量和艺术追求为人之先。他不断地鼓动我们这些旁人,和他一起探寻危机四伏的未来世界。

在 1984 年的《终结者》(*The Terminator*)中,卡梅隆将地球的命运交在一位小餐厅的女服务员手里。自此之后,他一直坚信完全可以让普通人来承担非凡的职责。他告诉昏暗的电影院里观看影片的任何一个男人或(尤值一提的是)女人:将我们从机器人手里拯救出来,可能就得靠你;“泰坦尼克号”上抉择生死的,也可能就是你。

不过,卡梅隆自己的故事却绝不普通。他是一名卡车司机,却在四十岁之前导演了有史以来票房收入最高的电影,随即便抛弃好莱坞,花了十年工夫探索海洋的深处和科学的巅峰。他能动手,敢梦想。他创新推出的电影工具彻底变革了故事叙述的方式;他率先运用的科技手段,如同声音和颜色一样,为今日的一代电影人所深切依赖。他小时候聪明过人,成年之后的多数时光都在做别人所谓不可能的事,诸如在海底两英里半的深处拍摄电影，或者将一个女性塑造成动作英雄。

最为重要的一点，是他将电影推入了数字时代，使电影摄制者得以解放出来，能够自由讲述过去只有在想象中才行得通的故事。是他首先证明电脑不仅可以制作出清晰的影像，更能创造出视觉上栩栩如生的形态：在《深渊》(*The Abyss*)中，他以电脑制作的二十个镜头展现了一条由水构成的触手。在《终结者2》(*Terminator 2：Judgment Day*)中，他创造了一个CG(电脑制图)角色——由液态金属构成的T－1000，以此延伸了物理的定律，扩展了叙事的限制。在《泰坦尼克号》(*Titanic*)中，他所应用的特技并不张扬，却逼真地再现了一艘巨轮的沉没，扣人心弦，给人留下的感受交织着华美、恐惧和失落。

而真正引发了革命的，还是《阿凡达》(*Avatar*)这部超乎卡梅隆之前任何一部电影的大作。他在二十世纪九十年代就将他打算运用的技术陈述于那篇《数字宣言》中，并且在随后的十五年时间里辛劳耕耘，将其逐一完善。他研制的摄像机使他得以窥入虚拟世界，并推动整个电影工业采用了数字3D格式。以此所造成的结果就是导演好像冲破了银幕，抓住观众的手，将他们牵入潘多拉这个无人见过的奇异世界。这颗星球上有漂浮的山、发光的雨林，以及一群优雅、高大、蓝色的纳威人(Na'vi)。

当然，卡梅隆的幻想工具，也仅仅是工具，是《2001：太空漫游》(*2001：A Space Odyssey*)中猩猩手里那根骨头在今日社会的最新版本。科技并不见得有驾驭科技的智慧相伴，不论在艺术创作还是在军事行动中都是如此。我们的科学不断进步，而其阴暗面则是卡梅隆在他每一部电影中都有所涉及的一个主题，并让他个人深感困扰。通过《终结者》一片，他首次在电影中提出“末日即将到来”的警告。在这部电影中，人类不经意地将我们的核密码交给了机器，还让机器有了人性，导致其在2029年向我们发动战争。二十五年之后，他用《阿凡达》告诉我们，人类将自己的坏习惯——对地球的贪婪掠夺——拓展到了星际空间。

在片场上，要跟上卡梅隆，必须脚步如飞。他走路的速度超乎常人。头一回去《阿凡达》在洛杉矶的摄影棚探班之后，我明白，以后工作要穿运动鞋。那一次采访，是《时代》周刊委派的任务，我对所见的一切都深感震惊——电影制作的方法被重新创造，虚拟的布景只存在于导演的摄像机和他的脑海中。我知道卡梅隆是一位创新者，而这部影片显然是他作为一位思想前卫的电影摄制者的惊天之作。我观察着导演的工作，很好奇一个人如何只对困难的事情有兴趣，而且只想把它做得完美。我决心以更近的距离，追踪这部引人入胜的影片及其制作过程。

在这部电影的“表演捕捉”拍摄过程中，以及卡梅隆跟位于新西兰惠灵顿的特效公司“威塔数码”（Weta Digital）的创意人士进行视频会议，力求完善《阿凡达》的两千五百个特效镜头时，我在旁边如墙上的苍蝇，保持静默。在他与科学家开会商讨，完善《阿凡达》神话的理论基础时，我造访了他的制作公司“光风暴”（Lightstorm Entertainment）。在他对电影进行剪辑时，我去了他在加州马利布的家。我曾和卡梅隆的五十多位朋友、家人和同事谈话。我见过他母亲，这位其貌不扬的加拿大老奶奶，有着一颗动作女英雄的心。我专访了他的朋友阿诺德·施瓦辛格，后者在卡梅隆的三部电影里饰演过大反派或者真英雄，还常常周末同他一道在圣塔莫妮卡的山上骑摩托车。我和丹尼斯·穆伦谈过，他曾参与《深渊》和《终结者 2》中效果惊人的 CG 设计。我拜会了彼得·杰克逊，他站在卡梅隆的肩膀上，拍摄了《指环王》（*Lord of the Rings*）三部曲，之后又将自己的特效工作室借给卡梅隆拍摄《阿凡达》。我采访的人还包括：卡梅隆第二任妻子盖尔·安妮·赫德，她也是他的第一位制片人搭档；彼得·彻宁，这位二十世纪福克斯公司的高层为《泰坦尼克号》和《阿凡达》两个项目开了绿灯；乔恩·兰多，这位制片人帮助卡梅隆实现了他宏伟的计划；蕾·桑奇妮，她负责运营卡梅隆的公司。

“你和吉姆（Jim）* 在一起，难免觉得自己有点蠢。”在我探访工作的一开始，杰克逊就这么警告过我。“他的头脑实在是灵，叫人畏惧。”杰克逊此言不假。卡梅隆的大脑惊人地强大，极富魅力，且左右两边发展均衡——他既是科学家又是艺术家。我所见识到的这个人既有能力理清神秘的工程问题，如未来的直升机怎样降落才更为现实；又能清楚地向一群艺术家说明一个明确的审美目标，如一个葱郁的外星森林在夜里

---

* 詹姆斯（James）之昵称。——译注

如何幽幽发光。他的另一过人之处在于，他能协调一大群唱反调的人，还能同样惊人地说服大批理性思维的人，和他一道追求那些令人望而生畏的目标。

卡梅隆的口头禅之一是“我就知道会这样！”当一个特技出现问题，或者某个技术手段失败的时候，他总是不耐烦地这么说。而当某位一流的演员演得很好，或者一个疯狂的技术手段成功的时候，他也会如释重负地这么说。他多部描绘未来的电影，都被证明比普通的科幻片预见得更准确。影片中所包含的某些想法和形象——机器人式的兵器、士兵的外骨骼装备、猖獗的恐怖主义活动、经济崩溃、摄像机推动的文化——都在日后得以成真。同样变为现实的还有许多他宣扬的电影制作技术，虽然他的同行曾一度表示怀疑。当他在 2000 年开始研制数字 3D 摄像机时，业内多数人仍认为，3D 仅仅是一阵娱乐之风，最好任由它同“味觉电影”(Smell-O-Vision)* 以及迪斯科一样，最终为历史所淘汰。然而，2010 年，迪斯尼和梦工厂出品的所有动画电影和若干部真人电影都将以数字 3D 格式制作。考虑到卡梅隆一贯是虚拟世界中的预言家，完全有可能到 2029 年的时候，我们都必须具备最佳的生存技能才行。

但是，一切关于未来的虚构故事，包括卡梅隆的作品在内，不仅是预测将来会发生什么，更是捕捉了我们现时的期望和恐惧。卡梅隆的电影提供了一个空间，让我们想象如何才能通向更好的将来。是的，我们全得完蛋，卡梅隆对圣塔芭芭拉的听众如是说。“但是，从正面角度看，这个即将来临的末日，是我们通过自己的大脑，运用自己的科技亲手创造出来的，因此，我们绝对可以消除弊害，避免其发生。”卡梅隆的事业建立在对通俗智识的怀疑之上，并且相信个体的力量。在他的展望之中，我们能够将命运掌握在自己手中，这里面蕴含的深意，已远远不止于拍摄好看的电影来娱乐大众。这决定了我们即将面临的未来。

---

* 1960 年在美国推出，是在影院座位下准备各种气味，使观众能闻到影片故事场景中的味道。——译注

1.
一个男孩和他的脑

终结的开始

世界末日就要来了，而他才八岁。那一天，家住安大略省奇帕瓦（Chippawa）的詹姆斯·卡梅隆，在客厅茶几上找到了一份传单，上面详细介绍了如何建造一座核爆炸之后防放射尘污染的民用避难所。奇帕瓦地处尼亚加拉大瀑布加拿大境内那一段附近，是一个古怪而不乏情趣的小村落。那是1962年，正值古巴导弹危机。菲利普·卡梅隆和雪莉·卡梅隆觉得，他们有理由提防原子弹——他们的住所离大瀑布不足两英里，而瀑布是国境两边的城镇重要的电能来源。然而，对他们的大儿子来说，发现这份传单，是改变一生命运的重大时刻。在此之前，唯一让这个男孩挂心的就是要在街灯点亮之前骑自行车回家，这是家里的规矩。卡梅隆说："我意识到，我原以为这个世界安全无忧、美妙宜人，这不过是一个幻觉，我们所知的世界随时可能终结。"从那时起，他就着迷于核战争这一主题。他夜里在被子下面打着手电看科幻小说，书中描绘的炼狱般的场面进一步助长了他的恐惧。学校的孩子里，可能只有他觉得在核攻击应急演习中躲到桌子下面既不好笑又不愚蠢。"这是疯狂的臆想，还是出于对潜藏真相的警觉?"今天的卡梅隆依旧心怀疑虑，

“从现状来看，这确实显得有一点杞人忧天，但是，要自我摧毁，我们还有的是时间。”

这个忧心忡忡的八岁男孩长大之后，将会讲述许多关于世界末日的生动故事，从 2029 年机器人发动的战争，到 1912 年一艘被认为不会沉没的巨轮沉入海底。詹姆斯·卡梅隆的每一部电影都是基于他童年时代的恐惧而提出的警告，也是如何在大灾难中幸存并维持人性和精神完整的指南。他自己的故事，开始于家族里一代又一代不安分的先人。

菲利普和雪莉

卡梅伦的曾曾曾祖父是一名教师，于 1825 年从苏格兰的巴惠德（Balquhidder）移民到加拿大。“他算得上是个爱自由、会思考的人，他不喜欢国王，”说话直率而又颇具分寸的电气工程师菲利普如此解释。卡梅隆家族是苏格兰最古老的宗族之一，以凶悍的剑士而闻名，参与领导了詹姆士党叛乱。这场英格兰和苏格兰之间血腥的宗教战争发生于十七世纪到十八世纪。他们中间有的人以叛国罪名遭处决，有的人被流放。菲利普·卡梅隆这一支最终来到了安大略省的奥兰治威尔，位于多伦多西北大约五十英里外。在那里，他先是进了一所只有一间屋子的学校，继而到北方的镍矿做矿工，攒了钱之后，在 1948 年进入多伦多大学。“爸爸很有男子汉气概，很健壮。他似乎总是比别人强，虽然其实并非如此，”菲利普夫妇的小儿子约翰·大卫说，“你一见到他，就知道不能惹他。别人要拿扳手扳两回的事情，他半圈就搞定了。”

菲利普在上高中时认识了雪莉·劳。她身材苗条，金发碧眼，精力充沛，在奥兰治威尔的女子赛马会上开过运牲口的大车。她创作过鼓励国民购买战时债券的宣传画，荣获全县大奖。画中描绘了烈焰吞噬城市的惨况，还以醒目的红色字迹发问：“你想让这种事情发生吗？”在三个孩子都还不到八岁的时候，身为母亲的她参加了加拿大女子陆军，周末高高兴兴地去集结，穿着工作服和战斗靴，学习蒙眼装配步枪，或者在大雨中苦练队列。她没有放弃油画和水彩，而且每周还花一个晚上参加一门成人教育的兴趣课程，如地质学或天文学。“我做这些事情全是为了自己，不为别人，”雪莉如是说。她坦言绝不曾想到自己会是《终结者》和《异形2》（*Aliens*）这些电影中强悍女性形象的灵感来源。“我不明白吉姆为什么觉得我那么自立，”雪莉耸耸肩膀，碧蓝的眼眸炯炯有神。在他们位于加州卡拉巴萨斯的家里，餐桌边的菲利普抬起眼，显然被结婚五十七年的妻子逗乐了。“呃，你确实很自立，”他板着脸说。雪莉很有创造力，冲劲足，脾气暴。而菲利普则坚忍克己，善于分析，一丝不苟。他承认：“对于愚蠢的人，你很难同他们周旋。”两人迥然不同的个性，独特地结合在他们的大儿子身上，这个孩子既有精明的头脑，又是浪漫的艺术家。

当他们的第一个孩子降生时，菲利普夫妇住在卡普斯卡辛的一间小公寓里。那里又冷又偏，是安大略省北面伴随当地工厂而建立的一个小镇，菲利普就在此处一家造纸厂做工程师。雪莉原先在多伦多受过护士训练，但那个时候她只能忙于家务。1954 年 8 月 16 日，詹姆斯·卡梅隆迟了一个月才出世。他初出娘胎时大声啼哭，这幅景象，好莱坞电影公司的老板们应该不难想见。因为他是第一个孩子，菲利普夫妇并不知道他们的吉姆有何与众不同。十八个月大的时候，卡梅隆踱进一位医生的办公室，伸出手说：“你好吗，医生？”菲利普夫妇这才知道，自己的儿子有些发展超常。

奇帕瓦

卡梅隆五岁时，菲利普因为工作需要，举家搬迁到尼亚加拉瀑布城，之后又搬到奇帕瓦一处更舒服的错层式住宅，在那里一直住到 1971 年。家中人丁日见兴旺，后来又有了迈克、瓦莱丽、泰丽和约翰·大卫。菲利普家的孩子在奇帕瓦溪的岸边恣意玩耍，实际上，用其他国家的标准来看，这条“溪”算得上是湍急的河流了。他们经常钓鱼，甚至还冒失地游逛到深谷上方。有一次，卡梅隆踩到一块长满藻类的薄板，失足滑倒，滚向深达百尺的悬崖。幸好最终抓住了一棵树的枝条，才攀爬回来。这场遭遇，他从未告诉父母。他说：“远足时发生的事情，一概不外泄。”他开始东修西补，造东西，做实验，通常都是和弟弟迈克一起。他们造出卡丁车、筏子、树屋。他最喜欢的玩具是可以制造模型的套件,那是他拿卖贺卡的钱换来的(雪莉出钱给邻居,请他们买他的贺卡——妈妈们也会保守秘密的)。他拿这个套件造出可以分发糖果或者可乐瓶的鲁布·哥德堡式的装置*。有一回,他拿一个装蛋黄酱的瓶和一只漆桶组装成一个迷你潜水球,把瓶放在桶里,瓶内装了一只老鼠,然后从奇帕瓦溪的一座桥上把桶放到了溪底下。当他把桶提上来时,老鼠还活着,但想必受惊不轻。另一项让卡梅隆引以为豪的工程杰作,是一台“暑假投石机”。这台攻城的武器,是他在奥兰治威尔附近祖父母的农场里用一辆运草料的旧车改造出来的,可以发射二十磅重的石头。他将多余的木料拖到放牛的草场上充当靶子,拿他的投石机射着玩。

菲利普家里的男孩子善用工具,但并不光是做创造,也有搞破坏的时候。有一回,邻居家的孩子偷了他们的玩具,吉姆和迈克就进了头号嫌疑犯的树屋,锯断了用作支撑的侧枝。当小罪犯爬进去的时候,整个树屋翻倒在地上。“这回他们闯了祸,”雪莉点着头说,“有可能使旁人受伤的事是不允许做的。”菲利普在家里施行严格的管教,通常三两句话就能将利害摆明。“我爸爸曾经警告我,‘你要是闯祸,我就把你关到柴棚里去。’”约翰·大卫回忆,“我对家里的房子还是了解的,我有这个自信。家里其实从来就没有过什么柴棚。这种威胁,比任何实际行动都不如。”

卡梅隆很早就有能耐动员一大批人为他的目的行事。大儿子十岁左右的时候,有一次,雪莉发现她那几个小一点的孩子和邻居家的伙伴带着零碎的木头和金属鱼贯而出,往家里的侧院跑去。“我说,‘你们要这些废料干什么?’”雪莉回忆,“吉姆说,‘我们要造一样东西。’”几个钟头之后,当雪莉去参观他们的大工程时,这批小孩造出了一架飞机。“你猜坐在飞机里被人拉着跑的还能有谁?”卡梅隆非常善于告诉别人该做什么事。家里人出去吃饭,他会主动约束弟妹。这个大儿子两手合

* 鲁布·哥德堡(Rube Goldberg)是活跃于二十世纪上半叶的美国漫画家,喜欢在作品中设计出各种精密繁复的机械装置,以迂回的过程来完成其实非常容易的工作,他的名字因此成为化简为繁的代名词。——译注

覆，放在桌上，只有两个大拇指前后打转。这是在告诉比他年纪小的孩子，要跟他一样，别伸手去抓装盐和胡椒的瓶子。

雪莉注重培育儿子的艺术才能。在卡梅隆的要求下，有时候礼拜六他们会驱车八十英里去参观“皇家安大略博物馆”。他会拿出画本，临摹博物馆里的盔甲和木乃伊。“我看见什么喜欢的东西，马上就动笔画下来，”卡梅隆说，“作画是我将这些东西拥为己有的方式。”他照着喜欢的电影和电视节目，创造了自己的连环画版本。其中包括受1961年由雷·哈利豪森制作视觉特效的奇幻电影《神秘岛》（*Mysterious Island*）启发而创造出来的海盗，还有1966年《星际迷航》（*Star Trek*）第一季出现的宇宙飞船。他轻而易举地赢得了当地所有的设计竞赛——不论是在尼亚加拉瀑布城的西格拉姆塔上创作壁画，还是设计万圣节那天的银行橱窗。十四岁时，他给一家银行画了一幅耶稣降生图，换得一百块钱，足以让他为父母和弟妹买圣诞礼物。

菲利普夫妇的孩子们个个能冲善闯，好像都装了生理方面的涡轮增压器一样。吉姆和迈克年龄相近，脾气相仿，有时是同谋，有时是对手，通常两者兼具。迈克长大之后继承了父亲的衣钵，当了一名工程师，为大哥的《深渊》、《泰坦尼克号》和其他纪录片提供了精密的摄影和潜水技术方面的支持。两人都很聪明，对本人的意见都自信满满。他们这一对，严格来说，仿若威力巨大的炸药。他们可以把一场关于太空旅行的理论性对话变成一次混战。“他们两个搅和在一起，免不了要火光四溅，让人欢喜让人忧，”小弟约翰·大卫如是说。在他的比喻下，他们一家就好比“战前的日本，人人各行其是”。

菲利普一家每天六点吃晚饭，时间跟军队里一样严明。“我是制造炭的行家，”雪莉说，“我总是把东西烧焦。”儿子们对她的香辣肉酱和锅炖肉评价很高，但也都认为母亲最好不要把她的探险精神带入厨房。有些时候，晚饭桌上，他们一家就好像在比拼某种身体接触项目。“家里聚在一起的人越多，就越混乱，嘈杂一片，声音越来越大，只为了抢那该死的菜吃，”约翰·大卫说，“万一有人脱口而出不该说的话，那可有好戏看了。这一刻千金难买。总之你得积极参与其中，谁要在边上闲坐，准会被其他人生吞活剥。”

"吉姆,你不认字?"

童年的卡梅隆,有时显得太过聪明,由此给自己带来了麻烦。一年级快结束时,他的老师把雪莉叫来,说她儿子要留级一年。"她说,'他不认字,他什么都不会做。他只是坐在那儿,往窗户外面看,'"雪莉回忆,"我说,'吉姆,你不认字?'他一脸得意的坏笑。他知道我晓得他能认字。"雪莉叫儿子在老师桌上随意挑一本书。他选了一本科学方面的书,然后大声念出一段关于更新世时期物种的文字。"老师大为吃惊。她说,'你为什么不告诉我你认得字?'他说,'难道你以为我愿意整天坐在这里读什么快看小狗跑*……'这孩子当时可把我气得够呛。"二年级上学期,雪莉又接到一通电话。这回是老师让她儿子跳级去上三年级。三年级才到一半,他又跳到四年级。雪莉规定,家里的小孩放学回来不许再做功课。她觉得他们花在书本上的时间已经够多。不过,卡梅隆书瘾大得很,贪看闲书,醉心于时下新鲜出炉的连环画,特别是《蜘蛛侠》(*Spider-Man*)。他也喜欢科幻小说,例如阿瑟·克拉克、罗伯特·海因莱因、雷·布拉德伯里以及库尔特·冯内古特的作品。

卡梅隆在尼亚加拉瀑布城的斯坦福德高中上九年级时,学业方面所有的评奖都有他的一份。"我们觉得这实在是棒极了,"雪莉说,"但别的小孩不这么想。"他生得瘦,因为小学跳了两级,又比班里的同学矮一个头,生生成了个活靶子。他说:"那时我可给揍惨了。"他避开体育,转而成了科学小组的负责人。他回忆:"组里只有我和一个捷克斯洛伐克的女生。"十年级时,他深深着迷于一门古代历史的课程。他说:"埃及、米诺斯、希腊、罗马。我现在还想得出每一节课,每一张幻灯片,几乎连课上讲的话都还记得起来。"那时候他已经学会怎么取得好分数,又不至于太过招摇。奖也就不再来了。卡梅隆身边不缺古灵精怪的朋友,所以不觉得受人排斥。但是,有时候,同龄人的集体思维让他迷惑不已。"他们觉得一起穿喇叭裤会显得太过离经叛道,"他说,"对此我无法

---

* "快看小狗跑!"(See Spot Run!)这句话出自美国一套以"迪克和简"(Dick and Jane)为主角的系列读物,这套书在二十世纪三十年代至七十年代常用来教儿童认字和阅读。——译注

理解。”

在学校里，第一节课都得唱国歌，念主祷文。十年级的一天，卡梅隆站在第一排，耳畔是同学在唱歌念经，心里油然升起一股违抗的劲头，“我觉得这就好像部落里的吟唱。”祷文念到一半，他就坐下，翻开书读了起来。他抬起头时，老师看着他，眼睛睁得大大的，但并没有对他施以惩戒。雪莉从小就带孩子上圣公会教堂做礼拜。而菲利普自十六岁起就信奉不可知论，所以总是待在家里。雪莉发现，儿子晚上躲在被子里看的书中有一本是关于世界各种宗教的大部头。主日学校的老师想让卡梅隆去上成人的圣经课程，雪莉拒绝了。十几岁的卡梅隆对宗教的兴趣，既是由于求知欲的驱动，又是精神追求使然。他成年之后拍的电影中充斥了宗教的形象。今天他自称是“换了信仰的不可知论者”——“我已彻底放弃不可知论，我现在称不可知论为胆小鬼的无神论，”卡梅隆说，“我的立场是，由于没有任何证据可以证明一个人会以某种精神上的方式持续存在，因此，需要暂且作出人无来世的结论，以之为行动准则。如果将来发现事情并非如此，还可随即修正。”另外值得一提的是，卡梅隆对自己为何“不是”不可知论者的解释，同他父亲说自己为何“是”不可知论者的原因很相似。“不可知论者提出怀疑，”菲利普说，“他们不觉得一切都有答案。”显而易见，他们一家人都有着如此激荡活跃的大脑。

别的世界

卡梅隆成长的地方离最近的海洋也有百里之遥。他的脚趾头甚至从未触碰过咸水。然而，雅克·库斯托的水下纪录片深深地吸引了他。二十世纪六十年代，这位法国海洋学家的电影时常在电视上播出，将波涛之下丰富而神奇的生物世界通过影像传送给卡梅隆家这样的内陆地区家庭。多年以后，卡梅隆接受了库斯托感切于身的环境主义，但十六岁的时候，他满脑子只有探索的念头。“在我的思想里，深海开始等同于外太空，”卡梅隆回忆，“而这个异域却是我有可能达到的。”

卡梅隆受库斯托的影响，说好话求父母给他报名，参加在“布法罗基督教青年会”的游泳池里办的潜水班。在青年会，他掌握了军事潜水法，知道怎样抗拒侵扰。教练在教学的时候会拉掉学员的面罩，把呼吸器从学员嘴里扯出。这种严格的训练使卡梅隆机智随身，也让他建立了自信，并帮助他日后两度从几乎溺毙的险境中逃生，其中一次就是在拍摄《深渊》的时候。1971 年，他第一次在青年会游泳池之外潜水，地点是奇帕瓦溪。按照要求，他潜水时得有同伴，但镇上就那两个专为消防局下尼亚加拉河捞尸体的人有潜水证。所以，他独自潜水，但腰里系了一根绳索，另一头由他父亲站在码头上牵着。卡梅隆说：“这真是傻得让人难以置信。不过，当时对我们来讲，这样做合情合理。”

卡梅隆和父亲的关系在青春期时开始紧张起来。菲利普希望他的儿子做工程师。卡梅隆说：“他对我了解不深，因为我喜欢艺术、科幻小说、奇思妙想之类的东西，而在他看来，这些都太不踏实了。我们之间隔阂很深。”如果说菲利普并不见得理解他的大儿子，但在儿子潜水的时候，他还是牵着那条绳：这既是事实，又是比喻。卡梅隆投身电影事业之初，一度食不果腹，菲利普提供了经济上的帮助。不论儿子选择的目标看起来如何难以实现，他总是默默地给予支持。卡梅隆执导的第七部电影《泰坦尼克号》成为当时有史以来票房最高的电影，并赢得了十一项奥斯卡奖。在此之后，菲利普才开口承认导演这份营生还算是有希望。

卡梅隆十几岁时的兴趣在于科学和艺术，但是，两者兼具的传统职业，显然难觅其踪。“当时似乎没有任何可能的折中之路。要么搞科学，要么玩艺术，但我对两者都有兴趣。”他的梦想是写一部科幻小说，并配上插画。卡梅隆说，如果绘图小说那个时候已经出现的话，正是他想做的事，但这一艺术形式当时还不存在。“我觉得，比较合乎逻辑的说法是，我选择拍电影这条路，原因在于电影就是以图像来叙事。但当时我并没有想到这一点。”

1968 年，当卡梅隆看完《2001：太空漫游》，从多伦多一家电影院里走出来时，首次考虑要将电影作为自己的事业。斯坦利·库布里克这部充满哲学意涵的科幻长片在票房表现上并不理想。那天，在设有一千五百个座位的影院里，十四岁的卡梅隆是为数寥寥的观众之一，独占楼座第一排。这个宏大的寓言故事,从人类诞生之曙光初现,一直延伸到未来人类计划去木星旅行,其真实的特效和大胆的无对白表现形式,给卡梅隆留下了深刻的印象。电影散场后,他踉跄着步入影院外面的光天白日中,在人行道边坐下便吐,因为影片第三幕的那一组足以致幻的镜头使他眩晕不已。他说:"我当时的感受一言难尽。这部片子在思想上非常令人兴奋,同时视觉效果非凡,让人迷醉。我觉得我喜欢的一切都在里头,尽管它没有告诉我任何答案。但是,我内心知道答案是什么。"从那一刻起,他从影迷跃升到一个新境界,希望亲手拍出自己的电影。他对特效尤其感兴趣,他想成为那个使飞船看起来栩栩如生的人。

卡梅隆和朋友迈克·内斯勒弄来了内斯勒父亲的超级 8 毫米摄像机。他们跑遍尼亚加拉瀑布城,见什么拍什么,把片段剪辑出来制成对家乡的民生实录。他们造出飞船模型,打上光,在一块黑色天鹅绒布前上演宇宙大战,对自己的这番创造颇费思量。卡梅隆说:"当时弄出的这些东西全是垃圾,但却开始促使我们从视觉与叙事的角度思考问题。"他找到一本有关《2001:太空漫游》如何拍成的大部头,学会了一些电影术语,但并未实质性地解开心头的疑问。他只能像对待考古问题那样来探求电影中的精妙特效这一谜团。他回到电影院,将电影重看了多次,尝试着理解库布里克究竟用了什么几近乱真的方法而使得演员仿若置身太空,以及将猿猴送入乱石遍布的史前世界。答案在于,库布里克开创性地运用了前端投影法这种特效技术,即是将作为背景的影像投射到演员及其身后那块高反射性的幕布,影像会反射回镜头中,记录在胶片上。库布里克的这种技术,卡梅隆花了近十年的时间才搞明白,而掌握这种技术,在他后来入行拍摄第一部片子时发挥了至关重要的作用。

卡梅隆十六岁时,有一天,菲利普下班回家,带回了一条消息。他所效力的金佰利造纸公司要把他调到加州奥兰治县的工厂去。下一学年是卡梅隆中学生涯的最后一年——当时,在安大略省,准备上大学的学生要一直念到十三年级。如果这时候搬家,就不能参加毕业舞会和毕业典礼了,但卡梅隆却毫无牵挂。"吉姆说,'我们能不能明天就走?'"菲利普回忆,"他知道这样就离好莱坞更近了。"

西迁

1971 年秋，菲利普一家搬到了加州的布雷亚。那里一度是出产石油和橘子的地方，现在则成为了洛杉矶南郊。此处气候宜人，他们家的房子在山顶上，地方很大，离卡梅隆朝思暮想的大海只有二十五分钟车程。但是，卡梅隆很不开心。虽说他距好莱坞只有三十英里，但布雷亚的生活同演艺圈毫不相干，这同在好莱坞两千五百英里之外又有什么区别？他谁也不认识。他就近进入富勒顿学院，打算选择物理专业。这是一所两年制大专，学生有两万多人。他跳过了微积分(1)，直接上了微积分(2)，因为他一贯如此。不出意外，他在物理课上拿到 A，但微积分没有得 A。卡梅隆说："所以，我想，'可能我不适合念这门课程'，然后就转学了英文。"这就好比初次穿上芭蕾舞鞋，第一天踮不起脚尖来，就放弃舞蹈转投会计。但当时卡梅隆觉得这么做理由充分。

卡梅隆怀念尼亚加拉瀑布城，脚也开始痒起来。有一回，加拿大老友迈克·内斯勒来看他，他们决定，1972 年夏天一起搭便车从洛杉矶到温哥华，然后再到尼亚加拉瀑布城。卡梅隆为搭车之便，画了一个夸张的道具——一只逼真的巨手，大拇指翘起来。卡梅隆把这只手戴在臂上。这只大手指效果很好——他们搭车从不需要等。在萨斯喀彻温省中部，他们搭上了一辆四速皮卡。卡梅隆和内斯勒还没有驾照，但是开皮卡的司机想睡一会儿。于是，凌晨两点，在加拿大一段乡下的公路上，一个陌生人教会了卡梅隆怎样开手动挡的车。当他们两人到达尼亚加拉瀑布城时，他爱的家乡多少有点让他失望。他意识到他对这个地方的记忆比现实更美好。接下来的秋天，他回到了加州，决定在此立足，并最终把那里当成了家。

卡梅隆在富勒顿学院要上十四门课。他白天听课，晚上则做一名精密模具工，每天工作四到六个钟头。他继续在业余时间钻研自己的创意计划，写科幻小说或者绘画。他画的一幅越战战俘手握铁窗的肖像，情感丰富，被选来登在全国各地的展板上，宣传战犯和失踪人员问题。十年之后，在写《第一滴血 2》(*Rambo*: *First Blood Part II*)的剧本时，他重新拾起了战犯问题。此时的卡梅隆已经长得很高，大约一米八七。他留着金色的长发，蓄了泛红的胡子。他的加拿大口音逐渐消失，但他身上那份纯真依旧不变。他开始和奥兰治县一个漂亮而务实的女孩约会，她名叫莎朗·威廉姆斯，比他小一岁。她提议卡梅隆去见比尔·威舍。威舍也想打入好莱坞，同样热爱科幻，正在布雷亚上高三，即将结业。他回忆："吉姆非常认真，绝顶聪明，想法很多。你一见到他，就知道他是要干大事的人。"不久，他们又结识了另一个富勒顿学院的学生，名叫兰德尔·弗雷克斯。此人跟卡梅隆一样热爱创造、科幻和古代传奇。弗雷克斯比卡梅隆大七岁，曾经在部队里当过记者。相识之初，弗雷克斯算是卡梅隆创意上的导师。他读了卡梅隆写的一个核战争幸存者的故事，题目叫《墓城》。"这篇东西写得极其成熟，文字的运用富有诗意，而背后的思想又相当尖锐，"弗雷克斯说，"我跟他讲，'你应该写电影剧本，特别是科幻电影剧本。'"当年卡梅隆看完《2001：太空漫游》后，一度只想找一份电影制作中偏重技术的工作，从来没有想过当编剧，也从来没有读过剧本。所以，弗雷克斯给卡梅隆提供了帕迪·查耶夫斯基的大量剧本，包括《公民凯恩》(*Citizen Kane*)、《纽伦堡审判》(*Judgment at Nuremburg*)、《虎豹小霸王》(*Butch Cassidy and the Sundance Kid*)以及其他写作精良的剧本范例，供他起步学习之用。

二十几岁的卡梅隆，过着两种迥然不同的生活。他干过不少蓝领的工作：清洁工、卡车司机、机械师，还在加州莫哈韦峡谷的尼德尔斯这座美国最热的城市做过加油员。他曾开着卡车给布雷亚联合学区的学校送午饭快餐，休息时间就蜷在车里写东西。维修场的同事都叫他"神秘人"。他的女朋友莎朗·威廉姆斯在汉堡连锁店"鲍伯的大男孩"(Bob's Big Boy)做服务员，这就是《终结者》中女主角莎拉·康纳的灵感来源，剧中她也在小饭店里工作。晚上，卡梅隆绘画、写作，要么就与弗雷克斯和威舍混在一起。他们经常到小饭店去，喝着咖啡，等威廉姆斯下班；或者到肯德基去，热烈地讨论电影，一说几个小时。每逢周六，卡梅隆就到南加州大学的图书馆去复印电影专业的研究生论文，例如有关光学印片或活动遮片技术的文章。他填满了两大本厚厚的文件夹，里面都是技术论文，光是复印费就用去了好几百元。这样一来，他相当于未经任何一个教授当面指导便在国内最好的电影学院修了一门视觉效果的研究生课程。卡梅隆和威廉姆斯结了婚,租了一栋小房子。虽然他们深深相爱,但因为他的创意事业对两人生活的影响,纠纷时有发生。弗雷克斯说,威廉姆斯"生活阅历丰富,但才智平平"。两人勉力维持着婚姻,不过,威舍说:"随着吉姆对好莱坞越来越感兴趣,他们两个也就渐行渐远,直至分手。"

1977 年《星球大战》(*Star Wars*)上映。这部乔治·卢卡斯的太空歌剧取得了前所未有的成功。卡梅隆这群人深受鼓舞,决心拍摄自己的卖座大片。"我们仿佛狂热支持我们自己的一小群影迷一样,"卡梅隆说,"当时我们没有意识到,拍电影可以从小做起,先拍独立制作的低成本电影,然后再慢慢发展。我们第一步就想达到《星球大战》的高度。"为了这个目标,他们开始制定计划,写了一部探索性的科幻作品,取名《外星起源》(*Xenogenesis*)。

外星起源

他们这部太空传奇的经费,是通过一位朋友的父亲来筹集的。此人当时是奥兰治县一个牙医协会的会计,协会里的牙医们正有一笔钱想找地方投资。双方结识之后,卡梅隆他们提出了自己的方案。这部电影的主题是寻找一个新的星球,让人类得以继续繁衍生息。卡梅隆带去了一些他的绘画作品,这群新手提出了一个省俭的预算,希望获得阶段性的注资。弗雷克斯说:"吉姆就是吉姆,基本上是他一手包办。"牙医们想着《星球大战》的大笔利润,便给了这群急切的年轻人三万美元,让他们制作一幕样片,效果好的话,还会追加经费。卡梅隆说:"他们根本不知道,我们当时的做法完全脱离了正常的电影制作环境。如果他们哪怕对最俗气的电影制作了解一二,都会比我们在行。"

经验的缺乏并没有阻挡卡梅隆和他的朋友。他们的规划十分宏伟。他们在奥兰治县机场附近的一处工业园租了一块空间,然后搜遍书店和图书馆,寻找关于强行透视法和微缩模型之类老式特效的书。他们花了大量时间,用美工刀和硬纸板搭造布景,有时候工作得太晚,就在他们这座“未来城市”旁边将就睡一觉。等他们租来摄像机，还要由别人向他们示范胶片应该如何处理。威舍说：“我们年轻，两手空空，但是热情高涨，前方的无限可能在等待着我们。”他们完成的特效相当出色，令人叹服。在一个镜头中，威舍扮演的一个身不由己的家伙，沿着一条堤岸往前跑，后面追着一部坦克，发射过来的激光束在他脚边炸开。为了制作这个场景，他们得将爆炸安排好，结合威舍的表演一起拍摄，然后拍摄微缩的坦克模型，再用动画效果制作出激光束。他们要将三条胶片并为一条。这部十二分钟的电影里所包含的一些设计元素，在卡梅隆以后的电影中还会再现——这部坦克就是《终结者》里的杀人机器，而女主角穿的机械服正是《异形 2》中西格妮 · 韦弗那套衣装的前身。

牙医们后来没有出钱让他们拍完《外星起源》全片。但是这部十二分钟的短片对卡梅隆来说是事业的一个起点。这段影片是很好的样片，说明他懂得模型制作、灯光布景以及使用 35 毫米胶卷和特效摄像机。后来他将《外星起源》拿到罗杰 · 科尔曼的“新世界影业”（New World Pictures）。这家盛产 B 级电影的制片公司当时恰好在招人，准备拍摄一部类似《星球大战》的大片，只不过采用的是游击队式的情节，名为《世纪争霸战》（*Battle Beyond the Stars*）。卡梅隆即将取得的位置，正是他需要的平台。那是一个不缺电影新手的达尔文式的世界，只有展现出精明、强悍和果敢直率的作风，才能得到垂青。而对于卡梅隆这个来自吵吵闹闹的创意之家的长子，这些特质从小便已养成。

2.
罗杰·科尔曼电影学校

罗杰

卡梅隆并非头一个理工科背景的好莱坞导演。在《罗宾汉》(*Robin Hood*,1922)中将道格拉斯·费尔班克斯送上奇幻之旅前,导演埃兰·德万曾经在圣母大学研习工程学。霍华德·休斯和弗兰克·卡普拉都在加州理工学院这样的科学圣地上过课。霍华德·霍克斯曾在康奈尔大学攻读工程学。阿尔弗雷德·希区柯克则在伦敦学习过电子工程。

卡梅隆进入电影行业的第一位老板,就是毕业于斯坦福大学工业工程专业的罗杰·科尔曼。"在工程上,做的最多的一件事就是计划,"卡梅隆说,"电影上也是如此。如果导演能够在开拍的第一天喊'停,印片'的时候,电影已经完成了一半。"科尔曼很清楚这一点。他参与制片或导演的电影已有四百部之多,其效率和节省程度,连国家宇航局都会叹为观止。有个著名的段子:科尔曼曾自称,因同别人打赌,1960 年出品的喜剧《恐怖小花》(*Little Shop of Horrors*)他只花了两天半就拍峻。当他 1964 年去英国拍摄改编自埃德加·爱伦·坡小说《红死病》(*The Masque of the Red Death*)的同名电影时,看到刚刚封镜的《雄霸天下》(*Becket*)剧组留下一些布景,便决定拿来使用。科尔曼在业界最为知名的是擅长炮制“剥削电影”，例如《彩糖护士》(*Candy Stripe Nurses*)和《夺命狂奔 2000》(*Death Race* 2000)，当然他也涉猎出自爱伦·坡小说的哥特式恐怖片，以及创造性的科幻片，如《X：透视眼》(*X*：*The Man with the X-Ray Eyes*)。他还拍过一部富有思想性的电影《侵入者》(*The Intruder*)，主题是反种族隔离，该片也是威廉·沙特纳参演的第一部电影。这位多产的导演兼制片人还在美国发行从外国进口的艺术片，例如费里尼的《我记得》(*Amarcord*)和黑泽明的《德尔苏·乌扎拉》(*Dersu Uzala*)。他甚至还大胆地在汽车影院里放映英格玛·伯格曼的电影，此举让这位瑞典悲剧艺术大师非常开心。

不过，新世界制片公司最成功的产品还是人。科尔曼的低成本制作是许多日后的好莱坞大人物事业的开端，这些人包括：弗朗西斯·福特·科波拉、马丁·斯科塞斯、朗·霍华德、杰克·尼科尔森、彼得·博格丹诺维奇、乔纳森·戴米。科尔曼招揽好学的年轻人，通常在公司里工作的人里面只有他一人年纪超过三十岁。他说：“我给他们提供拍电影的练手机遇，这在别的地方是得不到的。当然，他们的报酬比有经验的人要少。”这里工作时间长，环境也绝不是那么光鲜。如果办公室房顶漏雨，员工只能盼着洛杉矶短暂的雨季快点结束。虽然条件艰苦，多数人为了有机会在公司里工作，照样欣然接受。毕竟，只要有足够的毅力和能耐，在这个地方，由搬灯架升级到拍摄自己的第一部电影，与从电影学院完成深造相比，花的时间可少得多。

1979 年，当卡梅隆敲开科尔曼的新世界制片公司大门时，这家独立电影公司正感到些许压力。随着 1975 年《大白鲨》(*Jaws*)和 1977 年《星球大战》的成功，好莱坞大公司突然发现了类型电影的价值，并以规模更大的投资和制作参与其中，而这类电影也正是科尔曼的专长。“他们开始制作我一直在拍的电影，”科尔曼说，“他们抢走了我们的饭碗。”为了报复，科尔曼投入两百万美元，准备拍摄他所制作的最昂贵的电影——《世纪争霸战》，直接叫板《星球大战》。这部电影讲述了一群太空雇佣军试图将一个和平的星球从名为“萨多”(Sador)的暴君手中拯救出来的故事，实际上是黑泽明《七武士》(*Seven Samurai*)的科幻版。而《七武士》此前已经有过西部版，名为《豪勇七蛟龙》(*The Magnificent*

Seven)。科尔曼为了这部片子投入了他最好的团队。担任编剧的约翰·塞尔斯,后来编剧并导演了获得奥斯卡最佳原创剧本提名的《致命警徽》(*Lone Star*)和《情欲之人》(*Passion Fish*)。担任导演的是动画师几米·村上。主演阵容包括了一些已过巅峰期的知名演员:在电视系列剧《沃尔顿一家》(*The Waltons*)中扮演男孩约翰的理查德·托马斯,是本片的男主角;在本片中扮演一位宇宙牛仔的乔治·佩帕德已不再是当年《蒂凡尼早餐》(*Breakfast at Tiffany's*)中的那个男一号,而此后不久他便将出演电视系列剧《天龙特攻队》(*A-Team*);罗伯特·沃恩于二十世纪六十年代在电视系列剧《秘密特工》(*The Man From U. N. C. L. E*)中扮演过一名帅气的特工,在本片中几乎再现了他在《豪勇七蛟龙》中的枪手一角。一个名叫詹姆斯·霍纳的电影配乐新手给片子谱了曲,后来他和卡梅隆在《异形2》、《泰坦尼克号》和《阿凡达》中数度合作。电影特效的承包商开出的报价比整部片子的预算还高,于是科尔曼决定自己组建特效部门,并雇了一位名叫恰克·科米斯基的电视效果总监来负责。当科米斯基看到卡梅隆的《外星起源》之后,当场决定聘他担任模型制作师。

有乳房的太空飞船

新世界制片公司的模型车间坐落在加州威尼斯一个尘土飞扬的老木材场里,离科尔曼位于布伦特伍德的办公室有几英里远。这位制片人将他二十四岁的助理盖尔·安妮·赫德派去检查模型和布景制作。赫德是斯坦福大学荣誉毕业生,拿了经济学和传播学双学位。科尔曼招聘的正是她这样的人——聪明、勤奋,而且年轻。她的工作职责远远多过一般大公司的行政助理:向经纪人开价、寻找拍摄场地、准备营销资料、帮助科尔曼管理技术部门的员工。她身材娇小,是个漂亮的褐发女孩。当赫德走进模型车间时,里面到处都是正在制作的宇宙飞船和努力工作的工人。"有一名个头很高的金发男人走过来对我说,'你好,有什么事吗?'"她解释了一番,说此行最后得向科尔曼汇报。这个金发高个子就带她参观了一圈。他给她看了宇宙飞船的设计图、各项任务所处的阶段以及预估进程的时间表。“我当时说，‘哇，这看上去很不错。你一定是模型车间的头儿。’他说，‘哦，不是不是不是，我只是造模型的。’”卡梅隆在科尔曼的公司才待了没几天，却已开始担起管理的职责。他似乎注定如此。“他在那儿很有发号施令的样子，”赫德说，“虽然他的职务并不是负责模型车间的运作，但他显然是在操办此事。”

当卡梅隆被招进科尔曼的公司时，《世纪争霸战》中的宇宙飞船都已设计好，只有一艘例外。剧中的主要飞船，就是理查德·托马斯所驾驶的那一艘，是由一个名叫内尔的女性机器人控制的。科尔曼为这艘船进行了一次设计比赛，叫他的员工都来出主意。卡梅隆在尼亚加拉瀑布城的时候，但凡美术比赛，从未失手。所以，这样看来，他为这一刻已经准备多年了。他的《星际迷航》连环画、他用超级 8 毫米胶片拍摄的《2001：太空漫游》翻版、《外星起源》的概念图稿——这一切都会派上用场。他立即投入设计之中，认为这艘飞船应该有女性特质，和控制飞船的机器人相呼应。他画了一艘具有流线型的优雅战船，几乎就是女性身躯的立体变形。飞船的前方有两个巨大的圆形引擎舱。科尔曼在房间里依次审视各人提交的方案。其他人的设计都是几何图案，要么四方形要么三角形。当看见卡梅隆的设计时，科尔曼停了下来。“他说，‘这是什么东西？’”卡梅隆回忆，“我说，‘这是一艘有乳房的飞船。’他说，‘我喜欢这个玩意儿。’”显然，卡梅隆很了解他的观众。科尔曼出品的电影，特色之一就是靠袒胸露乳来赚钱。“他说，‘就选这个设计，由你负责。’”突然之间，卡梅隆终于负责起某样东西了。“吉姆从本能上明白每一艘船都该有自己的个性，”科尔曼说，“他在自己的设计中非常清楚而浅显地表达了出来。”

这位年轻的模型师受到了新任务的鼓舞。科尔曼再次来到模型车间的时候，卡梅隆叫住了他。“我说，‘你知道么，罗杰，我一直在研究电影制片，这里面有一个致命的缺陷。’”他向科尔曼解释，电影的制作人未能以真实的方法将演员放入模型环境中。但是，他有办法做得到。卡梅隆说，用前端投影法。这正是库布里克在《2001：太空漫游》中使用的方法。卡梅隆对科尔曼说：“我完全清楚怎么才能办得到。”他没有告诉科尔曼的是，他之前并没有做过任何前端投影实践。卡梅隆说：“我没有撒谎，我只是没有告诉他所有的事实。”新世界制片公司随后成立了前端投影部，卡梅隆被任命为该部门的负责人。他只雇了一位员工，就是他的朋友兰德尔·弗雷克斯。“我那时就好像《凤凰劫》(*Flight of the Phoenix*, 1965)里面的那个家伙一样，知道怎么修飞机，但他们后来才发现他之前只造过模型飞机。我当时理论很丰富，而实践方面为零。”

《世纪争霸战》的主体拍摄开始前仅仅一个月，科尔曼任命赫德为副制片经理。她发现，担任本片艺术指导的家伙虽然深获环球电影公司的好评，工作的进度却非常缓慢，布景一个都没设计好。这位艺术指导习惯于绘图师帮他设计布景，但是在科尔曼的片场，如果你是艺术指导，你就是绘图师。赫德回忆：“我对罗杰说，‘我真的很担心。我既没看到图纸，也没有看到榔头铆钉。’他说，‘那你干嘛不去找个可以搞定这些东西的人。’”赫德找人提建议，还真的找到了一个似乎懂行的人，这个人就是卡梅隆。她问：“你觉得这个事情谁干得了，飞船内部要和外观相协调。”卡梅隆立刻画出内部的图稿，交给赫德，让她给科尔曼看。

卡梅隆工作非常投入，加之制片任务繁重，便开始在模型车间里睡觉。他晚上不回家，而是找来一辆做道具用的担架车，把它搬到走廊里面，远离油漆和腻子的气味，自己躺在上面睡几个钟头。一天，凌晨三点，科尔曼的新助理玛丽·安·费希尔把卡梅隆从担架车上叫醒，告诉他，科尔曼刚刚开除了艺术指导，问他对这个位子有没有兴趣。卡梅隆以前从来没有做过艺术指导，也不知道这个工作的具体内容是什么。“行，”他说完就翻过身去继续睡。短短几个礼拜，卡梅隆就从模型师跃升为艺术指导。就算以新世界制片公司的快速升职标准来看，这个速度也足够惊人。

精挑细选

就在这次“担架上的升职”后的第二天，卡梅隆进行了他的头一回谈判。他对费希尔说，“好吧，现在我们谈谈我的工资。”当时他一周赚两百美元，费希尔开价三百。卡梅隆问：“原来那个人拿多少？”“七百五，但他很有经验。”“我说，‘没错，但他不是搞砸了吗？把整部片子闹得危机重重，你们炒了他，现在又要我来做同样的工作。我要求拿同样的工资。'"于是，他的工资几乎增加了四倍。从这件事也可看出为什么卡梅隆在其电影生涯的大多数时期都没有请经纪人。

随后他就去制片经理的办公室报到。卡梅隆说："他跟我讲，'好，领你的零用券吧，这个是你的可卡因，还有你的黑美人（black beauties）。*'"当时是1980年1月，"我说，'这是干什么？'他说，'呃，这是给工作人员的，属于工资的一部分。'"卡梅隆便拿了这两个瓶子。他从来没有吸过毒，于是把一位工作人员叫到一边，向其咨询。这位工作人员对他说："你把这个东西弄成一条线，拿个勺子归置整齐，然后递给某个家伙就行了。你可以问问大家，'谁需要这个玩意儿啊？'"卡梅隆对他的新职责感到有些不自在。"我突然成了片场专属毒贩？这算哪门子艺术指导啊？"毒品是卡梅隆成功避免的好莱坞地雷之一。他说："我的性格决定了自己不能吸毒。我要是吸了毒肯定不是什么好事，必然要闹出些乱子。"毕竟，他的肾上腺似乎已经在天然地分泌安非他命了。在拍摄《世纪争霸战》期间，他曾经连续工作八十五个小时，中间只睡了一个小时，只靠喝咖啡提神。

时隔近三十年之后，科尔曼说起卡梅隆在这部太空史诗中的工作时，评价相当高。他谈到这个年轻人如何只花了几个小时就创造性地用装鸡蛋的硬纸箱和金属漆设计出了飞船的内部，几可乱真。时间和成功模糊了科尔曼的记忆。他实际上曾经两度解雇卡梅隆。《世纪争霸战》的拍摄周期为二十六天。一个早晨，卡梅隆和他的三个工作人员刚花了一整晚来建造、装饰和油漆飞船内部。摄像机进场时他们还在做收尾工作。卡梅隆说："造布景要是超过了八个小时可就麻烦了。罗杰进来后说，'吉姆，这只是一个小破布景，一个小破布景而已，竟然还没有造完，简直是浪费我的制作时间。你被解雇了。'"卡梅隆立马就走，怒气冲天。费希尔跑着追上他。"她说，'回来！罗杰有时候就这样。'"

卡梅隆长了记性，如果科尔曼看见一个已经算完成的布景，而工人还在油漆或者贴胶带，艺术指导就倒霉了。但要是满地垃圾，布景只做

---

* 一种混合类安非他命片剂，成分均属精神类药物。——译注

了一半，只要工作人员不在，科尔曼就无所谓。所以卡梅隆派一个人拿着对讲机放哨，还制定了一套预案。如果看见科尔曼的莲花牌跑车从街上开来，放哨的人就通知卡梅隆。卡梅隆吹两声哨子，所有人不管手上在做什么，必须马上离开，去喝杯咖啡。第二天，卡梅隆戴着防毒面具在给汽车喷黄铜色的金属漆。因为只有这种漆干得够快。一听见对讲机里说莲花落地，他立即掀开面罩吹哨子，工作人员丢下工具四散离开。科尔曼进来的时候空气里还弥漫着油漆味。他环顾四周，说了声“很好”，然后便走了。工作人员这才回到现场，将布景完成。

卡梅隆不留俘虏、赶尽杀绝的工作方式可谓咄咄逼人，有时会冒犯一起工作的同事。当建筑总监开着一辆翻斗车拆除艺术指导的布景时，难以掩饰一脸的喜悦。模型车间和特效部门里平日埋头干活的人则对卡梅隆这位似乎无所不知的瘦高个深感吃惊，毕竟，才短短一个月，他已经让这些部门改头换面。“我当时确实冷酷无情，”卡梅隆承认，“这是一个筛选的过程。有些人不愿意面对这样一个事实：性格比逻辑更重要。这就是广告。这就是宣传。我只知道，你要把自己推销出去，为此你非得付出努力。”科尔曼的有些工作人员后来继续为卡梅隆工作。丹尼斯·斯科塔克和罗伯特·斯科塔克兄弟俩在卡梅隆到来之前还在相对安逸的特效和模型部门干着低薪的苦活，之后，他们凭借《异形2》和《深渊》中的特效获得了奥斯卡奖。当年将《外星起源》放给科尔曼看的科米斯基，给了卡梅隆在好莱坞第一份拿薪水的工作。三十年后，他在为卡梅隆打工，参与《阿凡达》的视觉效果设计。

卡梅隆说：“对于任何电影制作人来说，工作都分成两大部分。一是在事前想象这部电影的模样，二是在真实环境中将它实现。”卡梅隆尤其善于视觉想象，并动员别人为此努力，打消他们的恐惧，使他们相信自己有能力完成这些似乎不可能的任务。这种领导才能，有一部分是与生俱来的——小时候，他就动员邻居家的孩子拖着他的废品飞机跑。此外，卡梅隆本已稳步浮现的权威感，在科尔曼氛围活跃的制片公司里得到了进一步的激发。卡梅隆说：“当时根本没有工夫来怀疑。我们才不知道有什么这样那样的原因表明我们不该如此行事。幸亏我们对电影的真正制作过程一无所知，这才使得我们在那种时间和成本的制约下取得了如此不凡的成就。有了这种经历，你会觉得自己无所不能。”

“把蛆拿来”

完成《世纪争霸战》之后，卡梅隆的设计技能被用在了许多不同的片子上。《万圣节》(*Halloween*)的导演约翰·卡朋特雇了他，请他帮助建造《纽约大逃亡》(*Escape from New York*)一片中未来城市的惨淡景象。在这部由库尔特·拉塞尔主演的奇幻片中，整个曼哈顿岛都被改成了一座最高防卫级别的监狱。从艺术上来说，卡梅隆正是这部影片所需要的最佳人选——毕竟，这个人从五年级开始就做着世界末日的白日梦。卡梅隆将中央公园西侧的建筑照片拼成大幅组图，印在一块玻璃上。他把这块玻璃拿到圣费尔南多峡谷中杂草丛生的荒地，那里是卡朋特的拍摄地点。卡梅隆用颜料仔细调整了曼哈顿天际线的颜色，然后将玻璃置于摄像机前。这片荒地就变成了荒草遍地的中央公园。

他在新世界制片公司参与的第二部电影是《杀出银河系》(*Galaxy of Terror*)，该片是制片人对莱德利·斯科特那部风格大胆的科幻恐怖经典《异形》(*Alien*)的赞歌。《异形》深受卡梅隆的敬仰，五年之后，他亲自执导了这部电影的续篇。而拍摄《杀出银河系》的经历，几乎就是为《异形2》所作的热身。在科尔曼的这部电影中，一艘飞船的船员要面对因其想象而产生的恐惧。演员包括在电视系列剧《欢乐时光》(*Happy Days*)中饰琼妮·坎宁安的埃琳·莫兰、后来扮演“连环杀手弗雷迪”的罗伯特·英格伦，以及希德·黑格，此人经常参演专为黑人观众制作的电影，二十多年之后还成了导演罗布·赞比最喜欢的演员。卡梅隆担任总美工设计师，负责创造逼真的生物机械式的布景，就好像瑞士艺术家H. R. 吉格在《异形》中为斯科特设计的那样，但预算却是科尔曼式的。他还积极参与了视觉效果团队的工作。这部电影完成之后，他便接到了第一份导演工作。

比尔·帕克斯顿是得克萨斯人，到加州试图投身演艺圈，闯荡一番。他的一个朋友是卡梅隆的夜班工人，有一天他就跟着这位朋友来到了威尼斯的木材场。帕克斯顿想找一份夜班工作，这样白天就能去参加试演。他原先在科尔曼的另一部电影中做过一些置景的工作。卡梅隆要找的是熟手，以保证布景按时完工。“吉姆说，‘你能不能现在就开始？’”帕克斯顿回忆，“‘去刷那堵墙。’啧啧，真不愧是吉姆。”他们用洗碗机的架子、泡沫塑料、一辆“温尼巴哥”露营车的外壳建造出飞船的内部。帕克斯顿回忆：“我在地上找到的一些图稿都打上了精细的颜色。这都是吉姆扔掉的废稿。我收藏了好几张。”除了影片的布景之外，他们建立起来的还有两人之间的友谊。帕克斯顿之前导演过一部滑稽怪异的短片《鱼头》（*Fish Heads*），实际上就是为一个名叫“Barnes and Barnes”的乐队拍摄的一首新歌MTV，内容是关于鱼头能做和不能做的事（多数是鱼头不能做的事，比如穿毛衣、敲鼓、在意大利餐厅和东方女人一起喝卡布奇诺）。帕克斯顿邀请卡梅隆到圣费尔南多峡谷的一家朋克摇滚俱乐部去参加这部短片的首映。《鱼头》最终被卖给了《周六夜现场》（*Saturday Night Live*）*，并成为二十世纪八十年代初的“邪典”（Cult）名作。这部短片使卡梅隆对帕克斯顿好感倍增。他注意到，除了油漆飞船之外，这个亲和的得州人还有更远大的理想。三年之后，当卡梅隆在《终结者》中需要安排一名朋克摇滚手给阿诺德·施瓦辛格揍一顿时，他想到了帕克斯顿。随着年月推移，作为演员的帕克斯顿，逐渐在《异形2》、《真实的谎言》（*True Lies*）、《泰坦尼克号》和《深渊幽灵》（*Ghosts of the Abyss*）中扮演戏份愈来愈重要的角色，而且他还成了卡梅隆的潜水伙伴和推心置腹的密友。

卡梅隆搭建好《杀出银河系》的布景后，剧组开始进场拍片。然而，剧组的表现却让卡梅隆大为失望。“他们根本不知道自己在干什么，”卡梅隆说，“我看着他们拍片，他们拍得一塌糊涂，根本没能捕捉到应有的镜头和表演。”对卡梅隆来说，这是一个灵光乍现的时刻。他从来没想过自己可以做导演。“我本以为自己在电影制作上不会有什么贡献。设计当然没问题，这方面我懂。不过，我看到这些人搞砸后，心里想，‘这事我能行。’”他在走廊里截住科尔曼，当面直言：“我觉得我应该担

---

* 美国NBC电视台周六晚现场直播的一档幽默节目，每期由一位名人参演，内容均为讽刺幽默性的小品、短片和音乐，自1974年由洛恩·迈克尔斯创立以来，播出至今。——译注

任第二摄制组的导演。我可以晚上工作，把特写做出来。”卡梅隆又一次为他自己造出了一个职位。而且，又一次，科尔曼鼓励了这个热心的年轻人。“他说，‘这个想法很好。明天就开始。把你要的人组织起来。’”科尔曼可以听取任何层次员工的意见，再低等的助手也可以向他提议修改剧本。这是制片人科尔曼的特征之一。卡梅隆抓住这个机会，建议增加一个新镜头。希德·黑格扮演的角色用一块晶体砍下自己的手臂，里面全都是蛆。科尔曼喜欢这个想法。卡梅隆说：“所以，我的第一个任务就是拍摄我自己造出来的这个狗屁特写镜头——地面躺着一只手，上头爬满蛆。”

第二天，到了拍摄他这个重要镜头的时候。卡梅隆聚精会神。“把手臂拿来！好，把蛆拿来！”代替蝇蛆的是从宠物店里买来的黄粉虫，平时是喂爬行动物用的。黄粉虫都是些小小的幼虫，富含蛋白质，但比蝇蛆迟钝多了。卡梅隆将黄粉虫撒在道具手臂上，它们就趴在那里，扭都不扭一下。这个镜头要拍好，它们得频频蠕动才行。“我并不打算到城外的垃圾堆去从什么死牛的尸体上弄来真的蝇蛆，另外，十点前我必须把镜头拍出来。所以，我说，‘我们给这些玩意儿通上电试试。’”他弄来一些甲基纤维素。这是一种粘稠的液体，常用来作为外星人粘液的重要成分，片场上随时可供。他将甲基纤维素倒在手臂上，再撒上黄粉虫。然后他弄来一根110伏的电线，剥掉线壳，分开线芯。他在甲基纤维素里放上两根铜电极，把电线拖到布景背后，埋设起来。他架好摄像机试验了一次。一名工作人员在布景背后插上电线，电流通过，这些黄粉虫马上跃动起来，效果非常完美。他们拔掉电线，以防把蠕虫演员电死，随后准备正式拍摄。此时，两位来访者到达了片场。他们是科尔曼的“邪典”名作《食人鱼》(*Piranha*)续集的制片人。有人向他们推荐卡梅隆来做特效总监，所以他们到片场上见见他。他们走进片场时，卡梅隆正在操控摄像机。他一喊开拍，躲在布景后的家伙立刻插上电源，黄粉虫应声开始了足可媲美马龙·白兰度的扭动。卡梅隆摇动摄像机，拍到了需要的镜头，随后喊停，虫子也跟着停止了扭动。来访者自然对此印象深刻。他们没看到电线，也没看到布景背后的工作人员。他们只看到这个人可以指挥蝇蛆，那么，如果他指挥的是演员，天知道会怎样呢？

蹩脚的故事，蹩脚的食人鱼

奥维迪欧·阿索尼提斯是偶然到访并目睹了神奇蝇蛆的两位制片人之一。他急需一位导演来拍摄他投资五十万美元的恐怖片续集《食人鱼2：繁殖》（*Piranha II: The Spawning*）。阿索尼提斯之前曾制作过1977年的食肉章鱼电影《恐怖触须》（*Tentacles*）和1980年一部仿照《天魔》（*The Omen*，1976）拍摄的片子《来访者》（*The Visitor*）。前两次他都雇了新手导演，这样才能和华纳兄弟旗下的一个小公司合作，因为对方表示只要他起用的是美国导演，就允许他拍低成本的电影。华纳兄弟这种立场背后的意图在于，他们认为这位意大利制片人花哨的品位需要由一位本地人来调和。但是，前两部片子拍到一半，阿索尼提斯就宣布导演无能，以此为借口，自己来执导。这一回，他要找另一个替罪羊。这个能让蝇蛆扭动的金发小子，看样子像是美国人（虽然他实际上是加拿大人），而且估计也不会笨到头几天就把整部电影给毁掉。卡梅隆坐在制片人给他的导演椅上，全然不知道制片人的真正意图根本不是想让他来当导演。

不过，卡梅隆一开始就明白，《食人鱼2》是不会变成下一部《公民凯恩》的。阿索尼提斯带卡梅隆到圣莫尼卡一家外观诡异的熟食店"Zucky's"吃中饭，席间向卡梅隆提到这份工作。工资是一万美元，先付五千，完成后再付五千。"在科尔曼手下做事就是这样，"卡梅隆说，"如果有导演的工作空出来，你就接。不管这是不是《男女僵尸护士》（*Coed Nurse Zombies*）。剧本不必看。关键问题在于科尔曼肯付钱，你只要知道这一点就可以了。如果有机会，你就接下，然后再学怎样做导演。"卡梅隆想，不管这部电影讲的是什么故事，他至少可以把它做得更好。1981年8月，他来到阿索尼提斯位于罗马的办公室，埋头于前期工作，设计情节脚本，并试图造出一些看起来还过得去的橡皮鱼，以及重写剧本。在《食人鱼2》中，一艘载着试验性食人鱼卵的海军舰艇不幸沉没，于是大批食人鱼跃上海滩，冲向无助的人们。卡梅隆说："我手里是一个蹩脚的故事，一群蹩脚的食人鱼。但我依然妥善地准备着我的工作。”

对卡梅隆来说，这部电影唯一的闪光点就是一群演员，特别是一位头发灰白的纽约演员兰斯·亨里克森，他在剧中扮演身陷重围的度假区警官。卡梅隆很快就被亨里克森打动，觉得他很酷。亨里克森是一个女服务员和一位挪威海员的儿子，因为脾性冷漠，博得了“冰水”的绰号。他十二岁辍学，青春期时坐着货运火车跑遍了全国。因为是盲流，他被关进图森监狱，刚好李·马文在监狱拍摄一部电视电影，他就得到了第一个龙套角色。到卡梅隆认识他的时候，他已经成为了一个事业稳定的性格演员，曾出演过《第三类接触》(*Close Encounters of the Third Kind*)和《天劫》(*Damien: Omen Ⅱ*)等电影。亨里克森毫无自负做作之态，而且总是乐于接受挑战。他成了卡梅隆在《食人鱼2》麻烦重重的片场上的一位创意盟友。以他为灵感，这位导演后来创造出自己的标志性角色之一。在周末，他还时常和卡梅隆结伴练习射击。

开拍前一个礼拜，卡梅隆到牙买加的拍摄地报到，他以为阿索尼提斯的团队已经做好了拍摄的准备工作。当他坐下开第一次会的时候，才得知制片经理甚至连一个外景地、一个摄影棚都没有确定下来。不论科尔曼的制片公司看似多么混乱，他本人的电影制作一贯组织良好。既然经费如此有限，若没有良好的组织，要想拍出电影，只能是奢谈。大吃一惊的卡梅隆猛地拉开装零钱的抽屉，抓上所有的钱和一台宝丽来相机，冲出门去。在人行道上，卡梅隆叫住了他看见的第一个人。这是一个牙买加小伙子，有一辆破旧的白色轿车。卡梅隆给了他一些钱，让他当一天的司机。他们去了一个警察局、一所学校、一家宾馆。卡梅隆用现金交易，当场拍板，所有的合同都是临时手写的。

他们选出的地点之一是圣安湾的一间停尸房。那里有一张尸检台和一台双门冰箱。卡梅隆设想了一番如何将光线从窗口照射进来。他寻思：“不错，这么做行得通。”于是又定了一份合约。到了拍停尸房那场戏的时候，卡梅隆提前带着被食人鱼咬噬的假尸体来到现场。他看到一只巨大的蟑螂在地面上爬过，便下手抓住，打算用在一个镜头里。眼看一切准备停当。突然，卡梅隆惊觉自己未能考虑好停尸房这场戏的所有细节。他回忆：“我以为他们会把屋里原来的尸体搬走，放到别处去。”结果，卡梅隆准备放置他的假尸体时，发现用来拍片的那个地方躺着一个真的死人，上面叠着另一具尸体，顶上还摞着一个在车祸中丧生的小女孩。底下那具尸体已经解剖过，旁边一只盘子里有好几加仑的血。

卡梅隆的演员还没到场。他请停尸房的员工帮忙把这些尸体挪到一边，好给他腾出一块地方拍片。然后，他吩咐艺术指导切了一块胶合板，充作隔离挡板。他把假尸体摆好，其余的演职人员也陆续到达了。扮演度假村员工崔西亚·奥尼尔的男朋友兼生化学家的演员史蒂夫·马拉恰克突发好奇心，想看看胶合板后面是什么东西。“史蒂夫说，‘嘿！这里有真的尸体！我可以用这些尸体来表演。’”卡梅隆试图说服他的男一号不必运用这种体验派的演技，但没有成功。马拉恰克望着几具死尸，静立片刻，然后退出了房间。半个小时后，他才回来。当卡梅隆终于开始拍摄时，两个满头长发的运尸车司机走了进来。他们要运走的是底下那个解剖过的死人，所以得把上面那具尸体和顶上的小女孩搬开。卡梅隆问他们：“你们能不能在我们中午吃饭的时候再来？”他们答应了。后来，他们搬底下那具尸体的时候，一位司机脱了手，那只装满血的托盘翻倒在地。卡梅隆说：“两个家伙笑着把那个人重新搬起来，把他的五脏六腑塞回肚子里，扬长而去。”那一刻，这位处子导演站在牙买加的一间停尸房里，满地都是真正的血，他的演职人员正在外面吃午饭。他走出去对大家说——“你们慢慢用餐吧！多吃点沙拉！”——然后，抓了一只拖把、一个桶和一些消毒水，开始打扫现场。

当卡梅隆执导《食人鱼2》的时候，每天赶出的毛片是不允许他看的。这些镜头都未经剪辑。到了第五天，阿索尼提斯的一个助理告诉卡梅隆，他被解雇了。卡梅隆回忆：“他说，‘奥维迪欧看了毛片，觉得无法剪辑到一起去。’”就像前两位导演一样，卡梅隆出局了。“让我不满的是，他们说我的镜头不好。这比炒掉我还更让我不安。因为这直接关系到我能不能做个导演。我觉得我替他们做得很不错了。”他对阿索尼提斯的代理人说，他不希望电影署他的名。当然，阿索尼提斯需要他的名字，这样才能合乎华纳兄弟的要求，而且他也知道卡梅隆是个穷光蛋。卡梅隆说：“我当时确实没有钱请律师来帮我把名字从电影上抹掉。”在他的电影事业扶摇直上之时，卡梅隆头一回产生了若干自我怀疑。也许他确实能耐有限。也许他该继续画他的宇宙飞船，或者干脆回去开他的卡车。他带着愤怒和失望，离开了《食人鱼 2》的片场，回到家里。

这一回貌似事业的终点，实际上却是起点。心力交瘁的卡梅隆经历了他失败的初次执导，此番坎坷却将他引入了脑海中的黑暗深处。那个地方正是他该去的，因为，在那里，他找到了《终结者》。不过，首先，他得面对那个开除他的人。

3.

破门而入

梦魇

1982年3月，一个难熬的漫漫长夜，在罗马一间旅社的客房里，卡梅隆倒在床上，高烧不退，以为自己就要死了。这一夜，将是这位电影人生命的转折点，但结局并不是他所害怕的那样。

卡梅隆去意大利看《食人鱼2：繁殖》的样片。他当时二十七岁，没有钱，心情沮丧。他想知道奥维迪欧·阿索尼提斯是否正确，他是否应该放弃他的好莱坞之梦。卡梅隆说："我觉得，如果我的镜头设计和场景构造根本就行不通，而我却沉浸在自己的错觉中，那我就不该继续从事导演这一职业。"他还没想好自己会以何种面目回到加州老家，于是买了一张去罗马的单程票，阿索尼提斯正在那里进行电影的后期制作。

当卡梅隆出现在阿索尼提斯的罗马办公室时，他就像是一位使人胆怯的不速之客，因为，整个会面期间，那位制作人一直弓着背，坐在写字台后面，手里紧紧攥着一柄开信封的刀。最终，阿索尼提斯放松了下来，允许他的客人观看一份初步剪辑后的样片。正如卡梅隆所预计的那样，他拍的镜头剪辑在一起根本不成问题。阿索尼提斯开除卡梅隆，是为了让自己来执导——上身赤裸的女人在游艇甲板上蹦来跳去的那些镜头，都是在后期拍摄的，而且，阿索尼提斯是在瞒着卡梅隆的情况下，借助着《阁楼》杂志的大幅内页，亲自选择了扮演这些角色的花瓶。他这么做，绝非临时起意。

想到自己的名字将写入这样的垃圾片——就算以 B 级电影的标准来看，也是垃圾片——卡梅隆不寒而栗。他决心尽力控险减灾。第二天夜里，他用一张信用卡撬开剪辑室的门锁，潜入室内，却发现周围都是贴了意大利文标签的胶片盒。卡梅隆看到一个标着“fine”的盒子——他至少还知道这是什么意思*——于是决定自己重新剪辑，从结尾开始。那一周他每天晚上都偷偷溜进剪辑室。虽然他认为重新剪辑的脚本仍然是垃圾，但至少这是“他的”垃圾。

《食人鱼 2》的一万元酬劳，卡梅隆只拿到一半，而且这笔钱已经被他花光了。在罗马的时候，他连吃饭的钱都没有，只能在留宿的旅社里捡些客房服务的剩饭吃。每天早上，旅社都在每个房间门边放一个餐盘，盛着两个硬面包卷。他就从每个盘子里拿一个，赖以充饥了好几天。终于，在极度的疲倦和寒热来袭之下，卡梅隆瘦弱的身体垮掉了，也正是在此时，他在自己的梦魇中得到了启发。梦境中，他看见一具铬合金的残躯如凤凰涅槃一般从爆炸中浮现，用菜刀拖着身子在地面上前行。卡梅隆惊醒过来，立刻在旅社的信纸上勾画出这个笼罩着死亡气息的形象，脑海里满是围绕这一形象而展开的故事情节。几天之后，他顶着风雨在街上游荡，在人行道上捡到一张大约值二十美元的里拉纸币。卡梅隆拿这笔钱买了一杯浓咖啡，相信自己终于转运了。确实如此。卡梅隆这个高烧里的梦是一记创意上的震荡，成就了他第一个伟大的电影构思。

阿索尼提斯最终还是以自己的方式重新剪辑了电影，但此时华纳兄弟已经彻底厌倦了这个制作人，拒绝接受他的作品。这部讲述食人飞鱼的电影续篇完成两年之后，由一间暗地里分售色情片的小公司发行。今天可以买到或租到的 DVD 是阿索尼提斯的版本，虽然电影里面标出的是卡梅隆的名字，但卡梅隆并不承认这是自己的作品。

---

* 意大利文“fine”在此处的意思是“最终、结尾”。——译注

血誓

《终结者》里首次展现的许多主题和立意，日后都成为卡梅隆电影事业的标志：凄冷的未来背景、对人类与技术关系的探索、一个女强人和一个坚忍克己的男主人公之间的爱情故事、还有——没错——大量很酷的爆炸。影迷和电影理论家在其中发掘出各式各样的解读，从重新讲述的基督传奇到彻底改造的黑色电影，不一而足。而对卡梅隆来说，这只是在讲述他自己的故事。

虽然经历了《食人鱼2》这次重挫，卡梅隆仍然保有年轻的热情。在新构思的鼓舞下，卡梅隆回到加州，贷了一笔款，从父亲那里借来一辆破车。他睡在兰德尔·弗雷克斯家的地板上。正是在加州波莫纳这座又矮又扁的水泥房里，他写下了《终结者》的故事情节。那个时候，卡梅隆仍认为编剧的工作孤独而艰苦。“每一个想法，每一个动作，都要受到直接的评判，”他说，“而开始动笔后一直保持专注是非常困难的。”他更喜欢电影制作中动态的部分，譬如在片场上和演员、摄像机一起工作。当他写作的时候，卡梅隆倾向于把自己关起来，主要在晚间工作，同外面的世界隔绝。他曾经对朋友说，他想买一张最不舒服的椅子以供编剧之用，这样他就能尽快完工，将其摆脱在一边。当他需要将《终结者》的故事情节改成剧本的时候，卡梅隆找来了他在奥兰治县的另一个朋友比尔·威舍一起合作，同时也向其征求反馈意见。因为卡梅隆和威舍曾经有好几年的时间在一起讨论他们最喜欢的科幻小说和电影，他们讲故事的方式和措辞都很相似。卡梅隆将故事情节分成两份。威舍住在离好莱坞五十英里外的布雷亚，卡梅隆把开篇莎拉·康纳和警察局的部分交给了他，其余部分则留给自己来写，包括未来战争和那些动作场面。因为当时还没有电子邮件，也没有家用传真机，每隔几天，他们就要比对一下这部高科技惊悚片的剧本，使用只是比“土电话”稍微高级的办法。卡梅隆准备一台录音机，然后打电话给威舍。威舍对着话筒逐字逐句地念他新写成的剧本，卡梅隆再根据录音抄写下来。

卡梅隆将自己的构思——故事说的是一个半人半机器的职业杀手

从未来穿越时空以改变过去——讲给他的经纪人听，还提交了一些剧本片段作为样本来说明问题。卡梅隆通过《食人鱼2》而与这个经纪人有了接触。但是，这位经纪人对《终结者》颇为厌恶，说这个构思很糟糕，还奉劝卡梅隆彻底把它忘掉，去写点别的什么东西。于是，卡梅隆在既没有资金又看不到前景的情况下，炒掉了这个经纪人。在这个行当里，一个默默无闻的编剧想要找到一份有报酬的工作，经纪人几乎是唯一的渠道。卡梅隆此举要么是轻率鲁莽，要么就是自信非凡。综观卡梅隆电影生涯中作出的许多决定，这件事情仿佛一个缩影。

然而，他确实找到了另外一个和他一样对此充满激情的人。她就是罗杰·科尔曼以前的助理盖尔·安妮·赫德。正是她亲手从新世界制片公司的艺术部门里把这个默默无闻的金发模型师提拔出来。在新世界的低成本高压锅里，赫德和卡梅隆合作得不错，于是他们决定一人负责导演，一人负责制片，大家一起去找投资人。卡梅隆和赫德的第一份合同就足以让好莱坞那些经纪人胆战心惊。卡梅隆将《终结者》的版权以一美元的代价出售给赫德，而作为回报，赫德发下血誓，除非由卡梅隆执导，否则她绝不拍这部电影。“我当时也许不一定非得这样做，”卡梅隆说，“但我那时天真得很，只想着豪爽行事，追求戏剧性的效果。”再说，炒掉自己的经纪人后，卡梅隆那时也没有任何正式的代理人。而投资人从一开始就想排挤卡梅隆，但赫德不答应。血誓在此起了作用。“我因此有了自己的事业，”卡梅隆说，“所以我从来都不后悔这一决定。尽管经济上付出的代价不菲。”（之后的两部续集，还有周边的电子游戏、人偶玩具和主题乐园的游乐设施，都没有让卡梅隆赚到一分钱）他说：“这算是我给好莱坞交的学费。”卡梅隆和赫德的合作将是他事业中最关键的合作之一。这一合作关系在《终结者》的后期制作时逐渐发展为浪漫的爱情，两人后来便结了婚。按卡梅隆的说法，在接下来的《异形2》和《深渊》艰苦的拍摄过程中，两人的关系也一直很好。但卡梅隆难以释怀的是，赫德从未澄清外界关于她在《终结者》编剧工作中贡献不浅的传言。她曾对编剧提过建议，但这只是身为制片人的分内之事。为了突出他们的团队合作，以利营销之便，她也署了一个“参与编剧”的名号。卡梅隆说：“人们难免以为剧中坚强的女性角色应该归功于她。

实际上绝非如此。她没写过任何东西。”

1982 年,赫德和卡梅隆四处筹钱拍摄《终结者》。他们处境不妙,因为当时的经济环境非常糟糕——失业率高达 10%,而利率则徘徊在 17% 左右。但两人的优势在于,他们推销的是一份科幻题材的剧本,在前两部《星球大战》推出之后,这类作品正是热点主题。此外,“奥利安影业”(Orion Pictures)几位出身新世界公司的同门也给予了支持。他们说,如果卡梅隆和赫德能另外找到投资人,奥利安愿意承担发行工作。最终,《终结者》的剧本放到了“赫姆戴尔影业”(Hemdale Pictures)的约翰·戴利桌上。跟法拉·福西特主演的轻喜剧《日光浴》(*Sunburn*)和托尼·丹扎的猿猴谐剧《疯猴向前冲!》(*Going Ape*!)命运相似,在大公司纷纷拒绝之后,卡梅隆这部低成本的电影由赫姆戴尔接手了。“赫姆戴尔并不期待这部电影受人欢迎,甚至不期待拍一部好片子,”赫德说,“他们只想收回他们的那点费用,仅此而已。”当戴利读了《终结者》的剧本后,他非常好奇。这部片子赢得了发行者的兴趣,这就已经逾越了最困难的一个关口。

卡梅隆希望和戴利第一次见面就把事情谈妥。于是,他请在《食人鱼 2》中结交的演员朋友兰斯·亨里克森提早到达,扮成终结者的样子,身着撕破的 T 恤衫、皮夹克、高及膝盖的长筒靴。卡梅隆还用“优势”香烟盒里的金色锡箔包住亨里克森的牙齿,并在其脸上画了显示特效的伤口。亨里克森踹门闯入赫姆戴尔一本正经的办公室,那种半人半机器的戏剧效果令人惊恐,正中卡梅隆下怀。这番表演很有说服力,把赫姆戴尔可怜的接待小姐吓得从椅子上跳起来高声惊叫。这位演员坐在那里等了十五分钟,一言不发,只是冷冰冰地盯着人看。等到卡梅隆以正常的方式走进办公室时,赫姆戴尔的员工都很高兴能从亨里克森吓人的注视中解放出来。卡梅隆做了激情洋溢的说明,辅以精细的场景图稿。戴利被这位年轻导演的激情所打动,并从卡梅隆的图稿中认定他对这部电影有着明晰周全的想法。1982 年岁末,戴利表示同意支持《终结者》。连同奥利安和 HBO 的投入,总预算是六百万美元。卡梅隆欣喜若狂,恨不能马上投入拍摄。但他不曾料到,等他真正走到摄像机后面,已是将近十八个月之后的事情了。

向环球先生挑衅

卡梅隆的首要任务之一就是找到从未来回到现在以拯救人类的英雄战士凯尔·里斯的扮演者。里斯必须足够强悍，这样他才可能对阵终结者；同时，他又得足够脆弱，这样才能展现他对莎拉·康纳那种不可救药的暗恋。奥利安希望找一个在美国正处于事业上升期的新星，而且要对国外市场有巨大的吸引力。公司的创始人之一迈克·梅达沃伊刚刚在一个派对上见过阿诺德·施瓦辛格，打算让他来演男一号，便将剧本寄给这位健美运动员的经纪人。施瓦辛格的代理人以为“男一号”指的是里斯，他们正在下力气包装这位动作英雄，不希望他出演反派。施瓦辛格曾经获得过五次环球先生和七次奥林匹亚先生的头衔，在好莱坞已经闯荡了十多年。他饰演过《大力神在纽约》(*Hercules in New York*)中的大力神，但另有其人在幕后为这个角色配上美国口音。这部片子虽然不是喜剧，却有不少并非刻意的搞笑之处散布其中。在罗伯特·奥特曼的《漫长的告别》(*The Long Goodbye*)中，他扮演一名沉默寡言的刺客，倒也省去了不少事。不过，是通过乔治·巴特勒 1977 年颇富思想性的剧情纪录片《铁金刚》(*Pumping Iron*)，大多数观众才第一次见识了施瓦辛格令人目眩的肌肉和条顿人的魅力。这部片子的主题是健美亚文化。在一个令人难忘的镜头中，这位未来的加州州长将力量训练带来的血脉喷张跟“和女人做爱并射精”的快感相提并论。这次堪称细致入微的表演，给他带来了若干有台词的角色，其中包括约翰·米利乌斯 1982 年的《野蛮人柯南》(*Conan the Barbarian*)中的柯南一角。此刻，正值这位演员个人事业的关键时期，他是像大多数健美明星一样，沦为只能出演那些套着希腊宽袍的电影，直到“年老肉衰”？还是能有所突破，靠他的个性魅力赢得角色，而不是仰赖他五十八英寸的宽厚胸脯？卡梅隆心生疑窦——如果由这棵奥地利橡树来演里斯，那可得找一个比他更壮的人来演终结者。公司提议把这个角色交给另一位运动员改行的演员——O. J. 辛普森。1983 年的时候，卡梅隆觉得让辛普森演一个杀人机器并不可信。毕竟,他只是个未来主义者,并非百发百中的预言家*。

纯粹出于对公司的礼貌,卡梅隆同意和施瓦辛格一起吃顿午饭见个面。那天当他走出公寓的时候,心里已经盘算好怎样打消这个荒唐的选角想法。午饭时,他准备向环球先生挑衅,回头再跟赫姆戴尔宣布施瓦辛格是个混蛋。然而,这顿饭并不像他预期的那样。施瓦辛格非常有趣,而且对剧本极为热心。卡梅隆很快便忘记了自己备好的那套敌对方案。虽然施瓦辛格本该游说卡梅隆让他出演里斯一角,他却光是大谈剧中的反派该怎么演。施瓦辛格回忆:"我当时对终结者这一角色更有热心,不停地说他的武器该怎么拿才能看上去始终像部机器一样。"这个健美运动员口沫横飞之际,卡梅隆注意到他颧骨和下颌尖锐、对称的角度,便取了一张餐巾纸,在桌上画起了施瓦辛格的脸部。卡梅隆请这位善于社交的奥地利人停一下口,保持不动,施瓦辛格立刻变得像块石头一样。这家伙连额头上都有肌肉。卡梅隆想,他绝对是扮演终结者的上佳人选。

卡梅隆和施瓦辛格没有发生冲突,反而找到了彼此间的关联。这两位好莱坞移民有很多相似之处。两人都具备超常的能力,一位身体天赋非凡,另一位则天生智慧过人。虽然两人都是移民美国的外国人,他们共有的许多特质却是美国人经常自诩的:自力更生,富有创造性,精力充沛,雄心万丈。从施瓦辛格身上,卡梅隆看出他跟自己堪称同类,都是自信得离谱的人——要不然你怎能叫他穿着条泳裤就登台表演如《2001:太空漫游》开篇主题那样的场景?而且,在一个满大街娘娘腔的地方,他一人就顶得上两个男人的气概。他们都钟情于摩托车、枪支以及那些震耳欲聋的玩意。这顿午饭非但没有演变成一场恶斗,反倒是促成了两个极品男人的惺惺相惜,以及之后长达几十年的友谊。账单送来的时候,出现了一个尴尬的场面。卡梅隆的皮夹里一分钱也没有,而一同前来的那位赫姆戴尔高管的信用卡出了问题,死活刷不了,于是施瓦辛格付了钱。会面之后,带着对施瓦辛格弄出的雪茄烟雾的阵阵反胃,卡梅隆回去

---

* O. J. 辛普森1994年卷入杀妻案。虽有大量证据,但因部分证据存在漏洞,法院判其谋杀罪名不成立,但需承担民事责任。辛普森于2008年另案被判绑架、持枪抢劫、以致命武器袭击三项罪名成立,获处33年有期徒刑。——译注

见了约翰·戴利,捎上喜忧参半的消息。"这事就忘了吧,"他指的是由施瓦辛格出演里斯,"这绝对行不通。但是,我的天,他演终结者实在是再好不过了。"第二天,合约便正式签订,施瓦辛格跳过了自己的经纪人。

虽然《终结者》后来使施瓦辛格从一个纯粹的壮汉一举成为银幕偶像,他在电影开拍之前对卡梅隆这部饱含激情的力作却并不太乐观,至少在一位记者的描述中如此。这位记者 1982 年到《野蛮人柯南》的剧组采访他:"我们正坐着说话,他提起了柯南的剑,看似有一吨重,然后表演了他练习的一整套动作。接下来,他拎起一双鞋子,我问他'这是干嘛用的?'他说,'哦,这是我拍的什么狗屁电影,就几个礼拜时间。'"这部狗屁电影就是《终结者》。无论如何,施瓦辛格进行了认真的准备。他花了三个月时间练习各种武器——轻型冲锋枪、步枪、霰弹枪、手枪、左轮枪、手榴弹——不光是要知道这些武器的使用方法,更是为了能够把玩自如。实际上,施瓦辛格演这个角色本来不算什么好主意。在故事中,这个角色是一群渗透到人类中的超级士兵之一,它潜入了 2029 年人类反抗机器的义军之中。卡梅隆最初设想的人选,是他请去向戴利游说的那位有着精干身材和沧桑面孔的演员亨里克森。而一个看上去如施瓦辛格那样一副"希腊—罗马"摔跤力士外形的人,怎么能当卧底?"这实在说不过去,"卡梅隆坦言,"但是,电影之美就在于,逻辑不是必要条件。如果电影中某个扣人心弦的场景受到观众的喜爱,他们才不管这是否有违常理。"

凯尔·里斯一角的其他人选可谓各式各样——甚至还一度考虑过歌手斯汀。卡梅隆最终找到的男主角是一位二十七岁的英俊小生,名叫迈克尔·比恩。他之前拍过一些电视剧,还在 1981 年的《夺命影迷》(*The Fan*)一片中扮演一位跟踪劳伦·芭考尔的精神病影迷。比恩刚从经纪人手里拿到《终结者》的剧本时,心里还有些犹豫——这部由罗杰·科尔曼的老部下制作的什么时光旅行的电影,而且主演是"野蛮人柯南",他该不该去参加试镜?比恩回忆:"当时在我看来,这部电影貌似很傻。"但是,任何故事片的角色都值得尝试一下。所以,在排练了一上午话剧《热铁皮屋顶上的猫》(*Cat on a Hot Tin Roof*)之后,比恩驱车来到位于好莱坞山的赫德家中。比恩说:"一见到吉姆,我对整个电影的感觉就变了。"赫德家的四壁都给卡梅隆贴满了终结者的图稿以及电影的各个场景。多年以来,卡梅隆借以描绘剧本的方式——一系列生动的故事情节和详细的视觉辅助——帮助他说服了许多演员和电影公司高层。“吉姆考虑问题的方式中有一点非常明确,”比恩说,“他不是找我给他填空。那时我突然非常迫切地想得到这个角色。”卡梅隆和赫德对他的印象也很深刻。凯尔·里斯是个很复杂的角色,他的一段追车镜头是故事叙述的关键——观众是通过里斯才得知莎拉·康纳是暗杀目标,因为将来她怀上的孩子会成为人类反抗军的领袖。比恩的对白演得颇具分量。而且他抓住了里斯柔性的一面——毕竟,观众得相信这个男人一辈子都爱着莎拉·康纳的一张相片,还跨越时空来和她在一起。“对这个角色来说,迈克尔或许过于脆弱了,”赫德说,“当时试镜的其他演员几乎都是十足的硬汉,根本无法让人相信男女主角之间会有人性的对接。剧中两人很快便坠入爱河,参加试镜的许多人完全演不来。”制作人对比恩的经纪人说,唯一的障碍是这位演员的南方口音。他能不能改掉这个口音?比恩的经纪人迷惑不解,因为比恩是内布拉斯加人,说话从来不带南方口音。显然,试镜那天,比恩的嘴里还残留着些许田纳西·威廉姆斯*的腔调。等他回来参加复试时,他的发音听上去已经跟沃尔特·克朗凯特**一样标准了。于是,他得到了这个角色。

你觉得我像是未来之母吗?

在二十世纪八十年代的爆米花电影中,即使有一两个女性角色,她们存在的目的也是帮助观众更好地了解男性角色。女性角色是男性角色发展的辅助工具,为了使情况更危急,她们要么遭受奴役,被迫穿上金属比基尼[《杰迪归来》(*Return of the Jedi*)],要么被贩运海洛因的越南老兵绑架[《致命武器》(*Lethal Weapon*)],要么被极端的德国恐怖分子抓为人质[《虎胆龙威》(*Die Hard*)]。或者,她们只是展示自己的性感

---

* Tennessee Williams,美国剧作家,《热铁皮屋顶上的猫》的作者,说话带着美国南方口音,这也直接体现在其作品中。比恩参加《终结者》试镜前刚排演过《热铁皮屋顶上的猫》,因为长时间操持南方口音排戏,比恩的口音一时没改过来。——译注

** Walter Cronkite,美国著名记者,CBS 电视台资深新闻主播。——译注

与火辣,凭此激励一个男人干出一番大事[《小子难缠》(*Karate Kid*)、《壮志凌云》(*Top Gun*)]。这种将女性角色降格使用的手法,并非好莱坞独有的发明——特洛伊战争中的海伦不就激发出了扣人心弦的大量战事吗?——只不过,到了这个靠特效和动作场面来主导电影的时代,电影工业把女性角色埋没到了更深的角落中。

而从《终结者》开始,卡梅隆在他的电影生涯中多次彻底扭转了这种重男轻女的叙事规律,并且取得了重大成功。《终结者》中真正贯穿全剧的人物,是女主角莎拉·康纳。在剧本的前几页,卡梅隆这样描述莎拉·康纳:"她十九岁,身材娇小。长得漂亮,但不完美,平易近人。她走进门来不会让一切都停滞,但你却很想认识她。她脆弱的特质之下掩藏着连她自己也不知道的力量。"莎拉·康纳是电影的开场人物。在故事的头两天里,她是一个外表甜美、手足无措的女服务员。她并没有马上相信人类未来的救赎就要靠她。当里斯告知她将经历的艰难命运时,她对里斯说:"你觉得我像是未来之母吗?我够彪悍,够有条理吗?我连自己的账本都不会算。"而到电影的最后一场,康纳已经成了羽翼丰满的游击队战士,用樟脑丸和玉米糖浆造出临时炸弹,还鼓励受伤的里斯在大决战中站起来。而且,和童贞女玛利亚一样,她怀上的孩子——约翰·康纳——将拯救我们大家。

卡梅隆把全片戏份最大的角色交给一个女性,并不是为了表明什么女性主义的姿态——同样也不是宗教观点。他只是不想流于俗套。卡梅隆说:"在创作剧本时,我喜欢新鲜的故事。在《终结者》那个年代,此类女性角色还无人尝试。"幸运的是,卡梅隆并不太相信好莱坞的两条公论——一是关于女性的动作片必定吸引不了作为票房主力的年轻男性观众;二是女性观众不愿意跑去看一部以汽车追逐和机器人为故事内容的电影。卡梅隆这种突破传统思维的能力,在其日后的电影生涯中令他受益匪浅,也造福了整个电影制作行业。这与他在推动技术进步方面的贡献一样重要。

在他的早期电影中,这种对大众观点的漠视,主要体现于他对女演员的格外青睐。赫德说:"他极富胆识地认定一个强有力的女性不会使男性观众失去兴趣。男性观众还是会来。他们确实也来了。"在他的电影生涯中，卡梅隆赋予女性的能耐、权威和力量，超过任何一位主流导演。直到今天，以女性为中心的票房收入最高的电影仍然是卡梅隆1991年的《终结者2：审判日》，该片全球票房收入五亿两千万美元。当然，除非你认为《泰坦尼克号》也可算是动作片，其实这种说法未尝不可，因为这部片子最后的一个小时都在惊心动魄地讲述大船如何渐渐沉没。这么说来，有史以来票房收入最高的电影实乃卡梅隆的这部动作巨片，讲述的是一个年轻的女人如何在一艘沉没在即的大船上体验过非凡的性爱经历后找到了生命的意义。无论如何，要不是莎拉·康纳泽被今世，很难想象随后数十年银幕上涌现的那些坚韧的女性角色，诸如《古墓丽影》（*Lara Croft：Tomb Raider*）、《卧虎藏龙》（*Crouching Tiger, Hidden Dragon*）以及两部《杀死比尔》（*Kill Bill*）里的女中豪杰。

然而，要找到一个能够从普通女人转变为超级辣妈的演员，并非易事。卡梅隆需要一个外表如邻家女孩般甜美，身体素质又能满足体能要求的女演员。他看着莎拉·康纳的候选人在赫德家的车道上跑圈，观察她们在逃离终结者时会是什么样子。最终，卡梅隆从那位默默无闻的女演员琳达·汉密尔顿身上找到了他的未来之母。她刚刚拍完一部尚未发行的恐怖片《玉米田的小孩》（*Children of the Corn*）。赫德说："琳达比较让人信服，因为她给人的印象就是她既不愿意而且也自认为并未准备好担起这种责任，与此同时，你却又觉得她能行。"

"别犯傻。两件活儿都接。"

卡梅隆选定演员，准备于1983年春在多伦多开拍《终结者》。他给亨里克森找了一个角色，因为这位朋友帮他搞定了电影的投资，功劳莫大。他在片中饰演探员赫尔·武科维奇。卡梅隆继续完善剧本，这个时候，柯南系列电影的制片人迪诺·德·洛伦蒂斯却拿施瓦辛格合约中的一条优先条款来做文章，《终结者》的制作第一次受到了阻碍。这意味着卡梅隆必须等待九个月，在此期间，他的大反派将重新穿上鹿皮鞋，拍摄《毁灭者柯南》（*Conan the Destroyer*）。对卡梅隆来说，这段时间不够另拍一部电影，但足以另写一部剧本。于是，卡梅隆将《终结者》的剧本作为代表自己写作能力的范本四处分发，约见制片人，其中就包括跟大卫·吉勒和沃特·希尔会面。

吉勒和希尔的“白兰地制片公司”（Brandywine Productions）拥有拍摄新版《斯巴达克斯》（*Spartacus*）的制作权。他们被卡梅隆的《终结者》剧本所打动，邀请他为这部罗马奴隶题材的未来主义电影出谋划策。卡梅隆认为这种宇宙版斯巴达克斯的想法很有潜力，于是带着满脑子的设想去和他们碰头。然而，卡梅隆很快就意识到他这种高级科幻的概念并非吉勒和希尔心中所想。他们要拍一部长剑草鞋的史诗——而且是真的要手舞长剑脚穿草鞋——只是故事发生在另一个星球而已。这次见面不了了之。失望的卡梅隆朝门口走去，就在这时，吉勒不经意地提起，他们公司还有另一个已经酝酿了多年的计划——《异形 2》。

这一刻，如果是动作片里的场景，那就肯定会是一个慢镜头，导演如此处理才好让观众感受到主人公涌起的肾上腺素，就好像看着一颗子弹将要穿过自己的脑袋。卡梅隆此时站在白兰地制片公司的门口，正是遇到了这样的情景。他不知道吉勒和希尔是《异形》的制片人。他对《异形》推崇备至，在为罗杰·科尔曼的《杀出银河系》设计制造太空生物和飞船时，曾经痴迷地研究过这部电影。卡梅隆和他的朋友兰德尔·弗雷克斯在 1979 年《异形》上映的第一天夜里就去捧场。通常情况下，他和弗雷克斯看电影时如果发现什么蹩脚的情节或者低俗的笑话，会用胳膊肘推一下对方，小声议论几句。而看《异形》的时候，两人从头至尾一语未发。这部电影堪称完美。斯科特没有遵循《星球大战》那样的太空旅行方式——一群打扮得整整齐齐的船员穿着贴身的连体服，驾驶一艘炫彩夺目的飞船——他描绘的是一群身着夏威夷花格衬衫、头戴棒球帽的怪客以脏兮兮的“诺斯特罗莫”号（Nostromo）为家，在星系间穿梭。整部电影，包括 H. R. 齐格设计的半人半机器的外星怪物，都具备了一种使观众不寒而栗的真实感。卡梅隆这个狂妄的二十四岁加拿大小伙子同样被震住了。詹姆斯·卡梅隆和《异形 2》简直就是天作之合，用他的话来说，就是“豌豆加胡萝卜”。不过，在吉勒和希尔面前，他保持镇定，不想显得过于热切。制片人给了卡梅隆一张半页纸的续集计划：一个殖民地被扫平，海军陆战队领命来到现场。吉勒和希尔的想法大约相当于电影前二十分钟的内容，同时好像是为了表明他们已经通盘考虑过整个计划，这篇文字的结尾是“接下来又发生了一些狗屁事情”。卡梅隆提议让他来写一份详细剧情给他们看。会议之后，他立刻赶回家里，动笔撰写了一份长达四十二页的故事梗概，使用的是他大约十八个月之前拟就的一篇剧本提纲，题目叫做《母体》。

《母体》的故事发生在金星表面的一个基地。开篇第一句话是“金星是地狱”。卡梅隆最先取的名字是《E. T.》，当他得知史蒂芬·斯皮尔伯格正在酝酿一个同样名称的项目后，就把名字改了。母体指的是一种人类和外星人混血的生物，栖身在人类无法生存的环境中。卡梅隆将这个故事的许多元素在抽屉里放了几十年，直到《阿凡达》问世。不过，《母体》的其余部分都直接用到了《异形 2》的情节中。故事的高潮是题目所指称的外星母体和男主角的决战，而男主角身穿的是一件被称为“动力服”的外骨骼装备。《异形 2》中，卡梅隆在《母体》的基础上增加了一支海军陆战队，并以西格妮·韦弗的角色代替了原先的男主角。在与吉勒和希尔见面仅仅几周之后，卡梅隆几乎带回了一部完整的电影给他们。制片人立即把工作交给了他，要他马上开始撰写剧本。

唯一的难题是，就在那一天，卡梅隆得到了另一个同样吸引人的工作——撰写《第一滴血 2》的剧本。而且，他还得继续修改《终结者》的剧本，为几个月后的拍摄做足准备。卡梅隆打电话给吉勒，问他该怎么办。“如果是这样，别犯傻，”吉勒说，“两件活儿都接。”卡梅隆接下了这两个任务，意味着他得在 1983 年的三个月时间里写出三个剧本。面对这个难题，卡梅隆开始制定计划，就好像终结者那样，用头脑里的一台计算机将所处的境况扫描一遍。他判定每份剧本都应该时长两个钟头，也就是一百二十页。那么，总页数是三百六十页。他将三百六十除以那三个月除了睡眠之外的小时数，就求出了每小时必须写出的剧本页数。他说：“我每小时就写够这个页数。”卡梅隆在黄色的标准拍纸簿上手写，一般是从晚上开始，一直写到第二天凌晨，这样他白天就能腾出时间来准备《终结者》的前期制作。他一边写剧本一边听音乐——写《异形 2》时，听古斯塔夫·霍尔斯特的《行星组曲》（其中的“火星：战神”是他最喜欢的曲子之一）；写《第一滴血 2》时，听《现代启示录》（*Apocalypse*

Now)的原声唱片。他一杯接一杯地喝咖啡,吃了不少垃圾食品,最后……他还是没能全部完成。

对于《第一滴血 2》,卡梅隆打算写一部有思想的动作片,让剧中的人物均各怀动机,场景也都经过仔细考虑。在卡梅隆为《第一滴血 2》所写的第一稿剧本中,西尔维斯特·史泰龙有一个副手,而兰博救出的战犯都是有血有肉的人物,他们各自的身世都由暗藏在电影前前后后的细节所交代。史泰龙反对用副手,他觉得好台词都给副手占去了。他还将战犯都简化为仅是一个符号而已,而他们的故事本可解释史泰龙扮演的角色为什么要重返越南。卡梅隆对加拿大影评人克里斯多夫·赫德说:"他们就好像跳伞到越南去买半打啤酒一样。"卡梅隆写完四稿《第一滴血 2》后,《异形 2》的前两场戏才刚刚完成,而此时他必须马上投入到《终结者》的拍摄中。幸运的是,二十世纪福克斯非常看好《异形 2》剧本的前九十页,还出人意料地提出,他们愿意等卡梅隆写完。如果《终结者》取得成功,并且卡梅隆能证明他具备导演的天赋,那么,福克斯表示,他们也会让他来执导《异形 2》。福克斯当时的主席拉里·戈登说:"有时候,一位导演和一部电影好似天作之合。这个人浑身上下仿佛都在说是我,是我,就是我。"当然,如果福克斯另外找到一个"就是我",他们会随时替换卡梅隆——他并未签约。赫德说:"但是,我们选择了相信他们。"有时候,对于好莱坞的年轻人来说,把别人的话当真,也会得到回报。

斯坦

即使投入再多的预算,卡梅隆为《终结者》设计的特效镜头也显得过于野心勃勃——毕竟这部电影纯粹是通过现场拍摄完成的,想要获得这些特效,显得不可思议。卡梅隆想要一比一的机器人骨架,而且人体特效化妆要逼真得长镜头特写都看不出破绽,例如终结者对着卫生间镜子给自己的脸做手术的那场戏。卡梅隆觉得,他认识一个可以胜任这项工作的绝佳人选:迪克·史密斯。正是这位化妆师在《教父》(*The Godfather*)中使马龙·白兰度看上去老了许多,并且在《出租车司机》(*Taxi Driver*)中制造出假血喷溅的效果。但是,当卡梅隆找到史密斯并提出他的高难度要求时，这位德高望重的特效师摇了摇头。这些机器人之类的东西，对他而言，力不能及。他提议卡梅隆找他的朋友斯坦·温斯顿。他说“斯坦善于摆弄机器人”。卡梅隆坚持说：“不，我要找的是你。”“不，你要找的是斯坦。”失望的卡梅隆只好去见刚刚以一部讲述机器人爱情的影片《心跳》（*Heartbeeps*）获得奥斯卡最佳化妆奖提名的温斯顿。温斯顿曾在弗吉尼亚大学修习绘画和雕塑，于1968年搬到好莱坞，投身演艺事业。由于试演屡遭不顺，他到迪斯尼公司开始做化妆学徒，最终打出了一番事业，凭着在多部剧集中的化妆工作而获得了多项艾美奖提名。卡梅隆找到他的时候，面对挑战，他跃跃欲试。卡梅隆说：“斯坦和我一拍即合，因为我们都尊重艺术家，而且彼此都觉得对方是艺术家。我们都有一点疯狂，也很欣赏对方的卓尔不群。”正是斯坦身上的这份疯狂，使他接受了卡梅隆惊人的想法，并付诸实践。他跟卡梅隆在随后的多部电影中继续合作，并四度提名奥斯卡，其中三次获奖。此外，在1993年，他们携手创立了一家视觉效果公司——“数字领域”。1998年，在一次气氛紧张的董事局会议上，卡梅隆辞去了主席的职位，斯坦也即刻起身追随他而去，表明了两人同进退的态度。2008年，斯坦死于癌症。他生前是卡梅隆最亲密的艺术合作伙伴和好友之一。但是，在制作《终结者》时，两人先得学会互相信任。

通常，温斯顿会从零开始设计——多数导演对于他们希望在银幕上见到的效果只有些许概念，得依赖温斯顿这样的艺术家将具体的形象予以完善和落实。而卡梅隆已经准备好了一些非常详细的概念设计。有的艺术家遇到工作能力和他们相当的导演，会觉得是一种威胁，但温斯顿却认为这是提高自己水平的机会。他和卡梅隆通过来回传递图稿进行交流。两人都像小男孩一样热衷于壮观的场景。后来，温斯顿开玩笑说卡梅隆是“替我打工的最有才华的艺术家之一”。最终，他们敲定了终结者的外形设计，跟卡梅隆在罗马那天晚上勾画的图稿完全一样。接下来，他们要做的就是把家伙给造出来。这个机器人的某些部位是透明的，所以他们不能找人躲在里面控制。而且，它的尺寸应该跟真人一般大小。七名艺术家连续工作了六个月才把终结者人偶制造出来：先拿粘土做模，然后是石膏，再用聚氨酯；接着用环氧树脂和玻璃钢注模；最后以钢筋加固。

这些零件得进行打磨、喷漆以达到做旧的效果，还要再镀一层铬。在机器人的头部，温斯顿的团队安放了一个无线电装置，可用来控制它的动作。完工后的终结者人偶重达一百磅，这个大块头在银幕上看起来坚不可摧。而为了实现终结者在卫生间镜子前那场戏的复杂效果，温斯顿煞费苦心，用粘土、硅胶和石膏栩栩如生地复制了施瓦辛格面部的不同表情。卡梅隆非常满意，认为他和温斯顿联手造出了恰如影片所需的机器人。

自己动手

最终，经过两年的艰苦准备，卡梅隆在1984年3月喊出了《终结者》的第一声“开拍”。比恩回忆：“吉姆就像小孩子终于进了糖果店一样。他在糖果店门外往里面看了很长时间。他以前进过一家小小的糖果店——《食人鱼2》——但被人推了出来。”而现在，卡梅隆已经聚集了他乐于合作的各路人马，以及他所需要的所有机械工具、摄像机和灯光设施。跟日后不一样，他那时不必背负制片公司或媒体对他的期待，也没有高额的成本、大批的工作人员和开拓性的技术要他担心。比恩说：“那时的他不是‘詹姆斯·卡梅隆’。他只是吉姆。在拍那部电影的时候，他内心十分快乐。”大多数复杂的动作镜头都在晚上拍摄，卡梅隆不断地和时间赛跑，希望在太阳出来前完成尽可能多的镜头。开拍后才一个礼拜，他就不得不作出快速的调整。琳达·汉密尔顿的脚踝严重受伤，拍摄时间表必须大幅调整，将她奔跑的镜头尽量延后。虽然时间作了调整，汉密尔顿的脚踝还得每天打绷带。在这部电影的拍摄过程中，她大多数时候都在忍受疼痛的煎熬。

在拍摄《终结者》期间，卡梅隆养成了亲力亲为的工作风格，并在后来的电影中变得愈发极致。到他开拍《阿凡达》时，卡梅隆能够自己运作摄像机、剪辑脚本、混音，除了表演之外，几乎所有的技术和艺术工作他都参与。午饭时，剧组工作人员甚至等着他在食品台边出现，客串掌勺，因为只有他才能做出完美的汉堡。不论工作无足轻重还是在旁人看来太过危险，卡梅隆都亲自操刀。这是他当年在新世界公司不得已而养成的习惯。如果在罗杰·科尔曼的片场有一个灯光需要调整，谁离得最近谁就动手。事实上,片场上几乎所有的工种,卡梅隆都可以和专职员工干得一样好——他对此也很清楚。如果你自己能做,何必再费神告诉别人该如何来做呢?《阿凡达》剧组的一位工作人员说:“吉姆认为自己很出色,他确实就那么出色。这真是令人咋舌。”另外,卡梅隆不愿安于本职而在片场其他事务上施展身手,也多少是为了彰显自己的男子气概。在《终结者》的片场上,如果一位演员需要别人来解释某个特效动作该怎么做,卡梅隆会不戴护垫亲自演示给他看。施瓦辛格回忆:“他跳上一辆本田摩托车,加速,然后做了一个一百八十度的翻转,告诉我这就是他要的效果。我当时以为他疯了。”卡梅隆调动他在新世界公司学到的种种低成本制作中的技巧,只是放大三倍来利用。有一场戏中,一辆卡车在市中心的街头爆炸。他从一辆真车的长镜头,一爆炸就切到微缩镜头上去。施瓦辛格说:“他把一切都安排得细致入微,根本没有出错的空间。他对此极其着迷,几乎就生活在电影之中。”

意料之外

他的激情终于换来回报——卡梅隆对《终结者》的成品深感骄傲。因此,当奥利安的高层将该片斥为又一部常见的动作片,最多在影院放映三周就得下线时,他大受刺激。奥利安方面害怕影评人会有诸多恶评,只举办了一场媒体放映会,并且将电影微薄的广告宣传费用在开映第一周就花完了。然而,许多有幸观看《终结者》的著名影评人对之赞誉有加。《洛杉矶时报》称其为“一部惊险、紧张、刺激的片子”,“充满了刺激的汽车追逐镜头、聪明的特效和颇富机巧的幽默”。《纽约时报》和《新闻周刊》的影评人也同样作出了正面评价。《时代》周刊将《终结者》列入当年十大佳片。观众更是踊跃。《终结者》成了一部意料之外的大片,虽然成本仅六百四十万美元,但全球票房高达七千八百万。这部电影还率先在家庭影院中赢得了更多的观众,其声誉也从“垃圾经典”变成了纯粹的“经典”二字。2008 年,《终结者》被国家电影档案馆收藏。该馆保存的电影胶片均为文化上、历史上或者美学上具有重要价值的影片。

多产而好斗的科幻作家哈兰·埃里森是在电影院中看过《终结者》

的观众之一。他说,“我非常喜欢这部电影,它深深地震撼了我。我走出影院,回到家里,给我的律师打了个电话。”在这桩针对卡梅隆和奥利安的诉讼中,埃里森指称《终结者》的剧本抄袭了电视剧《外星界限》(*The Outer Limits*)中由他编剧的“战士”和“玻璃手的恶魔”两集。这两集电视剧确实看似《终结者》的灵感来源——“战士”的前三分钟和《终结者》的前三分钟一样,两名神秘的战士从未来回到了现在;而“玻璃手的恶魔”中的那只机械手则和《终结者》中机器人半透明的结构有几分相似。但《终结者》的剧本很难说就直接抄袭了埃里森的作品——在《外星界限》这两集中,没有一个角色与电影的中心人物莎拉·康纳对应,也没有任何情节提到要阻止一位未来的勇士降生。在科幻题材中,时光旅行、机器人和未来战争都是稀松平常的事,没有一个作者能说自己才是版权所有人。但奥利安为了免除代价高昂的官司,给了埃里森四十万美元,并且在后来的影片版本中添上了他的名字。卡梅隆当时反对这一决定,但也知道自己对此无能为力。他说:“这本是一桩很小的官司,打起来很容易,我本希望赫姆戴尔与奥利安能够捍卫我的权利,但他们却弃我不顾。保险公司对我说,如果我不同意调解,最后又输了这个官司,他们会找我索赔。当时我没有钱,不得不接受了调解。当然,同时还附带了一条封口令,要我不能将事情外传,但现在我对这件事也看开了。事实就是这样。哈兰·埃里森不过是只寄生虫,我鄙视他。”

在《终结者》后期制作期间,卡梅隆和赫德逐渐从工作关系转为恋爱关系。卡梅隆从赫德身上看到了一个跟得上他节奏的女人——就算从字面上理解,也有例为证:两人都是精力充沛的人,连去开会的路上都在较量;卡梅隆开着他用《终结者》的报酬买来的一辆雪佛兰克尔维特,赫德则驾驶一辆保时捷,他们在洛杉矶的高速公路上以每小时一百二十英里的速度飙车,还一边用车载电话聊天。他们的约会安排,是到沙漠里的射击场玩 AK-47 和 M16,或者一起骑马和潜水。一次,他们在棕榈泉乘热气球时还遇上了紧急迫降。卡梅隆喜欢的女性,和他银幕上的女主角一样,大多都是非常能干的女人,与好莱坞许多权贵人物的花瓶老婆大相径庭。卡梅隆说:“在电影里和生活中,我一直都喜欢女强人。我的母亲向来很独立,也许正因为如此,我最中意的那些角色楷模都属于这种类型。”当然，他花了很多年才把自己的爱情生活理顺——直到他的第五次婚姻，即 2000 年与演员苏茜·埃米斯牵手，朋友们才说他总算找到了自己真正的女英雄。

黑色科技

就像二十世纪四十年代和五十年代犯罪悬疑题材的黑色电影一样，《终结者》讲述了一个发生在城市阴暗地带的奇幻故事。不过，影片向观众展示的并非人性的阴暗面，而是科技的阴暗面。在《终结者》中，一台防务系统电脑设计了一场核战争。名为“捕猎杀手”的机器包围了已成废墟的世界中少数幸存的人类，要将他们赶尽杀绝。那些外表酷似人类的机器人——终结者——渗透进这群人类之中。《终结者》并非第一部质疑人类过度依赖机器的电影。《2001：太空漫游》和《银翼杀手》（*Blade Runner*）都讲述了未来人类对电脑的全然依赖所造成的严重后果。不过，“黑暗科技”（Tech Noir）一语却是由卡梅隆创造出来的。他在《终结者》中将终结者首次找到莎拉·康纳的那家夜总会取名“黑暗科技”。《终结者》之后，涌现了为数不少的一批“黑暗科技”电影，例如史蒂芬·斯皮尔伯格的《少数派报告》（*Minority Report*）、特瑞·吉列姆的《十二只猴子》（*Twelve Monkeys*）和安德鲁·尼科尔的《变种异煞》（*Gattaca*）。

虽然在 1984 年的《终结者》中，卡梅隆对未来战争的描绘显得很遥远，但他在许多方面却似乎有着惊人的先见。今天，机器人在阿富汗和伊拉克成了灭杀者。之前由血肉之躯承担的杀戮，如今由“掠食者”无人飞机执行。反恐行动依靠机器人来发现炸弹并收集视觉证据。美国国防部研发的遥控枪可以杀死半英里外的目标——实质上看，这就是“捕猎杀手”的雏形。2009 年，一群电脑专家担心出现高科技政变，为此举行了一次特别会议，讨论“人类失去对电脑智能之控制”的可能性。在拍完《终结者》二十五年后，这部电影的主题仍然困扰着卡梅隆。他说：“机器不会毁灭我们，是我们自己毁灭自己。只不过，我们将用机器来做到这一点。”

4.
这一次是战争

西格妮的阿拉莫之役

《异形2》是卡梅隆的战争片——不仅是因为有一群海军陆战队殖民军手持脉冲机关枪和火焰喷射器去围捕流着酸液的外星掠食者。在拍摄莱德利·斯科特经典之作《异形》的续集时，卡梅隆还得经历许多现实世界中的较量，与不服指挥的英国员工和焦急的电影公司争夺艺术创作的控制权。而首先，他得劝退电影行业中建议他回避斯科特这部经典之作的好心人。

1984年12月，卡梅隆正沐浴在《终结者》出奇成功的余晖之中。一夜之间，他就从被B级片抛弃的可怜虫变成了好莱坞最为炙手可热的年轻导演。在《终结者》开映票房冲上首位时，这个两年前还在靠吃剩饭过活的年轻人，连续两个礼拜午饭都有人请客。但同样突然的是，他不再需要他一直梦寐以求的那项工作——担任《异形2》的编剧兼导演。《出租车司机》和《第三类接触》的泼辣制片人茱莉亚·菲利普斯警告卡梅隆，如果他执导这部续集，一切好的成果都会不可避免地被人当成斯科特的功劳，而一切失败则会归咎于他。卡梅隆说："是吗，不过我无所谓。"时至今日，卡梅隆回忆起当年的情景："我是一个痴心的影迷。也许这是出于狂妄,但我从来没有考虑过此举有可能是事业上的自杀。”

卡梅隆在写剧本时,开始将《异形》的续集称为《异形2》。他将剧本的封面撕下,在大写的“ALIEN”后面用记号笔加了一个“S”,然后在“S”上画了两条竖线,构成了一个美元的符号。他将这张纸给制片人大卫·吉勒和沃特·希尔一看,两人当场就同意了这个新名字。在二十世纪八十年代,还没有先例证明一部卖座片的续集可以成为摇钱树。但吉勒和希尔觉得他们的宇宙战争片概念有真正的票房潜力。对卡梅隆而言,这是一个探索创意乐土的机会。小时候他喜欢战争电影,长大成人后,他更仰慕那些坚强的斗士。卡梅隆在构思《异形2》时,唤起了他本人对于若干二战电影的回忆,例如《撒哈拉》(*Sahara*,1943)和《十二金刚》(*The Dirty Dozen*)。在这些片子中,一群不同种族的士兵,本是乌合之众,被困在敌人的战线之后,最终团结起来迎击强大的敌人。他还想到了约翰·韦恩1960年的电影《边城英烈传》(*The Alamo*)。韦恩在该片中扮演戴维·克罗基特,此人带领手下处于劣势的散兵游勇反抗大兵压境的墨西哥军队。在卡梅隆眼里,西格妮·韦弗扮演的角色瑞普丽就相当于约翰·韦恩,是绝望战役中沉着镇定的领袖。

将《异形2》包装为一部战争片有诸多好处。卡梅隆清楚,在制造幽闭恐怖的气氛上,他无法超过斯科特的原作。而战争的名头可以使电影和《异形》保持足够的距离,这样就能让他将自己的风格嫁接到斯科特的风格之上,并取得些许创作主动感。军事题材的剧情也便于卡梅隆将越战的隐喻直接融合在故事中。和二十世纪六十年代的所有小孩一样,卡梅隆成长于越战形象和主题的包围之中,而且,在为《第一滴血2》剧本寻找资料的时候,他进一步地融入到这场战争里。他看了《现代启示录》,读过提姆·奥布莱恩的小说《追寻卡奇亚托》(*Going After Cacciato*)和迈可·赫尔的小说《派遣》(*Dispatches*)。卡梅隆将越战美军的狂妄态度和语言用在了《异形2》中殖民远征的海军陆战队员身上。他还套用了越战式的情节演进来讲故事——骄兵必败。卡梅隆说:“电影确实以越战似的比喻来讲述一个技术上更先进的军队被一个更坚定、更隐秘且看似不相称的敌人打败。”他的影片中那些配备了未来新式武器的战士,将被一只巨虫彻底消灭。

“离她远点，你这婊子！”

在1979年的《异形》中，我们对瑞普丽并没有太多了解，只知道她很聪明，是一名初级军官，善于独立思考，有着钢铁般的意志。实际上，瑞普丽可以说是青年时期卡梅隆的女性版，这或许可以解释他为何将整部续集的剧本都围绕她这一角色来撰写。在《异形2》的剧本中，卡梅隆讲述了瑞普丽的背景故事。她的名字叫爱伦，在地球上曾有过一个女儿，但是在瑞普丽五十七年的沉睡期间衰老过世了。在电影的剧场版中，这段解释瑞普丽曾做过母亲的戏因为时长关系而被删减了。不过，这一母性的潜台词贯穿了整部电影。瑞普丽将外星人袭击“LV－426星球”后唯一的幸存者小女孩纽特当成了自己的女儿。卡梅隆在写《异形2》的时候还没有孩子，但他成功地讲述了一个足以引人共鸣的母爱故事。如今作为五个孩子的父亲，他说：“我很惊讶自己当时把握得如此准确，因为我之前从不曾体会过这种情感。我甚至连狗也没养过。”在《异形2》的高潮之战中，浑身泥污、大汗淋漓的韦弗穿着宽大的T恤衫和工装裤，和又湿又滑的异形女王决一死战，双方都是生猛的母亲，赤手上阵，只为保护各自的孩子。瑞普丽并不光彩照人——她是一个战士。她一手抱着那个小女孩，另一只手拿着一杆火焰喷射器。卡梅隆设法在瑞普丽身上体现出了性别这一核心特征，同时又没有使之对角色造成任何影响，从而成功塑造了瑞普丽这个母亲兼战士的形象。甚至二十年后当观众在剧院中重温《异形2》时，看到韦弗吼出那句令人难忘的豪语“离她远点，你这婊子”，仍会大声地欢呼叫好。

卡梅隆在写剧本的时候，旁边一直摆着一张韦弗的照片，几乎把她写进了每一场戏。所以当他得知他的女主角对续集一无所知，未签订任何合同，而且没什么兴趣重拾这一角色时，他吃惊不浅。卡梅隆决定亲自打电话给韦弗。当时她正在法国和杰拉尔·德帕迪约搭档拍摄一部喜剧。卡梅隆说：“听我说，亚当没有跟你提起过我。但是我刚写了这部《异形2》的剧本。我现在处境很尴尬。我已经在这部电影上花了不少时间，但现在他们告诉我你一点都不知情。所以——我能不能先把剧本寄一份给你?”

韦弗疑虑重重,在她看来,拍摄续集不过是电影公司想利用第一部的成功再捞一笔钱。不过,她同意阅读卡梅隆的剧本,而且在看过之后惊喜于卡梅隆对瑞普丽这番深思熟虑的处理。她说:“他把她塑造成一个反叛的人物。以此为起点,这个人物可以很好地找到那份孤独和愤怒。”韦弗同意和卡梅隆见面,还为此详加准备——她将剧本用不同的颜色做了记号,并在字里行间写满了各种问题和标注。韦弗对卡梅隆提出了几点非常详细的要求。卡梅隆说:“她希望影片中她的角色最后死去,她不想用枪,而且她还要和外星人做爱。”韦弗日后成了《异形3》和《异形4》的制片人,这三件事情她最终也都做到了。但是,初次见面,卡梅隆就否决了这些提议。他说:“我以为她会就此不干。”但她没有。韦弗的若干想法给了卡梅隆灵感,驱使他从更深的层次来考虑这个角色。他将《异形2》看成直截了当的复仇故事,但韦弗比导演心肠更软,认为瑞普丽并不仇恨异形。卡梅隆回忆:“我说,‘不,不,不,她恨异形,她恨他们杀掉了所有的队员,使她受了这么多苦,她想把他们一网打尽。’”最终,卡梅隆说服韦弗接受了这种说法——“LV-426”上还有殖民者,而瑞普丽不希望她所经受的创伤再发生在别人的身上。卡梅隆说:“我们之间的创意拉锯迫使我跳出当时的思维限制,看到了她这些想法背后更高层次的动机。她所怀有的是一种责任感。”

韦弗非常喜爱这部剧本,不过,在见面时,她又提出了另外一个问题——她还没有和二十世纪福克斯谈妥合同。韦弗清楚自己作为好莱坞第一位动作女星的身价。斯科特让她成名之后,她又在别的重要电影中扮演过主要角色,如《危险年代》(*The Year of Living Dangerously*)和《捉鬼敢死队》(*Ghostbusters*)。这一次,卡梅隆又为她量身打造了一部剧本,韦弗觉得丰收的时机已经到了。电影公司却不这么认为。韦弗的合约谈判陷入了僵局。那时已是1985年的4月,而《异形2》计划在当年9月开拍。卡梅隆为了赫德这个他认为对电影至关重要的女人,已经跟福克斯纠缠过一回。虽然赫德在制作《终结者》时如期完工,且没有超出预算,但她的年龄(当时才二十九岁)、性别、精灵般的外貌以及她与卡梅隆的浪漫关系,让福克斯方面认为她不是“真正的”制片人。卡梅隆坚持两人必须一起工作，最终他取得了胜利。随着两人工作关系的加固，卡梅隆和赫德的婚姻也最终敲定。他们去毛伊岛度蜜月。临行前，卡梅隆对福克斯说："限你们在我们回来之前把西格妮谈下来，否则，我们就不干了。"

当卡梅隆和赫德度完蜜月回来，韦弗和福克斯还没有签合同。这让卡梅隆感到非常棘手。他觉得必须遵守自己设下的期限，所以想出了一个计策。卡梅隆打电话给施瓦辛格的经纪人，此人和韦弗的经纪人同属ICM公司。卡梅隆在电话里说他重新考虑了自己在好莱坞的地位，决定将瑞普丽这个角色完全删掉，并将整个故事以纽特和陆战队员为中心。这样《异形2》就完完全全都是卡梅隆自己的了，不再有斯科特经典之作的任何包袱。他说马上就开始重写剧本，然后就把电话挂了。卡梅隆其实并不打算放弃瑞普丽。不过他知道后面会发生什么事情——施瓦辛格的经纪人打电话给韦弗的经纪人，后者又打电话给福克斯。韦弗的合同当天就解决了。最终她拍《异形2》的酬劳是一百万美元，是第一部的大约三十倍。

垃圾袋测试

或许《异形》系列第一部最经典的镜头就是异形从约翰·赫特胸中爆裂而出的那一刻。卡梅隆知道，他必须在第二部中包含"胸爆"和"抱脸"——异形这两个令人恶心的寄生周期在斯科特的影片中把观众吓坏了。不过，卡梅隆也希望采用自己的设计理念。卡梅隆为《异形2》打造的第一个独特的概念，就是巨大的异形女王。他将她画成一个超级大虫，仿若"黑寡妇"蜘蛛和恐龙的混合体，有两对长臂和仿照白蚁蚁后的产卵器设计而成的产卵囊。卡梅隆在他设计的幻想生物中经常借用真实的动物和昆虫形象，因为他觉得有真实的形象为基础，能够使观众放弃怀疑。如果你邀请观众同你一起到另一个星球、另一个时空去旅行，最好一路上给他们提供些似曾相识的形象。卡梅隆从大自然窃取创意的另一个解释在于，这样做满足了他个性中"魔法师先生"的那一面，借此他可纵身跃入科学的奥秘世界，在诸如昆虫繁殖之类的问题上一探深浅。不过,卡梅隆的异形女王只是部分源自科学。其他部分则对应了H. R. 齐格为《异形》所作的设计:高雅、兽性,使人不由得想要寻找弗洛伊德式的解读。有些电影理论家将异形女王称为古英语长诗《贝奥武夫》(*Beowulf*)中的怪兽"格兰德尔"母亲的卡梅隆版——"这个母体的兽性超越'格兰德尔',是恐怖的真正源头,因为她与'格兰德尔'不同,可生出更多怪兽"。卡梅隆塑造的这个老娘高十四英尺,从头到脚皆透着恐怖,拖着鼓鼓的卵囊,里面尽是会从人体内破胸而出的宝宝。

卡梅隆的异形女王完全是他制造出的一只怪兽,而与设计相比,制造过程所需要的想象力毫不逊色。为了这项工作,他又请来了好友斯坦·温斯顿。卡梅隆告诉他:"我有一个很好的想法,我们找几个人,把他们套在一个外壳里,让木偶师来控制怪兽的脚。"温斯顿面对卡梅隆那些几乎不可能实现的任务,很少感到为难。但这一回他实在不得要领。多年后,在《异形 2》DVD 特别版的评论中,温斯顿回忆:"我看着他,心里想'这家伙完全疯了'。"但仅仅过了几秒钟,这位特效艺术家就记起了他们在《终结者》中的合作。"如果吉姆想得出,他一定知道怎么实现。所以,我转念一想,'行啊,我们可以搞定。'"卡梅隆画图示意两位木偶师应如何来控制四条长臂,两人必须背对背地躺在异形女王躯干内部的一块板子上。为了向温斯顿——也向他自己——证明他的概念能够奏效,卡梅隆提议做个试验。他和温斯顿在工作室里用玻璃钢造了一只能躺两人的托盘。工作人员用泡沫塑料雕出头部和长臂的形状,以垃圾袋覆盖,模仿异形发亮的黑色外表。他们把这个仓促造就的女王拉到温斯顿位于圣费尔南多峡谷工作室的停车场上。他们用一台吊车将两位木偶师吊在泡沫塑料制成的躯体里。卡梅隆负责运行测试用的摄像机,然后指挥拍摄:"吊车,上升。"这只巨大的垃圾袋猛兽慢慢升起,显得小心翼翼。"好,吊车上下点头。轻轻动一下就行,像是它在调换重心。手心保持朝下。"测试的目的是观察模型的移动性和外形线条。当他们观看这段录影时,除了卡梅隆之外,所有人都惊讶地发现,这一设计竟然如此有潜力可挖。

垃圾袋测试一成功,温斯顿的团队就开始准备建造真家伙。最终,把女王搬到片场动用了十四到十六个人。头、颈、身躯靠液压控制,腿在外部用杆子牵引,脸、唇、下颌和舌头都通过线缆操纵。温斯顿说:“异形女王可能是唯一有本事听了吉姆的执导要求之后,发飙,并使他退却的女演员。”她也是温斯顿之前从未经历过的复杂创造。七年以后,史蒂芬·斯皮尔伯格找到温斯顿,请他帮忙参与《侏罗纪公园》(*Jurassic Park*)的模型制造。温斯顿回忆:“他说,‘你造出了那只十四英尺高的异形,效果很好。想必恐龙也难不倒你。’每件事都会引出别的事情来。”

在异形女王制作期间,卡梅隆和温斯顿着手解决了大批异形战士。第一部中的异形由一位身高二米二、学习设计的尼日利亚学生扮演,此人名叫博拉吉·巴德鸠,是斯科特选角团队在伦敦的一间酒吧里发现的。和斯科特的电影不同,卡梅隆需要十几个异形。除非整个 NBA 的球员都跑来试演,否则,卡梅隆知道他不可能找到足够的高个子演员。但在研究《异形》时,卡梅隆发现,这只异形几乎从来不和真人出现在同一镜头中。没了参照物,巴德鸠吓人的高度无足轻重。卡梅隆决定用普通身高的人来代替。他还希望他的异形能比穿着橡皮服装的巴德鸠更灵活。因此,温斯顿的团队用氨纶来缝制服装,特技演员和舞蹈演员正是身穿这种材质的衣服以便于做出跳跃、匍匐以及众多细微动作。这一回,正如多次在其他场合出现的情形一样,温斯顿的演员背景在他的特效工作中起了很大的作用——他从本能上理解,这一生物不光要看上去不赖,还应该能够做出使人信服的表演。

丑陋、破旧……勉强能用

H. R. 齐格的艺术作品在《异形》系列第一部中意义非凡,并对生物造型和电影设计的发展产生了巨大影响,而且堪称卡梅隆个人的重要灵感来源。在他的电影生涯中,卡梅隆找到过许多世界上最好的艺术家同他合作,但是他没有邀请齐格来助拳《异形 2》,这个决定日后让他后悔不已。卡梅隆回忆:“都说他是个很古怪的人,好像很难跟他合作。也许当时我害怕在视觉控制方面放弃得太多。这源于自信心的缺乏。”但是,卡梅隆却攒足了自信,请出了另两位他奉为偶像的艺术家——希德·米德和罗恩·科布。米德曾是福特汽车公司的设计师,将自己打造成了好莱坞的“未来视觉家”，为包括《银翼杀手》和《电子世界争霸战》（*TRON*）在内的多部科幻电影设计出了极富想象力的交通工具。卡梅隆在迈阿密找到米德，他正在那里从事另一项对视觉来说堪称梦幻的工作——担任1985年环球小姐选美大赛的评委。卡梅隆通过联邦快递送了一份《异形2》剧本给米德，请他设计太空飞船“苏拉科”号（Sulaco）。瑞普丽和陆战队员正是乘坐这艘庞大的飞船去“LV－426”执行调查任务。米德通宵阅读剧本，并仔细思考卡梅隆描绘的这艘飞船首次在银幕上出现的景象——“金属的尖头划过银幕，紧随而至的是一座钢铁之山。这艘巨大的军事运输船，‘苏拉科’号，丑陋、破旧……勉强能用。”米德完成了几幅草稿，先是把它设计成一个巨大的球体，但卡梅隆不喜欢这个想法。相反，他寄给米德一副他自己画的草图，图中“苏拉科”号貌似一只巨大的枪在宇宙中漂移。米德对这种枪形设计作了细化处理，并最终成为影片中的模样。米德还设计了陆战队员降落到“LV－426”表面时乘坐的降落艇。卡梅隆想要一艘能够携带地面部队降落到敌方星球表面的飞船，就像把美国士兵送入东南亚雨林的直升机那样。但是，再一次，最终的版本仍然基于卡梅隆自己的设计。一个周日的下午，卡梅隆用一套阿帕奇直升机模型的零件，随意搭建出一个模型，再喷上灰色的漆。他说：“希德有很多很好的想法，但他的设计过于时髦炫丽，不符合我们需要的那种肮脏而陈旧的未来感。”

科布是一位成功的插画家，参与过《异形》和《星球大战》的制作。他通常是将卡梅隆的粗略设计直接拿来，然后加上各种细节。虽然卡梅隆与米德和科布这些他尊敬的艺术家合作，不过，他在《异形2》中主要还是依赖自己的设计美学。绝大多数导演无力像他一样亲自打草图、画稿子、动手造东西，而且他也愿意做这些事。毕竟，他比任何人都清楚自己头脑中的设想。此外，还有部分原因在于，双手忙碌不停的时候，他更能纾解生活和拍片中的压力。有些导演喝酒，有些导演抽烟，有些导演寻求情欲之乐，而卡梅隆则踱进模型车间，动手干活。

瑞普丽和异形女王之间的第三次对决是影片的高潮，这一幕使用了卡梅隆的特色设计——机械服。瑞普丽身裹这件用于建筑工作的装备，和异形之母殊死搏斗。机械服的灵感来自罗伯特·海因莱因的军事科幻小说《星河战队》(*Starship Troopers*)。书中的步兵在作战时都穿着一身外骨骼套装。海因莱因对未来战争的幻想极具先见,而且对卡梅隆的《异形2》来说是主要的创意来源——比尔·帕克斯顿的台词中提到的"猎虫"就是对这本书的致敬。而谈及**他的**外骨骼机械服,卡梅隆需要一件平民瑞普丽应该知道怎么使用的东西,于是才有了建筑工具的说法。为了营造瑞普丽操控这一巨型金属外衣的效果,卡梅隆让韦弗站在她身后一个高大强壮的特技演员的脚背上,然后结合线缆和特技演员的气力使韦弗和机械服一同运动起来。卡梅隆在他1978年的电影《外星起源》中也有一种机械服,而在《阿凡达》中则使用了一种军事版本的机械服,叫做"AMP"。他说:"我很喜欢赋予人物巨大的力量,跟一个庞大凶猛的敌人拳脚相搏。"

机械服之类的机器装备给了人类超凡的力量,这已不是什么幻想。2000年,五角大楼启动了一项耗资七千五百万美元的项目,名为"提升人体机能的体外骨骼",而陆军已经造出的试验样品可以使士兵的战斗力提升十倍。2004年,一家日本机器人公司生产出一种类似机械服的模型,护士可以用这种设备搬运病人。日本的机器人研究人员显然是卡梅隆的影迷——这家公司名为"Cyberdyne",和《终结者》中制造机器人的公司一样。

军训

卡梅隆在这部电影的选角上体现了他的一大性格特征——忠诚。在《终结者》中饰演未来战士的迈克尔·比恩在片中扮演陆战队长希克斯。卡梅隆在拍摄《食人鱼2》时结识的兰斯·亨里克森在片中扮演机器人英雄毕肖普。曾在新世界公司和卡梅隆一起造过模型的比尔·帕克斯顿在片中扮演情绪激动的陆战队员哈德森。卡梅隆在这部电影中没有离弃故人,这一点尤值一提,因为电影的制片方要求演员必须经过公开甄选,并且要雇用一定数量的英国演员。卡梅隆确实选了一部分英国演员,例如珍妮特·戈尔茨坦。她是一位面有雀斑的健美运动员,为了扮演粗犷的拉丁裔陆战队员瓦斯克斯,特意将头发和肤色染得更暗。

至于纽特，赫德为卡梅隆找到了一位军人的九岁女儿凯莉·赫恩，她是前来参加试演的小孩中唯一没有演出经验的人选。但经验的缺乏却成了优势，因为其他的小孩都受过培训，念一句台词就微笑一次——这在汽水广告中可能很不错，而要扮演一个经历过巨大心灵冲击的受害者，则并不合适。

选角开始几个月前，在卡梅隆刚刚受聘担任这部电影的编剧兼导演的时候，帕克斯顿在洛杉矶机场遇上了他的老朋友。帕克斯顿说："我当时同他开玩笑说，'嘿，你可得给我写一个好角色啊。'"离开罗杰·科尔曼的公司后，帕克斯顿接过不少表演工作。当1985年夏天卡梅隆打电话请他去试演时，他刚刚在《摩登保姆》(*Weird Science*)中扮演一个极度可恶的老大哥，赢得一片盛赞。帕克斯顿回忆："吉姆要考考我的能耐。他给了我一根很长的硬纸卷，要我假装这是一把等离子脉冲机关枪。离开的时候，我心里想，这个角色是没希望了。我以为我的表演太过火了。"但帕克斯顿的这种精力正是卡梅隆所需要的。哈德森后来成了电影中的喜剧人物，舒缓战斗场景之间绵延不断的紧张情绪。

卡梅隆决定，扮演陆战队员的演员需要接受一定的军事训练，从而使他们的语言和动作更真实，而且队员之间也会更默契。这些演员必须参加两周的军训，在雨中负重行军，学习使用武器，还要忍受队列教官的大声呵斥。演员阿尔·马修斯之前曾在越战中赢得过两枚紫心勋章，卡梅隆选他扮演士官长阿彭，并负责队列训练。卡梅隆说："大体来说，我欣赏这帮演员。开拍前形成一个如此紧密的集体，使我们都具备了团队感，大家是在一起做一件有趣而重要的事。"

韦弗没有参加军训，因为这才会让她像片中的瑞普丽一样是个局外人。每天工人下班以后，她和卡梅隆一起到片场上去排练。卡梅隆和他的女主角有一个困难需要克服，即他们对枪的不同理念。卡梅隆想要发泄的时候，会驾车到沙漠里去玩射击，通常瞄准的都是汽水罐或者西瓜。他说这些目标"被击中后，极具视觉化效果"。卡梅隆不收藏枪，但他知道怎么用枪。他曾接受过一位射击冠军两年的训练，巅峰状态下曾打出"双发"——两发子弹在0.15秒内先后击中目标。他说："我相信，应该控制枪支，但最好我可以例外。"所以，对卡梅隆来说，《异形2》中的那些未来武器都是很刺激的娱乐。但对韦弗而言,她本是反枪支团体的资助者,而整部电影三分之二的时间里她都得把手指放在扳机上,这让她觉得很不舒服。为了帮韦弗适应武器,卡梅隆带她到摄影棚后面,给了她一把点四五口径的汤普森冲锋枪。韦弗低腰托着枪,打了一匣五十发子弹。卡梅隆说:“看着她脸上的笑容,我就知道至少她临时改变了信仰。又一个自由派上了当。”

手推车叛变

《异形2》的拍摄地松林制片厂(Pinewood Studios)位于伦敦郊外,距市区二十英里。这一历史悠久的制片厂也是《华氏451》(*Fahrenheit 451*,1966)、《闪灵》(*The Shining*)和“007”系列电影的拍摄地。从某种角度上说,秋冬时节的英格兰正是这部电影绝佳的拍摄地——有风的寒冷季节与“LV-426”的惨淡气氛恰好符合。但这一地点却对卡梅隆提出了一些特殊的挑战。二十世纪八十年代的英国,摄影棚都附带着工作人员。而今日的摄影棚,可谓“家徒四壁”,棚里空空如也,什么都没有,制片人得自己去找工作人员。松林的许多员工都是本地人,也是业内老手,对待他们的工作就好像对待工厂里的一个职位一样,只为了每月拿工资,别无他求。松林的员工,跟卡梅隆和赫德在新世界公司以及在《终结者》中合作过那些非工会成员的年轻员工大为不同,后者态度积极。“盖尔和我都很吃惊,这批人对他们所参与制作的电影毫无兴趣。松林的工作人员懒惰、粗鲁,还很高傲。在艺术部门的年轻人中有一两个还算凑合,但绝大部分人与我们格格不入,互相敌视。”

以当时美国电影工作人员的标准来看,一天工作十二个小时算是平均水平。在英国,十二个小时就太多了。卡梅隆习惯于逼着他的员工进行十四小时的马拉松。帕克斯顿说:“吉姆就好像席卷松林的龙卷风。那些工作人员习惯于十点和两点休息两次,中午去酒吧吃顿热餐,下午五点就准备下班。”让美国人最难理解的就是每天两次雷打不动的清场,随之便是一个女人按工会规定推着一车茶食走进来。温斯顿回忆:“我最吃惊的是,每天上午总有那么一会儿,所有人都突然消失了。喂?

人都到哪儿去了?”有时候一个镜头才拍到一半,摄影棚的大门突然洞开,特效的烟雾全散了出去。工作人员都围到送茶食来的女人身边,盯着大壶的热水和一盘奶酪面包卷。

英国人还没看过《终结者》,所以对松林的工作人员来说,卡梅隆不过是一个刚起步的年轻美国佬,根本不配执导莱德利·斯科特大作的续篇。当然,他事实上是一个刚起步的加拿大年轻人,但好像没人记得这一点。当卡梅隆想为工作人员放映一场《终结者》时,他们根本不屑于捧场。赫德说:“当时,对吉姆试图完成的目标,周围充斥着不满,而几乎没有任何理解。那时候信奉这样一种观念,即要达到事业的高峰,光靠才能不行,得交足学费,熬够时间。”对松林的老兵们来说,才三十一岁的卡梅隆,毛头小子一个,当导演还不配;而赫德,作为一个女性制片人,竟然和导演结了婚,简直是个笑话。当赫德为不同的岗位面试工作人员时,他们对她说,他们从不曾让一个女人来指手画脚。别提什么“LV-426”了,卡梅隆和赫德在地球上就找到了一个敌对的环境。

导演与制片人和他们手下工作团队之间的紧张关系日益恶化。位于冲突核心的是第一副导演德雷克·克拉克内尔。他曾担任斯坦利·库布里克的副导演,深受工作人员尊重。克拉克内尔先是叫卡梅隆“老头子”(guv'nor)*,还因卡梅隆的大胡子而称他“狗熊亚当”(Grizzly Adams)**。这些都不是什么好听的称呼。克拉克内尔觉得他比卡梅隆更有资格执导这部电影。赫德说:“吉姆有一天让德雷克以某种方法准备镜头。德雷克说:‘哦,不不不,我知道你想要什么。’接着,他便弄错了,整个布景都得拆掉重来。”克拉克内尔严重地损害了卡梅隆和赫德的权威。另外,摄影师迪克·布什也办事不利。卡梅隆和赫德本打算七十五天完成拍摄,但这一雄心勃勃的计划落下了进度。用电影行话来说,他们“没有跟上日期”,因此两人决定做出一些改变。他们炒掉了布什,换上了阿德里安·比德尔,他是斯科特旗下商业制作公司的一名摄

---

* 英国俚语,指老板或父亲等有权之人——译注

** 十九世纪美国人,曾多年居于山中,养狗熊为宠物(因此得名 Grizzly),蓄着一脸大胡子。——译注

影师,曾经拍摄了苹果公司开创性的“1984”广告片。然后,他们把开除布什的通知告诉了克拉克内尔。这样一来,《异形2》片场里孳生的敌对情绪便爆发为全面的反抗。

在克拉克内尔的要求下,有一天,拍摄进行到一半,松林的员工放下工具,罢工以示抗议。卡梅隆和赫德处境微妙。当时在英国有多部电影正忙于拍摄,没有可以马上进场的剧务团队。他们打电话给二十世纪福克斯,商量应对措施。卡梅隆希望将整部电影搬离英国,但赫德努力说服他放弃了这个想法。赫德说:“直到今天,那依然算是我制片生涯中最困难的一刻。”卡梅隆没有换掉整个班子,而是将所有人召集到片场开会。卡梅隆以其独特的坦率向大家讲话。在赫德和帕克斯顿的记忆中,他坦言:“听我说,这部电影对我而言非常重要。这是我给大公司拍的第一部电影。我们的进度本来就非常紧张,我需要大家的帮助。这件事情我一个人不可能完成。但我也不能允许发生今天这样的情况,似乎工作人员的目的就是要证明我们的努力必会失败。如果谁有意见,现在就站出来,我们会另外换人。”这次会议长达四个小时,员工们发泄了他们对长时间工作的不满。最后,副导演的手下同意给卡梅隆多一些支持,而卡梅隆则得更尊重他们的茶歇习惯。不过,导演和他的英国员工之间一直没有建立交情。当卡梅隆最终结束在松林的拍摄时,他又一次站起来对他们讲话。他说:“这是一次漫长而困难的拍摄,充满了各种问题。而我之所以能坚持过来,就是靠着一个信念:有一天我终会走出松林的大门再也不回来,而你们这群可怜的混蛋仍然得待在这里。”他从此再也没有回来。

请再来五箱润滑剂

将卡梅隆的设计转化为实际布景并设置于英国的外景地,这一复杂任务落到了英国美工设计师彼得·拉蒙特的肩上。他曾为多部“007”电影和《屋顶上的小提琴手》(*Fiddler on the Roof*)设计布景。拉蒙特最先找到的好地方之一是伦敦西部工业区阿克顿一个废弃的燃煤发电厂。阿克顿电厂正好可以用来安放异形女王巨大而粘稠的巢。拉蒙特说:

"吉姆最喜欢的是电厂里所有的走廊和楼梯都布满格栅,这样就可以从上头一眼看到底下。那里到处都是旧机器。一切都锈得不可开交。他们说:'你们想干什么都可以。'"这个废弃工厂是完美的拍摄地,唯一的问题在于到处都是石棉。所以,拉蒙特和他的团队在进场搭景之前,先要等一家公司将污染物清除,拍摄期间每天还要多次测试空气质量。为了给布景覆上外星人的粘液,温斯顿的团队研究出了他们的魔法配方。英国人还以为这群美国人在那儿开心得昏天黑地,因为每周都有几箱"K-Y"润滑剂送到片场。但这些润滑剂可不是休闲之用,而是外星人口水的重要成分,起到增加亮度的功效。

拉蒙特似乎有天生的本事,能找来各种好看的废品。为了造出卡梅隆希望引发越战联想的降落艇,他使用了一架报废的"火神"(Vulcan)直升机起落架。为了建造装甲运兵车,拉蒙特找来一辆英国航空公司曾用来牵引波音 747 客机的拖车。这辆拖车重达七十八吨,他们得加固发电厂的地面以防塌陷。拉蒙特的创意还拯救了一个曾看似耗费过大的镜头——瑞普丽和陆战队员在"苏拉科"号超睡眠舱内出来的那场戏。当船舱建好以后,制作的经费已经接近枯竭。赫德和福克斯的一位制片人认定超睡眠这场戏必须删掉。因为这是一个跟制作和设计相关的问题,赫德让拉蒙特去把这个坏消息告诉导演。拉蒙特说:"我不去。你们俩是夫妻,你去说。"拉蒙特回到办公室重读了剧本,以弄清楚造价昂贵的舱室到底该派什么用场。卡梅隆工作向来是一气呵成,但这一次他来到拉蒙特的办公室,做出了一个反常的动作——他坐下了。"你看上去有心事,"他对拉蒙特说,"你还好吗?"拉蒙特没有告诉卡梅隆他得删掉那场戏,而是提议用一种老办法来拍舱室。他可以只建四个舱室,然后利用镜子,让舱室看上去显得很大。这一简单的方法使卡梅隆得以保留这些布景,也足以让关心成本的制片人满意。这样的解决方案,似乎出身新世界公司的员工才想得出来。卡梅隆在松林的这个老员工身上发现此人是一位坚定的盟友。十年之后,他请这位本要退休的六十五岁美工师暂缓收山,为他建造最富雄心的布景——泰坦尼克号。拉蒙特则凭借这一作品,获得了自己第一个也是最后一个奥斯卡奖。

卡梅隆在《异形 2》中对未来的设想,有一部分镜头和 1985 年可谓惊人地相似。他希望某些布景和服装让观众感到熟悉，特别是电影中在空间站上与地球环境并无二致的那些场景。他解释："因为我们在《异形 2》中并未涉足地球，空间站就必须承担地球的角色。我们需要从熟悉而安全的环境来到遥远的异域。"当瑞普丽从超睡眠舱被带到由她的雇主"维兰德－尤塔尼"公司（Weyland-Yutani）运营的空间站时，她前去报到的会议室，活脱脱出自二十世纪八十年代的 IBM，除了里面的人穿的西装都是"尼赫鲁式小立领"之外。卡梅隆说："我希望她所回到的地球场景是一个我们都熟知的企业官僚系统。因此'穿西装的人'还得穿西装。"

"维兰德－尤塔尼"公司是科幻题材中常见的跨国邪恶集团在卡梅隆笔下的版本。保罗·赖泽所扮演的卡特·伯克正是这家公司的人。他不择手段地想为公司的武器部门拿回一具异形这样的超级猎手。伯克最后也毫无悬念地陷入了异形粘液之中。原先片中有一个镜头，瑞普丽递给伯克一只手榴弹，好让他在成为另一个异形宿主之前自杀。卡梅隆因为不喜欢这个镜头的视觉感而将其剪去。当时，他对大企业并无太多认识。时至今日，卡梅隆回忆："我觉得伯克这个角色不大真实。大企业中的人大多都是软骨头，他们才不会像伯克那样只基于贪婪的原因铤而走险。"到卡梅隆拍摄《阿凡达》的时候，影片中的公司人员角色更加细腻，其邪恶性也更为平实。这有赖于卡梅隆和大公司多年的较量。

剪辑的难题

卡梅隆聘请雷·勒弗乔伊来剪辑《异形 2》，此人曾为库布里克的《2001：太空漫游》担任过剪辑。因为正是《2001：太空漫游》激发卡梅隆投身于电影这个行当，他期待着勒弗乔伊再度折服自己。然而，卡梅隆和勒弗乔伊的技术已属于不同的时代。勒弗乔伊的剪辑非常谨慎，而且工作进度比较缓慢。卡梅隆则喜欢跳跃性的剪辑，尤其是处理动作镜头时，会在影片中插入空白帧来加快电影的节奏。但这种做法足以让人发疯——一位负片剪辑师告诉卡梅隆，他光是在《异形 2》第十二卷胶片中所作的剪接点数目，就超出了他经手过的任何一部电影全片。詹姆斯·霍纳说："雷·勒弗乔伊是一个顶尖的剪辑师，但他不知道如何来迎合吉姆。”霍纳是电影的配乐者，不幸的是，他的工作也正好位于后期制作的下游。卡梅隆的后期团队还遇到了其他延宕。音效师拿不准降落艇登上“LV－426”这场戏该如何处理，因为特效仍在制作过程中。于是，卡梅隆举着一把扫帚，在音效师使用的银幕前按照降落艇的轨迹跑了一遍，然后说：“就照这个来。”最终，时间配合得非常完美。

但是，电影的进度仍然落后，这给本该有七周时间在“艾比路”（Abbey Road）录音室完成电影谱曲的霍纳造成了严重的影响。霍纳同样出身新世界公司，跟卡梅隆在《世纪争霸战》中合作过，并在那个时候结识。他生于洛杉矶，曾在伦敦皇家音乐学院学习，带着一种难以名状的英国口音。作为在英美两种艺术文化之间熟练游走的人，他明白卡梅隆极度活跃的工作风格会和勒弗乔伊更稳健的英国式步伐发生碰撞。但他并不知道事情会糟到什么程度。等到勒弗乔伊将最终完成的胶片交给霍纳谱曲时，离预定请伦敦交响乐团录音的日子只差两个星期了。约定的录音日期不能取消，否则所有的费用都不会退还。霍纳说：“我得赶紧谱曲，但手边又没有片子。真是很糟糕。确实太难了。我想，吉姆和盖尔以为我只是个混蛋，不明事理。其实我一清二楚。我知道他们不会完全满意。”直到录音的倒数第二天，霍纳还没有写完电影最后一个动作镜头的曲谱。他连夜赶出了最后一份曲谱，交响乐团最后一天才把它录好。其余的音乐在霍纳抽身离去为另一部电影谱曲之后才补上。卡梅隆说：“我不知道如何与交响乐作曲家合作，同时，我觉得詹姆斯也不知道如何与电影导演合作。他还有很多要学习，我也有很多要学习。”虽然卡梅隆和霍纳在《异形2》中的合作不算愉快，但两人都赞赏对方的创造性和活力。后来，他们找到了协调工作的更好方式，在《泰坦尼克号》和《阿凡达》中再度合作。

卡梅隆一完成电影，就遇上了许多困难的决定。他的电影太长，将近两小时四十五分钟。卡梅隆不知道在哪里动刀——东一分钟西一分钟并不足以将片子缩减到福克斯可以接受的范围。赫德提出了一个看似疯狂的提议——放弃整个第三卷胶片，那一部分有瑞普丽的女儿和整个“LV－426”在异形攻击前的场景。卡梅隆说：“我一开始以为她疯了。这样就删掉了飞船残骸的唯一镜头，这也是和第一部唯一的关联。”卡梅隆思考了一整天，最终认定赫德是正确的。这段胶片被完全删掉。他们通过删除第三卷和其他两个镜头，几乎减少了半个钟头的时间，使片长达到两小时十七分钟。虽然依当时的标准来看还是一部很长的影片，但至少可以满足电影公司的大老板们。这是一个艰难的抉择。在 1992 年发行的家庭影院版中，卡梅隆恢复了所有第三卷的镜头，以一百五十四分钟的全长问世。

后续

1986 年那个时候，二十世纪福克斯急切地需要一部卖座大片。一年之前，鲁珀特·默多克收购了该公司。而前任控股人任命的主席巴里·迪勒还未能证明他能够制作发行成功的电影。当公司高层审阅《异形2》那一刻到来时，卡梅隆自豪地提着胶片盒走进放映厅。他说：“就在这里，做完了。”汤姆·舍拉克当时在福克斯负责营销工作，他记得有人质疑这部电影可能太长了。卡梅隆则回答：“不，不会太长。”他觉得有十足的把握对付负责运营自己这部大公司处子作的家伙。电影放映到一半，舍拉克心里知道，福克斯手上有了一件不凡的武器。当电影于 1986 年 7 月 18 日发行时，《异形 2》的表现超乎当时任何一部续集影片——它的成功构筑于第一部的观众基础之上；同时，卡梅隆成功地再次吸引了年轻女性去影院捧场，如此一来，《异形 2》全球票房高达一亿三千万美元。舍拉克说：“《异形 2》挽救了福克斯。我甚至不知道卡梅隆是否清楚这对我们有着多大的影响。很少有一部电影可以几乎决定一家公司的生死，而这部电影正是如此。”《异形 2》同样也改变了韦弗的一切。尽管失望于卡梅隆删掉了瑞普丽作为母亲的那些戏份，但韦弗在《异形 2》中的表演使她成为第一位凭借科幻电影而提名奥斯卡的演员，要知道，学院成员们历来惯于忽略这类题材的电影。

《异形 2》最终成了整个系列中票房最高的电影。其后两部电影刚上映时票房表现强劲，但一周之后就难以为继，也不像卡梅隆的电影那样对斯科特的铁杆粉丝具有吸引力。卡梅隆谈起后来的两部《异形》续篇时，听上去更像一个十四岁的小影迷，而不像一位导演。《异形 3》

(*Alien* 3)是大卫·芬奇执导的第一部长片,他之所以得到这个机会,是因为他曾拍过一系列有品位的 MTV。日后芬奇执导了《搏击俱乐部》(*Fight Club*)和《返老还童》(*The Curious Case of Benjamin Button*)。卡梅隆说:"芬奇最让我不爽的是把纽特、希克斯和毕肖普三个角色杀死了。他的画面一直都很好,所以,我认为这是一次有趣的失败,至少这还算是一部值得尊敬的电影。"而该系列的第四部,电影公司选择的导演竟然是执导了黑色喜剧《黑店狂想曲》(*Delicatessen*)的法国人让—皮埃尔·热内,令人困惑。他后来拍摄的战争爱情片《漫长的婚约》(*A Very Long Engagement*)颇受卡梅隆的尊崇,命运远胜荒诞的《异形 4》(*Alien*: *Resurrection*)。"有些画面很有意思,但是整部片子太荒唐了,"卡梅隆说,"但我得承认,瑞普丽最终回到地球时,我还是流了几滴眼泪。她演绎了四部电影,几百年的时间,每次都历经死亡和重生(象征性的或实质性的),最终功德圆满。当然,眼泪只是为了这个念头而流的,跟剧情无关。我真希望这部电影能够再好一些。"

如果《异形 2》摄于 2010 年,卡梅隆说他会用 CG 技术来创造异形女王。这位导演目前大力宣扬完全采用 CG 技术来进行创作,这让传统特效界众多将异形女王视为巅峰之作的人颇为伤心。但是,卡梅隆退一步说,或许最好的方法还是混合电脑特效和人造化妆术,以保留外星粘液亮晶晶往下滴的那种真实感。"实体特效是一种消亡的艺术,"他说,"但是,《异形》系列电影例外。"

随着 1986 年《异形 2》上映,卡梅隆完成了他事业的第一篇章。他出产了一部成功的大公司影片,按时完成,符合预算。《异形 2》的成本是一千七百五十万美元,比最初的计划多出两百万美元,但与后来的《泰坦尼克号》相比并不离谱。他证明自己可以用斯科特的经典素材做出自己的文章,而且能够驾驭不服帖的工作人员。他帮助风雨飘摇的电影公司站稳脚跟,并且以《异形 2》的七项奥斯卡提名为缺乏赏识的科幻题材赢得了些许尊重。通过他的努力,卡梅隆得以步入好莱坞少数顶尖导演的行列,对电影有了最终发言权。取得这一地位之后,他要做的第一件事,就是将他自十六岁起一直想讲述的故事搬上银幕。这部电影将他拉入了身体和情感的深处,拉入《深渊》。

5.

向《深渊》凝视

长腮的人

卡梅隆小时候住在奇帕瓦，位于尼亚加拉瀑布上游大约一英里半，河水冲击岩石的吼声是他耳边时常响起的伴奏曲。水以及水底蕴含的神秘，成为卡梅隆一生中长期着迷的对象，激发了他的创意，促使他拍摄了最艰难也最体己的一部电影——《深渊》。《深渊》源自十六岁的卡梅隆在看完雅克·库斯托的水下电视纪录片后写成的一个短小故事。因为卡梅隆在科学课程中成绩最好，他受邀到国境那一边的纽约州布法罗一所大学参加一系列每周一次的讲座。有一回的主讲人是位潜水者，他放映了一段影片，记录的是他躺在手术台上呼吸液氧的试验。研究者的目标之一是将人类送入大洋底下更深的地方。以液体而不是空气来为肺部供氧，潜水者的身体更容易适应周围水压的变化。这次试验未取得太大的进展——潜水者获得的气体比例不对，试验被迫中止。但这次试验使卡梅隆大受震撼，他的脑中浮现出各种可能性。这位潜水者就像有腮的人类一样，想想吧，他能去多少地方啊。第二天，卡梅隆就动笔写了一部短篇小说，描述的是一个建在加勒比海最深处的开曼海沟边上的水下科学实验室。在这个十六岁少年构思的故事中，科学家研制出液体呼吸器械，然后沿着海沟越潜越深，但一个接一个地有去无回。潜水队最后一名成员需要做出决定，要么追随先行的伙伴去了解到底发生了什么，要么放弃试验。他决定下潜，并经历了一场极度的欢愉，最终其精神因极度深水而失常。卡梅隆说："这个故事很简单，其立意更像一个心理学比喻，而不是悬疑故事。"然而，对一个少年来说，这毕竟算是很有头脑的成果，表明了作者的探索精神以及未知对他的诱惑。

自卡梅隆当年在奇帕瓦溪第一次潜水以来，他已经累计在水下待过两千五百小时，其中包括五百五十小时的潜水头盔体验和五百小时深水潜水。正是这种对深度的追求，促使其短篇小说中的潜水者进入开曼海沟而一去不回，而卡梅隆可谓深切地了解这种追求。2009 年，在制作《阿凡达》时，他还参与了一个工程项目，设计一种单人潜水球，用以探索地球海洋最深处的马里亚纳海沟。针对这个海沟的最近一次载人任务发生于 1960 年，当时美国海军"的里雅斯特"号（Trieste）深海潜水器潜入了马里亚纳海沟三万六千英尺深处。"的里雅斯特"号的一扇有机玻璃舷窗在巨大的压力下出现裂缝，而且两位潜水员只在海床上停留了二十分钟就开始返回。自那以来五十年间再也无人进行这样的尝试，但这并没有对卡梅隆构成阻碍，反倒让他认定这趟旅行无法抗拒，势在必行。他计划 2010 年下半年随着他的潜艇潜入深渊。

卡梅隆说："我喜欢做我知道别人做不成的事。"这也是吸引他到水下拍摄电影的原因之一。他这种近乎受虐狂式的努力极尽辛苦，其他任何好莱坞导演都无法望其项背。卡梅隆说："没有人喜欢在水里拍电影。因为太辛苦，太困难，也太危险。但如果你能找到一小批和你一样疯狂的人，而且他们善于潜水，那么无论过程还是结果，都能给你带来深深的满足。"对卡梅隆来说，进入海洋深处就和乘坐火箭进入外太空一样。到达一个几乎没有人到过的地方却不带上摄像机？这就好像巴兹·奥尔德林和尼尔·阿姆斯特朗把旗帜插到月球上却不拍张照片一样。当卡梅隆探索海洋深处时，他感到有责任把它的模样带回给其他人看，就像库斯托为他所做的一样。"我喜欢水下的经历，"他说，"作为一个电影人，我希望和人分享。"

卡车司机、外星人和上帝

1986年7月,《异形2》发行成功。卡梅隆和赫德去法国南部享受他们应得的蜜月。他们原先那次蜜月之行因为电影前期制作的时间安排而不得不缩短。夫妇二人到了那里,发现四处都是欧洲的游客,他们迅速改变计划,飞往开曼群岛。他们租了一条名叫“开曼进军者”的船,整日潜水,惬意探索,享受他们婚姻生活中头一回低压时光;而他们的度假之地,离卡梅隆高中时那则短小故事所设定的地点相距不远。他们回到洛杉矶后,卡梅隆决定,与其随意接活,趁热赚钱,还不如花些时间仔细考虑他的下一部电影。当丈夫正思考着故事情节时,赫德参与制作了她自进入罗杰·科尔曼的公司以来第一部没有同卡梅隆合作的电影。这是一部詹姆斯·卡安和曼迪·帕廷金主演的科幻片,名为《异形帝国》(*Alien Nation*)。在紧张的条件下并肩工作了三年之后,卡梅隆和赫德在职业上分离了一段时间。在当时看来,这是个好主意。

到十二月的时候,在赫德的催促下,卡梅隆开始着手一个他梦想已久的计划,动笔撰写《深渊》的剧情。这部电影的规模大大超出高中时的想法,包括遗失的核弹、海底追逐、聪明的外星人以及卡梅隆最为得心应手的爱情故事。虽然当年最初的版本描述的是一群水下科研者,但卡梅隆觉得以科学家为主角不够商业,票房可能难以收回这部野心庞大的水下电影所必需的高额成本。所以,他转向了另一个自己非常熟悉的人群——蓝领工人,而且,他觉得足以借此说服电影公司。他知道,围绕与自己二十多岁时并肩工作过的许多真实人物,他能够写出令人信服的故事,只要找个理由把他们放到水下世界即可。大约就在那段时期,卡梅隆雇佣了刚从南加州大学电影学院毕业的范·林。此人成为他不可或缺的助手,卡梅隆称他为“额外内存”——是林首先教会卡梅隆如何使用苹果电脑,卡梅隆此后才扔掉了他的黄色拍纸簿和打字机,在电脑上敲打《深渊》的剧本。卡梅隆和林一同研究电影的主角会进行哪些水下工作——开采地热能源、勘探水下镁矿,卡梅隆觉得这些活动都太过技术化,相比而言,海底石油开采在技术上可行,只是因为成本太高而未能实际应用,但观众容易理解。所以,卡梅隆决定将《深渊》的故事设定于一座民用水下钻井设施,取名“深核”。他还构思了“深核”上的诸位成员,他们由一个名叫巴德·布里格曼的头目领导,此人算是“钻井主任”。他们都是一群不容小觑的传统南方男女,既有可能开着一辆十八轮大卡车穿越沙漠,也有可能操纵一艘潜艇跨越深海。在电影开始时的一个镜头中,“深核”的人物一一出场。和着琳达·朗丝黛那首卡车司机圣歌《Willing》,演员们齐声哼唱,手里拧着阀门,驾着潜艇。这不过是又一个海底工作日。突然之间,“深核”被一群美国海军海豹突击队员征用,以救援一艘刚刚沉没且载有三叉戟导弹的美军潜艇。此外,似乎故事还不够戏剧化,又冒出飓风来袭,再添上一个角色——“深核”的设计者兼巴德的老板,同时也是其快要离婚的老婆林赛·布里格曼。

跟卡梅隆高中时写的故事一样,“深核”位于开曼海沟的悬崖边缘。这正是影片名称的字面意思。但卡梅隆更感兴趣于探索“深渊”一词的多重含义。他非常着迷于心理学意义上的深渊——一个疯狂、恐惧、未知的深渊。他的剧本以弗里德里希·尼采的一句话为开端:“若你向深渊中久久凝望,深渊也会洞视你。”这句话在电影的剧场版中被删除了,因为在《深渊》发行前不久上映的另一部电影也用了同一句话。但这句话确实将卡梅隆引入了故事的内核,即他塑造的这些人物潜入海洋最深最暗的地方去面对一只猛兽,最终发现这只猛兽就是他们自己。

在海底,“深核”成员和海豹突击队员不仅找到了搭载导弹的潜艇,还发现了神秘的发光生物——一种外星生命体,卡梅隆称之为“NTI”(即“非陆地智慧生命”的缩写)。与往常一样,卡梅隆的科幻故事在此非常侧重于“科学”,即生活在海底如此深处的“NTI”所承受的巨大压力一定和密度更大的星球上的高引力环境存在某种类似之处。“NTI”既不是《异形2》中敌对恐怖的外星生物,又不像“E. T.”那样可爱喜人。他们非常轻柔,极为脆弱,就好像海底的蝴蝶,眼睛巨大,没有嘴巴。这与H. R. 齐格所设计的大嘴无眼的外星人造型恰恰相反。这一次,卡梅隆希望引发思考,而不是造成恐惧。他在《深渊》的故事情节中这样描述“NTI”——“一种地外生物,好像深海鱼类一样发光。有四只手臂,两条腿,全都又长又细,以芭蕾舞姿般的优雅,缓慢移动。它的身体和四肢是半透明的,好像用玻璃吹出来的一样……它的头部非常精致,奇怪的是,竟然与人类似。大眼睛里透出智慧,寒峻而冷淡,没有恶意。它的美丽,动人心魄"。"NTI"是我们这个宇宙中和平的智慧生物,带来了警告地球的信号。此前在电影中出现过的与之最接近的形象,可能就是罗伯特·怀斯 1951 年的科幻寓言《地球停转之日》(*The Day the Earth Stood Still*)中的外星人克拉图(Klaatu)。克拉图认为人类是行动不轨的孩子,如若再不能和谐共处,灭顶之日在即。克拉图用语言口头说出它的讯息,而没有嘴的"NTI"则通过一个视屏播放了一段邪恶大全集般的录像——原子弹爆炸、大屠杀、越南战争。面对人类此般破坏,"NTI"正考虑着我们是否值得拯救。

就像在《终结者》中一样,卡梅隆在剧本里融入了大量宗教比喻。"深核"上的一位成员称"NTI"为"一位向我迎面而来的天使"。巴德·布里格曼和"NTI"的会面位于开曼海沟的底部,就好像和上帝会面一样——他在深渊旁边象征性地死去,并由天使带到了天堂。卡梅隆说他不信上帝,"但我相信宗教。我们的本性中都需要感觉到某种更宏大的目的和秩序,需要相信一切都有道理,而且存在某种更超然的力量照看着我们。"在他看来,对 UFO 和外星生命的信仰,和宗教一样,源于我们大脑之中相同的部位。有些人选择天堂,有些人选择外太空。无论如何,我们大多数人都相信,冥冥之中有着比我们更聪明也更仁爱的存在。

为了潮湿而潮湿

在《深渊 2》中,卡梅隆希望给水下摄影带来更进一步的真实感,决定在一个水下摄影棚中搭建完整的布景、照明和音响设施,然后拍摄演员的真实表演。之前从未有人尝试过这样的电影制作,因此也使得这个想法更加吸引卡梅隆。在《异形 2》中成功尝试了十四英尺高的女王之后,卡梅隆学会了追随自己的直觉,而不屈服于电影该如何制作的传统智慧。历史上,电影的水下镜头多数是利用"以干代湿"的技术在摄影棚中拍摄的。通过烟雾和慢动作,导演可创造出身处水下的幻觉。另一种技术则依赖特技潜水员来作演员的替身,拍摄各种深水镜头,然后在安全的游泳池里拍摄演员的面部特写。除了库斯托的纪录片之外，很少有电影能够捕捉到海洋的奇幻。不过，有一部电影却在这个方面脱颖而出，这就是1977年由尼克·诺特和杰奎琳·比塞特主演的潜水悬疑片《深深深》(*The Deep*)。一般人贬低这部电影是在无耻地利用两年前那个夏天《大白鲨》的成功而赚钱，但片中包括若干壮观的水下镜头。这些镜头全都是由阿尔·吉定斯拍摄的。这位身高一米八七、体重一百二十七公斤的摄影师本是一名挥叉捕鱼的渔夫，在二十世纪六十年代当过专业游泳运动员。吉定斯曾拍摄了一系列获奖的水下自然纪录片，逐渐博得了"库斯托第二"的名头。卡梅隆于1987年飞往加州奥克兰，去吉定斯的工作室与之见面。这个高大强壮的摄影师亲手制作设备，他那种一切皆有可能的精神，也与其技术能力和身体素质相匹配。和大多数与卡梅隆合作顺利的人一样，他将导演令人退缩的计划看成使人兴奋的挑战。吉定斯年龄比卡梅隆大，这坚定了卡梅隆的信念，使他确信自己没有发疯，他想要达成的目的是有可能完成的。吉定斯很快便受命担任《深渊》的水下摄影导演。

卡梅隆从一开始便排除了在海里拍摄《深渊》的方案。好莱坞早就认为在开放水域拍摄电影风险太大，更何况那部《大白鲨》严重超支，本来四百万美元的预算翻了四倍。在海里拍摄电影，风暴和海浪会摧毁布景；水下的野生动物既可能伤及人类，也可能被人伤害；咸水会腐蚀一切；再加上能见度每天都可能不同。卡梅隆需要的是一个大水槽，打算在这种可控的环境中建造"深核"和其他水下布景。但是，他跑遍了欧洲和加勒比海，没能发现一个尺寸够大而足以体现他所追求的那种大比例真实感的水池。直至他接到了厄尔·欧文斯比的邀请，事情才随之有了转机。欧文斯比被称为南方汽车影院之王，制作过一些在当地比较成功的B级片，如《罗威纳：地狱之犬》(*Rottweiler: Dogs of Hell*)和《链条帮》(*Chain Gang*)。欧文斯比新近买下了不曾完工便废弃了的切诺基核电厂(位于南卡罗来纳州加夫尼市郊外)，想把它变成一个独立摄影棚。制作人认为电厂巨大的长方形涡轮坑或许正好可以用来搭建卡梅隆想要的水下布景，于是，卡梅隆和吉定斯飞去南卡罗来纳，现场考察。

加夫尼离夏洛特有九十分钟车程。那里最具吸引力的地方，就是几家快餐店、一家电影院,还有当地的地标——一个外形像只大桃子的水塔。卡梅隆和吉定斯到达当天,风雨交加,温度很低。欧文斯比带着他的客人在电厂里随意参观。这里有几间仓库和办公室,连接各所设施的水泥路杂草丛生,到处都是从未安装过的器材。卡梅隆当时已是品评废弃工业设施的专家,对欧文斯比提议供他参考的那个涡轮槽相当满意。不过,远处的某样东西吸引了他的目光——那是一个巨大的水泥碗。远远看上去就好像罗马大斗兽场。他问欧文斯比能不能带他们到那边去看看?这个半英里之外的巨大圆柱体本打算用来容纳核反应堆,只完成了一半,到处仍露着钢筋。这个槽直径两百四十英尺,墙高八十英尺,而且没有任何入口。这个大坑的旁边竖着修建时用的吊车。卡梅隆和脖子上挂着尼康相机的吉定斯互相对视了一眼,开始攀爬这架一百一十英尺高的吊车。风雨之中,两人爬上了吊臂,俯视着这个后来他们叫做“A池”的大坑——他们此后在这个大坑中度过了艰苦难耐的十周。他们越看越确信这个巨大的深槽恰好符合他们的需要。他们讨论如何建造“深核”的布景——在哪里建造悬崖、在哪里放置潜水平台、如何建造一个监控室。爬下吊车之前,他们全都计划好了。他们需要浇注上千立方的结构混凝土,安装巨大的过滤系统和水泵,还有一排两万英热单位的热水器,足以把七百五十万加仑的水加热到舒适的温度。他们的计划不仅是建造有史以来最大的水下布景,最终的结果更堪称一个工业工程方面的傲人成就。回到洛杉矶后,卡梅隆将拍摄的照片给赫德看,激动地说“这是不是很棒?”赫德看着这个满是红色泥浆的大坑,一头雾水:“棒什么?”但是,那个时候,赫德对卡梅隆已经有了足够的了解,心里想着“这简直是疯了,不过他也许有办法”。然而,两人都没有想到事情会有多困难。

巴德和林赛

《深渊》一片的核心是电影中不太常见的一段关系,而在动作片中更是凤毛麟角。在二十世纪八十年代末,没有人会料到卡梅隆这样一位科幻技术狂人会讲述一段非常真实的问题婚姻。这家伙应该在梦想下一次星际战争，而不是坐着写一个有关人类关系多么复杂的故事。然而，刚迎战完外星人，力阻第三次世界大战的时候又还没到，《深渊》于此刻登场。片中这对在“深核”上多年并肩工作的问题夫妻重新审视对方，终于再次发现了被遗忘的善与美。

这个故事见证了扮演布里格曼夫妇的爱德·哈里斯和玛丽·伊丽莎白·玛斯特兰托尼奥两位演员精湛的演技。整部电影最激荡人心的一刻并没有外星人或潜水艇，而是巴德试图挽救他溺水的妻子。仅存的特效是哈里斯布满祈愿的蓝眼睛和玛斯特兰托尼奥毫无生气的褐色眸子。巴德一角考虑过许多演员——梅尔·吉布森、丹尼斯·奎德、威廉·赫特、哈里森·福特、库尔特·拉塞尔、帕特里克·斯威兹。虽然哈里斯在1983年的《太空英雄》(*The Right Stuff*)中成功地扮演了英雄约翰·格雷恩，但他并不是大腕，二十世纪福克斯不认为他可以担当男主角。公司担心他太靠后的发际线，而卡梅隆认为这更能显出他是一个普通人。卡梅隆说：“我不太在意一个演员之前演过的角色或者他多有大牌。”哈里斯试演时戴着一个摩托车头盔来表示潜水钟，他的表演为他赢得了这个角色。“从他开始念台词的那一刻起，他就是巴德。他令人信赖，个性刚毅，身体素质也足以扮演一个潜水者。”当然，另一个重要的因素是他那双深邃的蓝眼睛，这为巴德内敛的外形增添了一份智慧和深沉。

林赛则是卡梅隆另一个泼辣的女主角。她一到钻井平台就被一位“深核”的工作人员称作“宇宙第一婊子”。扮演她的女演员，要让人相信其够聪明，能设计出一个钻井平台；而且思想够开放，可接受其他人不愿接受的外星人信息。她的镜头都是湿漉漉且乱糟糟的场景，本人也少有化妆。而且她还得愿意在一个大水池里待上六个月时间。候选的演员有凯瑟琳·昆兰、杰西卡·兰格、黛博拉·温格、杰米·李·柯蒂斯和芭芭拉·赫尔希。不过，玛斯特兰托尼奥最近扮演过的两个角色足以证明她具备这个角色所需要的力量——一是1983年《疤面煞星》(*Scarface*)中阿尔·帕西诺狂躁不安的妹妹；二是1986年《金钱本色》(*The Color of Money*)中汤姆·克鲁斯那位满口粗话且爱打台球的女友。作为林赛这一角色，玛斯特兰托尼奥情感跨度极大——勇气、恐惧、震撼、失落。她和哈里斯都必须学会潜水，而且要亲自上演许多水下特技。被选中之初，两位演员都曾为卡梅隆所深深折服，急切地要开始工作。但是，到电影收工的时候，他们至少冒出了十几回要杀掉他的念头。

要真切地描绘出布里格曼夫妇的婚姻状况，也对卡梅隆的剧本提出了颇具难度的挑战。这个爱情故事的作者深知，整日与配偶共同工作，会同时衍生出尊敬和怨气。在他准备《深渊》的拍摄时，卡梅隆本人同赫德的婚姻裂痕初显。他忙于钻研水下摄像机和相关的器材，重写剧本，此时的赫德正在担任《异形帝国》的制片人。夫妇两人各自潜心手头的工作。到 1987 年 12 月《深渊》正式开始前期制作时，卡梅隆和赫德分居了。他们的个人关系从此未能恢复。但卡梅隆觉得没有人比跟自己分手在即的妻子更适合担任这部高难度水下动作电影的制片人。卡梅隆说："结果，我们一起在压力之下工作。但我没见到任何外星人，我们也未能重归于好。"

"深核"其余的成员主要是从纽约找来的性格演员。在制作开始前一个月，他们在卡梅隆和赫德度蜜月时租的那艘"开曼进军者"号上进行潜水训练，以确保演员在拍摄之前建立团队协作。有一位演员在试演时撒下的谎很快就被揭穿，此人实际上并不会游泳。而大多数人则像是准备上战场的菜鸟新兵，一个个都迫切地想尽快接触装备，学会怎么使用。哈里斯是最后一个敲定的演员，当时他仍在拍另一部电影，不能参与加勒比海的潜水训练，因此，他后来是在片场附近的一个湖里拿到了潜水证。电影拍竣，哈里斯已成为演员之中潜水技术最过硬者，用吉定斯的话说，甚至强过专业潜水员，虽然他在海里一分钟也没待过。

卡梅隆选了老友迈克尔 · 比恩来扮演片中的大反派——海豹突击队的队长科菲上尉。比恩之前在《终结者》和《异形 2》中都曾扮演正面角色。他读过一份剧本的草稿，向卡梅隆指出科菲日益鲁莽的行为需要有所解释。他说服卡梅隆增加了科菲罹患高压神经综合症的情节——这种病症因呼吸高压气体而引发，导致发抖、恶心和思维能力下降。为了看上去更像坏人，比恩专门留了胡子，以同他过去扮演的娃娃脸好人区别开来。连同另外三位海豹突击队战士的扮演者，他们经受了一番完全不同的训练，学习军队的纪律和观念。此时，卡梅隆聚齐了两个大家庭——

"深核"小组以及海豹突击队——他希望两个团队都能各自团结。

无尽之夜

卡梅隆所需的大量器材在《深渊》拍摄之前尚不存在。导演希望他的演员在水下镜头中面部清晰可见,而传统的潜水设备都遮盖了整个面部,只露出眼睛。罗恩·科布曾协助卡梅隆在《异形2》中设计了许多令人印象深刻的运载工具,这一回,他画了一张潜水头盔的概念草图,用一块透明的面板使演员每一个细微的表情都能够显露出来。圣塔芭芭拉的"西方宇航和海洋器材公司"(简称"WSM")生产了科布设计的装备。卡梅隆希望在《深渊》中实现的目的之一就是首次在电影中记录水下对话。有好几个原因使得这个计划困难重重。一般的呼吸调速器,即提供空气的设备,需要潜水者含在口中,演员因此无法念台词。WSM为《深渊》生产的呼吸器装在罗恩·科布设计的头盔上,潜水者不需将其含在口中便可获得新鲜空气,演员自然就能开口说话了。为了记录对话,通常用在战斗机头盔上的麦克风被整合到了WSM的头盔上。卡梅隆麾下的主要演员以及他本人都得到了一个这样的头盔。为了将导演的头盔与别人的头盔区别开来,这家公司在卡梅隆的头盔表面喷上了多种颜色,两边还各有一颗大星星。卡梅隆戴着这样一个头盔,看上去就像"美国队长"(Captain America)身边瘦小的副手。另外,还有一套水下广播系统与他的头盔相连,这样一来,卡梅隆——只有卡梅隆一人——便可以听到演员和工作人员的讲话。吉定斯说:"吉姆爱死这个装置了。这完完全全是个独裁系统。"演职人员听到的不仅是卡梅隆的指令,还有他像达斯·维达一般的每一次呼吸*。在《深渊》二十周年纪念放映会上,混音师李·奥罗夫回忆,影片完成之后好几个月,他还会"一身冷汗地醒来,耳畔是吉姆的呼吸声"。当工作人员需要与卡梅隆在水下交流时,他们通过手势传情达意。因为场记板的咔嚓一声——通常电影制作者以此来同步镜头中的影像和声音——在水下无法听见,一位工作人

---

* 维达是《星球大战》中的重要反派人物,他透过盔甲发出的令人毛骨悚然的呼吸声,就好似潜水员戴着呼吸器呼吸的声音。——译注

员必须将场记板放在一名演员的头盔上。要知道，这只是此次非常规拍摄中演员需要忍受的相对较轻的羞辱。

在《深渊》以前，水下电影照明只是出于实用的目的——以光照的亮度是否足以使胶片充分曝光为准。摄影师主要依赖的是自然光，很少能够考虑影子、平衡和气氛等审美效果。但是，这部电影发生在任何光线都无法穿透的海洋深处，如果拍摄时使用自然光，会毁掉这种幻觉，露出水池的破绽来。因此，《深渊》的所有照明都必须看似来自"深核"、潜艇或潜水员身上的某种实用光源。为了研究如何真实地照亮深海，卡梅隆派他的朋友约翰·布鲁诺到开曼群岛考察。布鲁诺是一位视觉效果设计师，曾为《鬼驱人》(*Poltergeist*)和《捉鬼敢死队》做过关于鬼的特效。他带了照相机，登上潜艇，潜入七百英尺的深处，拍摄了深海中那片蓝黑空间的若干影像资料，作为卡梅隆及其团队的参考文件。新加入这个项目的还有米哈伊尔·萨洛蒙，他担任陆上摄影导演和水下照明总监。他们此时需要的是上百部足以照亮这个巨型布景的大灯，而且要性能可靠，可在水下长时间工作，且能保证周围三十多人的安全。多数现成的水下光源亮度不够。加州埃尔塞贡多一家高科技公司 HydroImage 的两位工程师理查德·穆拉和彼得·罗马诺为卡梅隆造出了一种金属卤化物大灯，功率一千两百瓦，名为"SeaPar"。在《深渊》之后，"SeaPar"灯被用于其他多部电影，从迈克尔·贝的《绝世天劫》(*Armageddon*)到"国家地理频道"的自然影片，不一而足。这种灯也是国家宇航局批准在其室内水池中使用的唯一光源。这个位于休斯顿的室内水池平时用来训练宇航员适应无重力的环境。此外，这种灯还为穆拉和罗马诺赢得了一项技术成就方面的奥斯卡特别奖。当然，在《深渊》的片场上，没人想着如何创造电影历史。接踵而至的是一个又一个的技术难题。

静止的水体是个很好的镜面。"A 池"一装满水，整个布景便会倒映在水面的下方，完全破坏了千尺深处的幻觉。影片的制作者们需要某种遮蔽来模拟无尽的夜。他们考虑过几个方案——起初的设想中，最佳方案是用某种帆布来遮盖，但最后采用的是一个看似不大可能的方案；一个艳阳高照的下午，在吉定斯位于加州伯克利的家里进行的试验中，这个方案被证明可行。吉定斯找来了一大桶黑色丙烯塑料珠，尺寸约像

"BB 弹"那么大。这种材料通常用来当作玻璃钢产品的填充物。他造了一个浮在游泳池水面的小网格来放置这些珠子。从上面看仿佛刚铺好的柏油马路,而从下面看,这些珠子完全隔绝了光线和蓝天。这种覆盖方法不影响潜水员在紧急时分跃出水面,而如果一根照明电缆或者钢梁穿过水面,塑料颗粒会马上将其包围,隔绝一切光线。剧组订购了四万美元的这种塑料颗粒。这是一个新颖的解决方式,堪称天才般的主意。吉定斯的游泳池试验唯一没有发现的问题,是在之后的三个月里,工作人员得不断地从耳朵、鼻子和身上一切可能的角落往外掏珠子。

一开始,解决电影中数不清的工程难题对卡梅隆来说是很有趣的事情。《深渊》使他重新发现了自己对实践科学的热爱。虽然在大学时放弃了以此为业,当上导演后的卡梅隆此刻又回归到这项祖传行当。他弟弟迈克已经做了十四年机械工程师。迈克对《深渊》最大的贡献当属那部名为"海洋黄蜂"(Sea Wasp)的水下推进器。卡梅隆需要想出办法在水下快速平稳地移动摄像机,以达到那种追拍的戏剧效果。而在陆地上,电影制作者通常依赖推拉小车或者摄影臂来实现这一目的。他尝试将摄像机安装在不同的水下推进器上,但又觉得太受限制——他希望摄像机镜头所对准的方向可以区别于潜水器行进的方向。迈克·卡梅隆的解决方法是造出一种推力够大的水下推进器,可以拉着两位潜水者以每小时三海里的速度移动,且能敏捷地上升下潜,使得摄影师可以持续对准拍摄对象。"海洋黄蜂"水下推进器后来为卡梅隆兄弟获得了其五项电影制作技术专利中的第一项。卡梅隆兄弟自小便吵吵闹闹、你抢我夺,现在还是老样子。在《深渊》中,导演让他的兄弟扮演一具溺死的尸体。在水下二十五尺的深处,迈克必须睁眼躺着,嘴里含着一只活的螃蟹。当他的兄弟喊开拍时,迈克得把这只螃蟹放出来。这个镜头拍了五次。"有两次我不得不把螃蟹给咬死了,因为吉姆调试灯光花了太长时间,"迈克说,"我敢肯定,他心里高兴死了。"

"欢迎来到我的噩梦"

摄制组的艺术团队于 1988 年 4 月搬到加夫尼着手搭建"深核"。卡梅隆一开始看到的涡轮槽将用来拍摄微缩场景和潜水艇,称为"B 池"。摄影原定于 8 月 8 日在"A 池"开机。但由于水池准备工程延迟,"深核"还远未完工。在等待期间,卡梅隆尽可能地在"B 池"和陆地上的布景多拍摄些镜头。在拍摄的第一天,他以这样的开场白向他的剧组打招呼:"大家好,欢迎来到我的噩梦。"到九月初,"深核"的主要布景和最复杂的水下动作镜头场景仍未完成。因为从附近的一个湖引水灌满"A 池"就得花上五天,而且将水加热到适宜的温度还要额外的时间,卡梅隆决定在工人撤出之前就开始向"A 池"中灌水。随着水位在脚下渐渐上升,油漆工们站在平底小船里日夜苦干,以求在被水淹没之前完工。工程总算赶完,但剧组面临着新的延迟,因为又出现了若干令人抓狂的意外——雷雨、水管爆裂、水质问题。"A 池"规模太大,甚至有其自身的气候系统。有时候剧组早晨到达时,发现水质太过浑浊,无法拍摄。当地的一些山羊甚至跑到了"B 池"里,咬坏器材,推翻墙壁,还到处便溺——命运简直就是在《深渊》摄制组的头上随意撒尿。

《深渊》每日的拍摄时间平均为十五到十八个小时。进行水下拍摄的时候,剧组通常待在三十英尺深的水下,承受着两个大气压。一个水下充气站使卡梅隆和他的演员能够戴着他们出奇笨重的潜水头盔在水下补足氧气。这样他们就能节省时间,避免麻烦,一次可在水下待上五个小时。拍摄进行了一段时间后,他们才把水池中的酸碱度调整合适——起初水中含氯太高,工作人员的头发开始脱落、变色,皮肤如同火灼一般。休息时,从水中出来的剧组人员不停颤抖,就好像登月归来的宇航员一时无法适应地球的重力一样。他们立刻爬进专门准备好的塑料暖水浴缸暖和一下。即使穿着潜水衣,在水里待了好几个小时之后,他们还是冻得够呛。二十世纪福克斯以为暖水浴缸是满足享乐之需,一开始还不让赫德购买。随着拍摄进入秋冬季节,暖水浴缸成了这个偏远的工业场所中唯一够暖和的地方,所以,吃午饭和开会都在浴缸中进行。人们日益精疲力竭,脾气暴躁,还开始出现耳鼻感染。有人把黑板上的"The Abyss"(深渊)擦掉,改成了"The Abuse"(虐待)。

减压也是个大问题,特别是对于卡梅隆和吉定斯这些长期在水下工作的人。他们每天在不算太深的水下长期潜伏,这种情况很特殊,不在标准的海军潜水表所涉范围内。潜水生理专家彼得·贝内特医生来到片场,以确定他们的身体能够承受的限度。每天收工时,卡梅隆和吉定斯一般要在水下十英尺处多待一个小时以调整压力差。为了不浪费时间,卡梅隆要求剧务在监控室内安装一台监视器,他就可以悬在一根绳索上,透过有机玻璃窗观看每天的毛片。如果觉得头颈被头盔压得酸痛,他就叫工作人员把显示器颠倒过来,他倒挂着看片子。他吩咐奥罗夫将公司的电话接到他的头盔里,这样他就能在减压时和福克斯的高层通话。在十八个小时的疲劳工作后,少数仍然在场的人会到监控室内看一眼他们的导演,他此刻仍像一只蝙蝠那样倒挂着忙碌不休。吉定斯说:"我惊讶于吉姆对这个项目的执着以及他体能的限度。"吉定斯一辈子都在水下工作,体重比卡梅隆还多大约六十磅。"我是个大个子,很强壮,也够能干,毕竟这是我的职业。而吉姆竟然也跟我一样,每一分钟都在。很难相信他对我们的工作劳神到这种程度。"贝内特建议长期待在水下的人员每天回家之后套上面具吸半小时的纯氧。因此,卡梅隆会在租住的房子里平躺在床上,吃着晚饭,吸着纯氧。他经常是在第二天早上醒来的时候发现自己衣服未除,姿势一点都没变,胸口放着餐盘,脸上戴着面罩。

"整个一经典操蛋"

演员们佩戴的太空式头盔毫无轻巧可言——每一个都重达四十磅,得需要一个潜水技术员在水面上协助才能脱下。在水下的时候,每个演员都有一位专属的安全员,严密监视他们的一举一动。这些在片场上人称"天使"的潜水安全员脚蹬长蹼,若有问题便可及时游到摄像机前提供氧气。只有一位戴头盔的潜水者没有"天使"的照顾,此人就是卡梅隆。这位导演的腰部和脚踝上还另外安置了四十磅的配重,这样他就能带着摄像机在池底走动。卡梅隆充氧一次可供他使用大约一小时十五分钟。因为自己经常只顾埋头工作,他让副导演在每次充氧之后满一小时便留意提醒他。拍摄开始了几周之后,一天,卡梅隆在跟大约二十英尺之外的玛斯特兰托尼奥说一场戏。吉定斯在大约三十英尺之外,背对着卡梅隆进行准备工作。其他所有的潜水员要么在水面上,要么在远处调整灯光。正当卡梅隆说戏的时候,他吸了一口气,发现没有空气出来。他疑惑地低头看压力表,发现读数竟然是零。副导演忘记提醒他了。卡梅隆的头盔连在他的浮力背心上。他明白如果把它脱掉,它就会失去气泡,变成一个四十磅的大铁锚——由于有头盔以及腰部和脚踝上的配重,卡梅隆的净重是负八十磅。身上额外负重,又没有穿蹼,他没法游上水面。呃,情况好像不大乐观。好在他头盔里的麦克风仍然连着水下广播系统,而吉定斯和他一起在水下。于是卡梅隆向他大喊:"阿尔……阿尔……我有麻烦了。"片场上盛传一个玩笑——当卡梅隆高呼"阿尔!阿尔!往左追拍!(Pan left!)*"的时候,其他潜水员都得捂住耳朵,因为吉定斯在二十年前的一次潜水钟事故中双耳鼓膜撕裂,只靠伤疤组织残存了些许微弱的听力。很好笑,但来得不是时候。卡梅隆没法引起吉定斯的注意,只能看看其他的潜水安全员。他用尽肺里最后一点空气说:"各位,我有麻烦了。"他做出空气耗尽的手势,一手作割喉状,一手握拳于胸前。但是,没有人注意。身处一个七百万加仑的水池里,在三十五英尺的深处,卡梅隆的确有麻烦了。他知道,要么扔掉器械,要么等死。

在控制室里,奥罗夫意识到导演的声音有点异常。突然,这位混音师发现卡梅隆的头盔脱下了,因为传来了头盔里面昂贵的电讯器材被水淹没的声音。在水里,卡梅隆的头盔由一根编织的钢管连在他的浮力背心上,除了一片模糊之外,他什么都看不见。凭着感觉,他找到了浮力背心的开口,从中挣脱。潜水头盔沉入了"A 池"水底。然后,他开始了潜水员所谓的"呼气上浮逃生法"。如果在自由上浮时没有呼出肺部的气体,随着周围水压的降低,肺部气体逐渐膨胀,潜水者最终会因肺部爆裂而痛苦地死亡。卡梅隆一边上升,一边吐出一串气泡。由于身上负有额外的重量,他两脚极力猛蹬。终于,一位名叫乔治的潜水安全员来到他的身边。没想到,情况反而变糟了。

---

* "Pan left"也可理解为"剩下一片洼地";吉定斯耳朵受过伤,这句话也可视为在开他的玩笑。——译注

潜水安全员接受的训练是不让恐慌的潜水者快速上浮，防止他们的肺部破裂。所以，乔治在水下大约十五英尺处拉住卡梅隆，按照训练内容把备用呼吸器塞进他的嘴里。卡梅隆也按照规定，先吐水，再吸气。然而，备用呼吸器竟然坏了，不过是貌似救生器械的一块垃圾。所以，卡梅隆吸进去的是水。他以为自己没把水吐干净，于是重复这个动作。乔治把他按在水里，而他吸进去的还是水。此刻卡梅隆已经被水呛到，几近昏迷，况且还被一个人按着不让自己上浮。他无法开口解释自己根本没吸到空气，只能试图挣开。乔治以为他心里发慌，便把他抓得更紧，尽力让他用呼吸器呼吸。卡梅隆回忆："整个一经典操蛋。"危急关头，卡梅隆当年在布法罗青年会泳池里接受的严酷潜水训练着实发挥了极大的作用——也可能是因为家有兄弟，让他习惯了厮打。他朝着乔治重重地打了一拳，正中其面部。乔治松开了手，卡梅隆浮上水面，尚未昏迷。他游向潜水平台，虚弱不堪，竭力把自己从水池里拽出来。当天他就炒掉了乔治和副导演。然后，他命令水面上的潜水员下水把他的头盔捞出来，修好麦克风，好让他重新回到"A池"里去。

胆小鬼

《深渊》这部电影使卡梅隆获得了在片场上暴虐统治的名声。他会在似乎看不到尽头的水下作业时大喊，"我让你们呼吸就不错了，你们还想怎样？"其实这只是半开玩笑。对他忠诚的人，例如比恩，就知道卡梅隆会一时严苛，一时开朗，不愉快的日子过去就过去了。但是在《深渊》的片场上，大多数日子都不开心。对新来的人来说，导演不知疲倦的高节奏，以及他对跟不上的人提出的严酷批评，确实是不小的打击。"一帮胆小鬼，"他会这么朝他们大喊。吉定斯说："他真是着了魔，如此疯狂。他总是那么难对付，不断给人压力，一个疯子，情绪化。我这么说可没有咬牙切齿，因为我知道他身上的重担。难以合作？他是最难合作的家伙。"当时的卡梅隆，希望成为片中爱德·哈里斯扮演的那类领导人物。然而，布里格曼赢得了团队的尊重，而且不滥用权力；他依据各人的能力，派人做不同的事；他对团队士气非常敏感。卡梅隆的领导风格则在其电影生涯中不断变化，尤其是在《泰坦尼克号》那趟探险后。不过，在拍摄《深渊》时，他还有许多需要学习的东西。他说："我认为巴德的品性是身为领导所必需的，不论是置身商业氛围还是高危环境。虽然在拍摄《深渊》时我明白这些事，但我发现，身体力行可不容易。"

在电影拍摄期间，很多时候，卡梅隆把他的团队推到了崩溃的边缘——甚至更远。有一场危险的戏，要求哈里斯和配角演员科奥·伯梅斯特不戴头盔作一段长距离的游泳——在水下四十英尺的深处，没有氧气来源。安全员则必须保持足够的距离才不会被拍入镜头。当哈里斯或伯梅斯特做出"没有氧气"的割喉动作时，"天使"要花很长时间才能到来，将救命的呼吸器送入他们口中。他们顺利结束了这段镜头，没出差错，但是在拍过好几遍之后，演员个个油尽灯枯。在另一个惊险的镜头中，哈里斯沿着深渊之壁下潜，演员需要在充满液体的面罩中屏住呼吸，在水下被拖过两百英尺的距离。哈里斯佩戴了特别的隐形眼镜，在水下也看得见。但是，水中的氯使他的眼睛刺痛不已，视觉模糊起来。在一个镜头的拍摄中，他的"天使"挂在了一根线缆上。当哈里斯做出氧气耗尽的手势时，却等不来他的"天使"。另一个安全员游过来，拉开哈里斯的面罩，将一个呼吸器塞进他的嘴里，却上下颠倒了。哈里斯吸进的不是空气，而是一口水，接着又是一口水。哈里斯在一部讲述《深渊》拍摄过程的纪录片中说："有那么一阵子，我确实觉得自己死定了。"最后吉定斯赶了过来，拉出哈里斯口中那个呼吸器，然后用正确的方式塞进了他自己的呼吸器，使哈里斯能够呼吸。在那天晚上回家的车上，因为懊丧和疲惫，哈里斯哭了。后来，在电影的庆功招待会上，一位记者问哈里斯在《深渊》中受到了怎样的对待，他说这简直就像是"问一个士兵在越南受到了怎样的对待"。

《深渊》拍摄过程中最臭名昭著的一个段子，多少有些受人曲解，在好莱坞被断章取义地讲了很多年。据说玛斯特兰托尼奥那天被逼得大声尖叫："我们不是动物！"然后愤然离开片场。那是在十一月，片子开拍已经三个月。当天早上有人打来电话，威胁说片场有炸弹，使得"A池"的拍摄不得不中断。这不过是《深渊》片场的平常一日，大家都耸耸肩。说不定恐吓电话是那群山羊打来的。当天排定的陆上镜头是巴德试图救活林赛，这也是影片的情感高潮。在这场戏中，玛斯特兰托尼奥得躺在“深核”底舱的地板上，浑身潮湿，胸口暴露，眼睛一眨不眨，由哈里斯为她进行心肺复苏，而“深核”里其余的舱员则围成一圈，关切地看着这对夫妇。她用眼药水扩散了瞳孔，使眼光看似毫无生机，但同时也降低了她的视力。演员们在第一次拍摄时表演得很好，可惜拍摄的位置不太理想——哈里斯的手臂挡住了玛斯特兰托尼奥的脸。第二次拍摄时，他们的表演堪称导演们梦寐以求的奇迹。工作人员盛赞这番表演透出的力量让他们脖子后的寒毛都竖了起来。玛斯特兰托尼奥、哈里斯和其他四位演员将这个紧张的长镜头演绎得淋漓尽致。不过，这次的时间比上次要长。正当玛斯特兰托尼奥快要活过来的时候，突然传来胶片盒里底片用完的声音。摄影师说：“这一卷用完了！”拍摄停止。房间里来之不易的紧张情绪随之消散。这个时候，玛斯特兰托尼奥跳起来，喊出了那句关于“动物”的怨言，离开了片场。卡梅隆说：“我理解那种压力，知道她为什么会发火。那是我们的过失。”过了几个小时，在卡梅隆和赫德的道歉和哈里斯的安慰之下，这位女演员才回到现场，完成了那个镜头。“我可以像其他演员那样受苦，但只能保持一段时间，”玛斯特兰托尼奥 1989 年向《纽约时报》描述拍摄《深渊》的压力时说，“我没有那种耐力。”

当她不在片场时，哈里斯拍了他的特写镜头。剧本中，巴德得大喊：“你一辈子从来没放弃过任何事情。你得战斗！战斗！”然后大力猛扇濒死的妻子耳光。当哈里斯完成卡梅隆用在最终版本里的那个镜头时，地板上其实并没有人。他抽打的是一个沙袋。卡梅隆说：“直到今天，那个镜头仍让我赞叹不已。”整个镜头自始至终都非常扣人心弦，参加前期试映的观众和影评人都把它评为最喜欢的镜头。似乎没有人注意到，在卡梅隆选取的这个镜头中，摄影师快速地擦了一下起雾的镜头片。不过，试映的结果证明，导演猜对了，镜头不必重拍。

另一个超乎预期的表演者是一只白鼠（实际上是五只白鼠轮流出镜），即托德·格拉夫扮演的那位“深核”舱员的宠物鼠比尼。自卡梅隆于布法罗首次见到呼吸液氧的潜水者以来，科学家一直在进行液体呼吸这项技术的可行性研究，并使用了白鼠、狗和猩猩等动物作为试验对象。

卡梅隆找到了这一领域的权威研究者约翰内斯·基尔斯特拉,他恰巧在位于北卡罗来纳州达勒姆的杜克大学任教,离得不算远。听说好莱坞对他的研究课题感兴趣,他一开始还有些吃惊,就向卡梅隆简单介绍了他十七年来的研究历程。卡梅隆告诉基尔斯特拉,他希望在镜头前展示液体呼吸。卡梅隆说:"他详尽地告诉我如何才能做到,就好像是把馅饼的配方都给了我一样。"卡梅隆订购了所需的一切材料,依照基尔斯特拉的方法行事。他将液体加热到白鼠的体温,用水族缸补氧器通氧二十四小时,然后立刻拍摄,五只白鼠分别拍了五个镜头。演员的反应都很自然,因为实验就在其眼前发生。每个镜头拍完,卡梅隆都会抓着白鼠的尾巴,让液体从它们肺部排出。头四次拍摄,实验没有任何问题。一位制片助理将白鼠擦干后便送去兽医那里打抗生素,因为液体把肺里的痰也一并带了出来,白鼠容易感染。当卡梅隆把第五只白鼠捞出来,拎着它的尾巴时,白鼠却软软地倒挂着,一动不动,没有呼吸。演职人员都静静地看着。卡梅隆回忆:"我心想,'哎呀,糟糕,这么多证人看着,片尾没法加上那条免责声明说本片制作中没有动物受到伤害了。'"于是,导演开始给白鼠做心肺复苏,有规律地按压这只啮齿动物的胸口,就好像巴德救活林赛那样。过了一会儿,第五号白鼠在大家面前重新活了过来。卡梅隆把这只白鼠一直当宠物养着,直到一年以后它才寿终。他说:"我们是好朋友,我喜欢白鼠。"

随着水下拍摄即将结束,剧组成员颇为开心地发现他们工作的水池越换越小。1988 年圣诞节过后,他们高兴地从加夫尼搬到加州长滩的港湾之星摄影棚,在那里的"C 池"拍摄补充镜头。之后,他们在 1932 年洛杉矶奥运会的游泳池里拍了一些小型镜头,又到比弗利山赫德家的游泳池里拍了一组特写镜头。电影剧终那个镜头——外星人拯救巴德之后,布里格曼夫妇紧紧相拥——其实是两个替身在加州州立大学多明戈斯山分校一个停车场上站到一摊水里拍摄的。

水柱特勤组

《深渊》所带来的创新之一,实际上是一个流程——这是第一部将特效分给多家公司制作的电影，准确地说，是分给了七家。今天这种多工作室的模式在好莱坞已经是标准操作，可以防止制作中遇到瓶颈，节省成本，而且允许各家公司发挥各自的专长。《深渊》需要各种复杂的镜头，包括微缩、后部投影、绿屏技术、木偶、光学。而难倒卡梅隆的是外星人的水触手，这只闪闪发光的游动液体柱从海里升起，浮现在“深核”的舱员面前。卡梅隆在致特效工作室的信中详尽地描述了这个场景，仔细解释每一个镜头和他认为最佳的实现方法。在水柱这一镜头上，他说：“手段取决于测试。有人提议用电脑成像技术（CGI），但由于从开始制作到产生成果（不管好坏）都颇为耗时，我不愿意采用这种手段。”当时，CG 还被认为是不可靠的技术。负责该片视觉效果的约翰·布鲁诺说：“数码不算是新鲜玩意。但那时大家都在做火柴杆小人，脑袋亮晶晶、圆滚滚。我讨厌这种外观，看上去一点都不真实。”早期运用 CG 技术的电影有 1982 年的《电子世界争霸战》，整个故事都发生在电脑之中；还有 1984 年的《最后的星球斗士》（*The Last Starfighter*），题材是一个电脑游戏。在这两个故事中，CG 的直线条效果都是有利因素。而在《深渊》中，水柱必须是有机的，像有生命一般。

乔治·卢卡斯位于加州北部的特效帝国“工业光魔”（Industrial Light & Magic）创始人之一的丹尼斯·穆伦当时正在寻找一个足以颠覆传统的项目。“工业光魔”凭借《星球大战》而在动作控制和微缩等领域打开了新的局面，使电影中最为复杂的飞船大战完美地显现在银幕上。而到二十世纪八十年代中期，穆伦相信这一行业的未来在于电脑特效，并希望“工业光魔”向新的技术领域迈进。他说：“我觉得我们用工具箱来做特效的方式一直是在自我重复。”卢卡斯倒是创立了一个规模很小的电脑技术团队，招摇地跟“工业光魔”隔着马路相望。在穆伦看来，这个小团队似乎永远也没法起步，它的名字叫做皮克斯（Pixar）。1985 年，在史蒂芬·斯皮尔伯格担任制作人的电影《出神入化》（*Young Sherlock Holmes*）中，“工业光魔”和皮克斯联手创造了有史以来第一个 CG 角色。这个由彩色玻璃构成的骑士，只有六七个镜头，全身轮廓线条生硬，没有任何面部表情，正好拿来测试皮克斯的新软件。1986 年，史蒂夫·乔布斯从卢卡斯手中以五百万美元买下了皮克斯。如今，从卢卡斯的角度看来，这笔买卖应该算不上最聪明的一次交易，毕竟，二十年后，迪斯尼从乔布斯手里花了七十四亿美元才买下皮克斯。不过，卖掉皮克斯却使穆伦有机会在“工业光魔”内部加快建设CG分支。他很清楚自己第一个想要合作的对象是谁——那位让自己深为折服的《异形2》导演。

穆伦给卡梅隆看了一段粗略但不乏潜力的动画测试，显示出电脑制作的水柱如何移动。他向卡梅隆保证，“工业光魔”有能力实现这个目标。这二十个镜头花了“工业光魔”九个月时间。二十年后的今天，很难想象《阿凡达》这部片子在同样的时间里竟然完成了超过两千个镜头，且每一个镜头的复杂程度都比《深渊》的水柱高出不知多少数量级。然而，当时让这个外观柔和且类似生物的水柱变形为演员的脸，比制作一个彩色玻璃骑士可要困难多了。卡梅隆和布鲁诺又想了一些别的方案，以应付如果CG技术行不通时这个镜头该怎么拍。他们甚至一度讨论起了泥塑动画。但最终他们跨越了一大步，把信心交给了“工业光魔”。当卡梅隆从“工业光魔”拿到第一批镜头，看着水触角变成玛斯特兰托尼奥的脸时，他明白自己的决定正确无误。这确实是件好事，因为他们已经没时间采取别的方案。最后，“工业光魔”共制作了二十个镜头，总长七十五秒。卡梅隆的水柱为CG技术的可靠性提供了证明，打开了局面。这是第一次有人用电脑创造出了栩栩如生的自然角色，而不再是光有那种闪闪发亮、线条僵硬的效果。

巨浪

那个时候，卡梅隆多年来反复做过一个同样的噩梦——数英里高的巨浪朝他扑来。浪象征着事态的发生不可避免。浪头一起，必定要在海滩上破碎。就像死亡一样，没有办法阻止。在《深渊》的第三幕，一个巨浪以《圣经》中才有的规模，威胁到地球上所有的人。“NTI”因人类玩弄核战争而动怒，掀起巨浪来给人类一个教训。这个悬于海滩和城市之上的巨浪需要使用微缩和停格摄影的技术。当福克斯于1989年5月在达拉斯举行首场试映时，这个复杂的镜头仍未完成。观众看见的是一个巨浪的图案。观众对这个镜头的强烈反应令人困惑——有人将它评为“我最喜欢的镜头”,也有人将它选作“我最不喜欢的镜头”。当时,由于特效制作上的延迟,电影的发行期一推再推。而卡梅隆手中的电影又太长,且结尾让人感觉似乎是另外一部电影。这几乎已成了他的习惯。福克斯负责这部电影营销工作的汤姆·舍拉克说:“大家都不理解吉姆为何这么做。吉姆通过重温人类社会过去的侵略行径、犹太人大屠杀以及其他种种人为惨案,要揭示出生命之珍贵。他试图深入灵魂,而我们则只想寻求一部商业电影。”福克斯的主席巴里·迪勒对卡梅隆说,《深渊》“对今天的观众来说,内容太多了”。

卡梅隆最终决定删掉这个问题不断的巨浪镜头,此举虽然削弱了核灭绝的主题,但能够将整部电影减至一百四十分钟的合理时长。值得赞许的是,福克斯的诸位高层要员也怀疑这个做法是否正确。但他们明白电影的长度必须剪短,而且,把最终的剪辑权放在了卡梅隆手里。这是卡梅隆首次经历试映。“由于缺乏经验,我相信,我们误读了问卷的结果,”卡梅隆回忆,“我剪掉了不该剪的部分。现在,我懂得了如何更好地解读问卷。而且,我也知道,特效完成以前,无论如何,不要试映。”结尾重新剪短之后,《深渊》于1989年8月9日上映。各方评价褒贬参半,在卡梅隆的电影生涯中,票房头一次表现欠佳。这部片子的制作成本是四千五百万美元,国内票房收入五千四百万美元,全球票房九千万美元。影片获得了奥斯卡最佳视觉效果奖,外加艺术指导、摄影和音效三项提名。奥斯卡颁奖礼之后,在轿车里,视觉效果总监约翰·布鲁诺想让这位导演握一握他倾注心血且近乎送命而换来的奥斯卡小金人。但是,卡梅隆拒绝了。

1992年,他重新剪辑了这部电影,以特别版发行,里面增加了二十七分钟的内容,包括巨浪的镜头。1993年初,这部电影重新在剧院上映,后来又发行了DVD。他说:“我喜欢有巨浪的版本。我喜欢这个想法,即我们都将受到审判,被理性的、上帝一般的外星人认定为犯了过错,但最后被一个好人拯救。作为整个群体,我们无药可救。而至于个人,仍然存有希望。”卡梅隆始于二十多年前的《深渊》之旅最终结束。他再也没有梦到这个巨浪。

6.

然后就是 2

重新启动

卡梅隆最初于 1982 年勾画了《终结者》的故事，他的计划在当时显得太过宏大——再说他还是个默默无闻之辈，睡在加州波莫纳朋友家的地板上。卡梅隆当初拟定的故事情节中，先后有两个终结者从未来回到现在。主人公凯尔·里斯在故事进行到一半时成功地解决了第一个终结者，即阿诺德·施瓦辛格扮演的 T-800。随后，未来的敌人极不情愿地送来了第二个杀手。这个终结者甚至连敌人都害怕派其过来，因为它的力量和潜能甚至足以改变历史的进程。这是一个坚固的液态金属机器人，任何传统武器都无法摧毁它——向它开枪或试图将其爆破，都只会使它恢复原形，转而再向你追来。卡梅隆考虑过用当时现有的电影技术来刻画这个液体金属人。他预计，如果拍摄时谨慎小心，而且使用阴影，那么泥塑动画或许可行。但他对此并不确定。卡梅隆说："我头脑中想到的东西无法用当时的既有技术来实现。最终，我意识到我的故事情节太多，而且没有人会愿意提供资金。"所以，他将故事大段删除，只留下了 T-800。这就让《终结者》主要是通过传统的方式进行拍摄，依赖于演员在街景中的表演，而不是仰仗特效，如此一来更容易说服投资者。但是,那个液体金属反派一直留在卡梅隆的脑海深处。

随着《深渊》上映票房表现欠佳,仅仅勉强收回成本,卡梅隆觉得自己最好马上投入工作。几个月之后,他就得到机会重拾那个开启他电影生涯大门的故事。1989 年圣诞节前夕,他接到马里奥 · 卡萨和安迪 · 瓦日纳打来的电话。他们来自发展迅速的独立制片公司"卡洛克影业"(Carolco Pictures),该公司之前制作了《第一滴血》三部曲。卡萨和瓦日纳希望成为好莱坞的一支主要力量,为此他们毫不吝啬,出大价钱收买人才,还扰乱了各位大明星和电影人的身价,使大公司深感不满。卡洛克以一千万美元买下了《终结者》的版权,并力邀卡梅隆担任续集的编剧和导演。卡梅隆说:"他们给了我很多钱。"具体数目是六百万。"我是可以被钱收买的。"施瓦辛格当然也能被钱收买——卡萨给了这位动作明星一架"湾流"公务机,价值一千两百万美元。卡梅隆签字之后想到的第一件事情就是他七年前梦到的液体金属反派。有了《深渊》中成功的 CG 特效经验,卡梅隆知道这个角色该如何来完成了。

这一阶段对卡梅隆来说是事业和生活上的新开端。自《食人鱼 2》以来,他身边头一次没有赫德一同工作。1990 年初他创立了自己的制作公司"光风暴"。公司的名字取自《终结者》中伴随未来战士来到现在那一刻的光影效果。他在伯班克机场附近买下了一栋楼作为公司总部,并雇佣了"维斯特朗影业"(Vestron Pictures)那位曾制作过《辣身舞》(*Dirty Dancing*)的高层要员拉里 · 卡萨诺夫来管理公司。

在《深渊》的制作开始之前,卡梅隆和一个活脱脱翻版自他动作片里那些女性角色的女人约会了。这就是导演凯瑟琳 · 毕格罗。她健壮,高挑,接近一米八,长着一张棱角分明的漂亮脸蛋,仿佛女版的克林特 · 伊斯特伍德——在卡梅隆为比尔 · 帕克斯顿的乐队"马提尼牧场"(Martini Ranch)拍摄的通心粉西部片风格 MTV 中,她就扮演了一个类似伊斯特伍德的角色。和卡梅隆的母亲一样,毕格罗是一个画家。她曾在旧金山艺术学院学习,后来又到纽约惠特尼博物馆师从苏珊 · 桑塔格,最终在哥伦比亚大学电影系取得了硕士学位。在艺术上,毕格罗与卡梅隆非常合拍。她的电影既不乏男性气概,又具有深刻的思想性。她的处女作是 1978 年一部名叫《搏命者》(*The Set-Up*)的短片,片中加里·布塞和另一位演员互相打斗，而一位文化评论员在旁白中对此番暴力场景进行逐步解构。她的第二部电影是1987年的《血尸夜》(*Near Dark*)，这部西部兼恐怖混搭风格的电影，成了"邪典"名作，片中起用了一些卡梅隆电影里的常客——帕克斯顿、兰斯·亨里克森以及珍妮特·戈尔茨坦。当卡梅隆在南卡罗来纳拍摄《深渊》时，毕格罗正在纽约执导由杰米·李·柯蒂斯主演的警匪片《霹雳蓝天使》(*Blue Steel*)。他们周末乘飞机相会。《深渊》发行之后，他们结了婚，并在洛杉矶的冷水峡谷买了一栋崖边的房子。

既然卡梅隆曾与赫德成功合作，他与第三任妻子合作也就是顺理成章的事情。只是这一回夫妻间的角色有所调换。卡梅隆任制片，毕格罗做导演。毕格罗找到了一份名为《约翰尼·犹他》("Johnny Utah")的平庸剧本，讲的是一群冲浪者的故事。她想把这个故事拍得更黑暗、更具心理意义。她让卡梅隆在准备《终结者2》之余帮她尽量重写剧本。他说："我跟她一起去和电影公司见面，提方案，大概在某一天早上醒过来的时候，发现自己成了制片人。"毕格罗相信，她找到了一个未来的动作明星来饰演男主角，而此人之前最有名的角色是青春喜剧《比尔和泰德的超级历险》(*Bill and Ted's Excellent Adventure*)中傻乎乎的泰德。他就是基努·里维斯。卡梅隆说："她决意要把他捧为明星，但我看不出他的潜力。她坚持说她会给他选衣服、剪头发，教他如何举手投足。直到今天，我也不知道她是怎么看出来的。"本来拥有该片制作权的哥伦比亚公司也不看好由里维斯来饰演片中主角"约翰尼·犹他"，最终放弃了这个项目。不过，既然是制片人，支持毕格罗的计划就是卡梅隆的分内之事。他通过福克斯的老朋友拉里·戈登帮忙，让她这部电影有了着落。戈登那时已经开办了自己的独立制片公司"拉格娱乐"(Largo Entertainment)。这部电影的名字最终改成了《惊爆点》(*Point Break*)，并且取得了出人预料的成功。毕格罗由此摇身变为长于发掘大男孩动作片的行家，里维斯也成了好莱坞下一个大明星。卡梅隆身为制作人的主要职责便是充当毕格罗的守护天使，为她抵挡包括戈登在内的公司高层。他替毕格罗出面，和戈登进行了不下一次的大嗓门吵架比赛。"我也说不清楚制片的过程是否算得上让我享受，"卡梅隆说，"但是与凯瑟琳合作一直都很愉快。她总是那么潜心于制作好电影，丝毫不马虎。”

嘿，这个真能做到吗？

卡梅隆签下了《终结者2》的片约，这意味着他又得重新投身于往日那种折磨——写作。为了找人和他分担这份痛苦，他叫来了布雷亚的老朋友、曾与他共同合作第一部电影的比尔·威舍。这一次，两人躲在卡梅隆家的小书房里，而T-800将成为英雄，从未来回到现在以保护约翰·康纳，而不是杀死他。威舍说："我们想，'如果我们把阿诺德拍成好人，肯定会让观众们大吃一惊'，这在当年可是一个吓人的决定。"那个时候，施瓦辛格扮演的终结者已被认为是电影世界中最具代表性的反派人物之一。如果把他变成一个人道主义机器人，卡梅隆和威舍怀疑："人们会不会讨厌我们这么做？"他们要说服的第一个人就是演员本人。当编剧们打电话告诉施瓦辛格这个想法时，他非常犹豫。到最后，根据威舍的回忆，施瓦辛格在他们的热情面前退却了，无奈地说："只要别把我写成同性恋就行了。"

然后，两位编剧转向他们的反面角色——具备模仿能力的多合金机器人T-1000，即卡梅隆原先构思的故事中的第二个终结者。他们工作到深夜，脚下峡谷中的野狼一声声地嚎叫。在设计T-1000能够做出哪些疯狂举动时，卡梅隆和威舍都想有所突破——要不要让他变形成一把刀，或是让他穿越监狱的铁窗？这是一段创意勃发的时光，卡梅隆和威舍两人时常争抢电脑，要将自己的想法写成文字。他们在编剧过程中时刻想着CG的潜能，但有时候他们也会生疑："嘿，这种想法真能落实吗？"于是，卡梅隆打电话给为《深渊》创造出水柱特效的"工业光魔"。问他们能不能做得到。威舍回忆："他们总是说行。不管他们对此拿不拿得准。然后我们就说：'那就好，这将会写进剧本，所以你们最好得拿出办法来。'"在《深渊》中将一个镜头维系在未经考验的CG技术上是一回事，而将这样一部高预算动作片的大反派全然拜托给CG技术，则完全是另一笔赌博。这一回，卡梅隆需要"工业光魔"将技术推进得更远，不仅要创造面部，还要创造整个身体的动作，甚至对话。

几周之后，卡梅隆和威舍写出了一份四五十页的详细剧情，以及开头、结尾和其他卡梅隆认为必要的板块。他们将剧情一分为二，威舍负责第一部分，卡梅隆负责第二部分，分头将各自那部分转为剧本。最初的一百四十页草稿中有许多场景未能进入摄制剧本——电影的开头有一段为时不短的未来战争场景，成年的约翰·康纳打败天网，闯入“时空转移实验室”，并将年轻的凯尔·里斯送进时空隧道；另一个镜头则是康纳在一个冷冻贮藏室内发现大批未被激活的终结者。这些镜头为第一部电影交代了一个生动的背景，但是在有限的资源以及 T－1000 的宏伟计划之下，卡梅隆明白自己只能抛开未来，集中讲述故事中关于现在的这部分内容。他增加了一个新角色——迈尔斯·戴森，此人发明的神经网处理器最终发展成了天网。虽然卡梅隆一贯坚持选择士兵和蓝领人士来担任勇敢者的角色，但他个人的偶像一直是科学家。戴森这个角色成了卡梅隆笔下第一个穿着白大褂的英雄。

卡梅隆自定的剧本截止日期是五月飞往法国参加戛纳电影节之前，在此次电影节上，卡洛克将公开宣布其电影制作计划，其中便包括了《终结者 2：审判日》。卡萨包了一架飞机，送卡梅隆、施瓦辛格以及奥利弗·斯通和保罗·范霍文等一干大人物去电影节参加卡洛克的新闻发布会，并出席因奢华而闻名的游艇派对。在派对上，新片子的题目和主演将以烟花组字的形式出现在天空中。随着截止日期愈来愈近，卡梅隆夜里也写得愈来愈晚。在通宵达旦地工作三十六个小时之后，他勉强按时交卷。卡梅隆按下电脑上的“打印”键时，接他去机场的轿车一直等在车道上。卡梅隆是上百名乘客中最后一个上飞机的人。当他走进机舱时，因为延迟了飞机起飞，他被所有人喝了倒彩。他将剧本给了卡萨和施瓦辛格每人一份，然后就在座位上沉沉睡去。旅途漫长而颠簸，他一路上都没醒过来。卡梅隆沉睡时，施瓦辛格读了剧本，并被深深地吸引住了。他很喜欢剧本，但是对自己不能杀人而略感不爽。“能不能在一开始约翰叫我不要杀人之前让我先杀掉几个？”施瓦辛格问卡梅隆。“我告诉了他当演员提出修改剧本时我一贯的答案，”卡梅隆说，“不。”

兰博丽娜

卡梅隆寥寥数语就将琳达·汉密尔顿签了下来——故事发生在十二年之后,你的儿子是目标,你在精神病院里。和电影中的莎拉·康纳一样,汉密尔顿后来也成了一名单身母亲,她觉得这个角色比较容易把握。这位女演员的一生都受到情绪失调和抑郁的困扰。拍摄《终结者2》三年之后,她被确诊患有躁郁症。汉密尔顿觉得在扮演莎拉·康纳时,自己身上存在的诸多问题正好可以发挥作用。康纳知道炼狱将至而旁人都还蒙在鼓里,因而在情绪上存在压力。这个角色最大的挑战在于体能方面。《终结者2》的剧本要求莎拉·康纳在几年间从单纯的女服务员变成一名狂野的战士。为了面对凄惨的未来,她学习各种武器和战斗技能,并通过艰苦锻炼而将自己的身体素质提升至巅峰。卡梅隆让汉密尔顿跟随乌齐·加尔训练,以帮助她进入符合剧本要求的未来战斗状态。加尔曾是以色列突击队员,风格和好莱坞常见的那些满口奉承话的私人教练大相径庭。汉密尔顿每周训练六天,每天三个小时,共持续四个月,内容包括力量训练和有氧训练。卡梅隆说:"琳达的肌肉系统天生对力量训练反应迅速。因此她的体形变化非常明显。"

加尔不仅训练汉密尔顿的肌肉,还迫使她集中精神。他命令这位女演员每天重复性地在黑暗中拆解、组装三种将在电影中用到的武器。他向她扔网球,她则用空枪瞄准发射,一次就得练习几个小时。汉密尔顿动作的精准程度最后变得像机器一样,而她却从未发射过一枚子弹,连空包弹都不曾打过。一天,卡梅隆和加尔带着汉密尔顿到靶场进行实弹射击,训练的成果马上显现了出来。汉密尔顿一声不吭,磐石般地站在人形靶的十码开外,手里有一把点四五自动手枪和两匣子弹。加尔一声令下,她就熟练地将一个弹匣拍入手枪,上扳机,迅速把一匣子弹打完。然后,她换过弹匣,重新发射。卡梅隆说:"到处都是巨响、烟雾和飞动的弹壳,一切只持续了几秒钟的时间。"这个以前没打过枪的女人把每一发子弹都射在了靶子的躯干部位。卡梅隆回忆:"靶场里练习射击的人全都叹服了。他们不相信她之前没玩过枪。无法理解这怎么可能做得到。”汉密尔顿的艰苦训练终于修成正果。拍摄的第一天，在帕姆戴尔沙漠中，施瓦辛格看到穿着背心的汉密尔顿，说出了大家的心里话：“琳达！你的肌肉太发达了！”没有谁的褒奖能比环球先生的话更具分量了。正是因为有这些训练在前，汉密尔顿才熬过了艰苦的拍摄，期间她惨遭殴击、饱受追逐，甚至还会被猛然一把推到墙上。“每天都是对身体的挑战，但是我做好了准备，”汉密尔顿说，“我已经尽可能地接近阿诺德·施瓦辛格了。”

今天，在这个女人们羡慕不已地大谈第一夫人的肱三头肌的时代，汉密尔顿精壮的体形和桀骜的表演在当年具有的革命性意义，难免已被人淡忘了。那是1991年，麦当娜还吃着面包。再往前推十年，罗伯特·德·尼罗改变体形，在《愤怒的公牛》(*Raging Bull*)中扮演拳击手杰克·拉·莫塔，并捧走了奥斯卡奖。而汉密尔顿的肌肉当时却还是让某些影评人大吃一惊。在一篇题为“为什么女人不能成为男人?”的文章中，《时代》杂志将《终结者2》中的莎拉·康纳贬为“穿着女人衣服的兰博”。这篇文章将莎拉与经典的女性悍将进行比较，诸如《欲海情魔》(*Mildred Pierce*)中扮演米尔德丽德·皮尔斯的琼·克劳馥。文中说汉密尔顿的表演缺乏克劳馥的“创造力、人道精神和母性的智慧”。将米尔德丽德·皮尔斯说成是电影世界中莎拉·康纳的前身，也算恰如其分——她是1942年的一位单身母亲，而且还得工作。她所展现出的坚强形象，和五十年后在沙漠中堆放弹药的坚韧女性代表着同样的文化符号。米尔德丽德更有智慧，因为世界命运的重担从未落在她的大垫肩上。至于说莎拉缺乏米尔德丽德的创造力——想想吧，这个女人只带着一根别针就逃出精神病院并“拯救了人类”。也许，在刻画单身母亲的足智多谋时，再没有其他场景能胜过这一幕了。事实上，之前从未出现像《终结者2》中莎拉·康纳这样的女性角色。卡梅隆在自己的电影中一步步地塑造出这一形象——从《终结者1》中年轻的莎拉·康纳不愿承受肩头重任，到《异形2》中瑞普丽与异形女王殊死搏斗，再到《深渊》中林赛·布里格曼面对死亡无所畏惧。在《终结者2》中，卡梅隆和汉密尔顿最终就位，创造出了这位终极女性动作英雄。拯救世界也前所未有地成了女人的工作。莎拉·康纳既源于约翰·韦恩的角色，又源于琼·

克劳馥的角色。这种想法也许在 1991 年会使某些人吃惊,今天则不再如此,任何渴望成为动作英雄的女演员都应该熟谙健身房里的一切。

然而,经过剪辑室里的加工之后,汉密尔顿的表演确实失掉了一层深度。一如既往,卡梅隆面对的又是一部内容过多的电影。他删掉了一段轻柔的梦境,梦中莎拉·康纳重逢了第一部电影中的爱人——迈克尔·比恩扮演的凯尔·里斯。这段镜头在 DVD 加长版里重新收入,而剧场版中缺少这一段,意味着莎拉·康纳成了百分之百的战士。在《终结者 2》的制作过程中,卡梅隆和汉密尔顿开始发展恋情。对此他们都拒绝公开承认,因为卡梅隆当时和毕格罗还是夫妻。卡梅隆一直都喜欢类似自己电影中泼辣女主角的那类女人,而这一次,他是玩真的了。两人都个性强烈,像星体一样互相吸引。在他们身边工作的所有人都能看出来。虽然两人之间存在爱情,卡梅隆却直到最后才把删掉梦境的决定告诉她。汉密尔顿曾跟加拿大影评人克里斯多夫·赫德说:"我已经和他上床了,他还不告诉我,最后配音时我才知道。与迈克尔·比恩的这场爱情戏,我倾注了大量的心血。在整部电影中,最能让你看清这个角色心灵深处的场景,就在那一刻。"

玛丽和她找来的男孩

将施瓦辛格和汉密尔顿签下之后,卡梅隆最困难的选角工作就是寻找童年时的约翰·康纳。这个男孩需要长得像扮演他父母的演员——汉密尔顿和比恩,而且说话举止得像个孩子,而不是一个小大人。小时候的约翰·康纳应显示出足够的性格力量,使观众相信他能在 2029 年领导人类反抗机器。同时,他也得看上去需要保护,需要他的代职父亲 T-800。幸运的是,卡梅隆的搜索工作得到了最有力的协助——选角总监和他一样勤奋努力。

玛丽·芬恩年轻的时候在中西部当地的剧院做过演员,还曾参与 USO 的劳军巡演。* 结婚之后她在密歇根州安顿了下来,做了一名英文

* USO(United Service Organization)是美国一家私营非盈利机构,主要为美军官兵提供娱乐服务。美国大量明星都参与过 USO 组织的劳军演出。——译注

和戏剧老师，她丈夫唐是一位戏剧教授。1981 年，芬恩夫妇搬到了南加州。玛丽申请了一份选角助理的角色，但得到的回复不是说她资质不够，就是说她资质太高，或者嫌她年纪太大。最后，她决定为那些已有一定地位的选角总监义务效劳。于是，她得以入行，渐渐积累了经验，参与了《铁面无私》(*The Untouchables*)、《残酷的命运》(*Outrageous Fortune*)的选角。她于五十一岁入行，卡梅隆是首先雇佣她的导演之一。后来她参与选角的电影电视近八十部之多，包括《洛城机密》(*L. A. Confidential*)和《骇客帝国》(*The Matrix*)。而在 2007 年去世之前，她依然还是凭着《终结者 2》和卡梅隆的其他电影才赢得好莱坞最不知疲倦的星探这一美誉。1995 年，芬恩找到了二十世纪三十年代的电影明星格洛丽雅·斯图亚特，当时斯图亚特已年届八十五，而且没有经纪人。芬恩向卡梅隆提议，由斯图亚特来出演《泰坦尼克号》中一百岁的罗斯老太太。八十七岁时，斯图亚特成为奥斯卡竞赛单元中年龄最大的提名者。

芬恩为了找到符合卡梅隆要求的约翰·康纳，寻遍了全美国，见过的专业儿童演员就有好几百位。她不太习惯于在办公室里翻照片。一天，她在帕萨迪纳儿童俱乐部看小孩子玩，突然一个苍白瘦弱的男孩吸引了她的注意力。爱德华·弗朗那年十二岁，和约翰·康纳有诸多相同之处。他从未见过自己的父亲，也不跟母亲住在一起，曾经混迹街头，穷困潦倒。芬恩向他笑了一笑，并走了过去。弗朗以为自己惹了什么麻烦，朝她大声咆哮。芬恩在 1991 年对《人物》杂志说："我被他吓住了。艾迪确实不是省油的灯。我要是碰他，他就跑开。他叫我什么'青蛙嘴'之类的辱称。他脾气的确很大。"芬恩给弗朗拍了一张宝丽来相片，然后问他愿不愿意去参加一部电影的试演。他很快就放松了警惕。弗朗的试演一开始不太顺利——他很局促，毫无经验，而且有些惧怕同他一起念台词的汉密尔顿。但是芬恩力挺自己从儿童俱乐部觅来的这个男孩，卡梅隆也认为他身上具备某种说不清楚的自然特质。这个男孩可以轻易做到许多专业儿童演员难以做到的事，比如哭得非常令人信服。虽然卡梅隆还在试演其他的演员，但和弗朗相比，其他的演员看起来都显得太假。芬恩给弗朗找了一个对话训练师。几周之后，卡梅隆再次见到他，决定让他出演。这部影片是卡梅隆当时拍摄过的成本最高的一部电影，而由一位毫无经验的演员担任主角，跟将大反派人物造型全然依赖于 CG 技术一样，充满了风险。

约翰·康纳这个角色，对任何演员来说要求都不低，更不必说一个新手了。在一个镜头中，弗朗和汉密尔顿得算准时间，应声而哭；另一个镜头则是要骑在越野摩托车上逃离 T－1000 的追捕。弗朗必须习惯不绝于耳的枪响，还要拍摄辛苦而恐怖的动作镜头。在摩托车的那场戏中，弗朗被挂在一辆移动的摄影车上拖着走，一辆大卡车在他身后翻倒。在另一场追车镜头中，他骑在施瓦辛格的摩托车上，而这位动作明星的手枪总是不经意间打到他的后脑勺，有一次几乎把他打晕过去。弗朗的工作中最容易的部分是和人高马大的施瓦辛格演对手戏。见到施瓦辛格的那一天，十二岁的弗朗紧张地伸出手来和他握手。“用些力气，这回动点真格的，”施瓦辛格说。施瓦辛格很快进入角色，成了弗朗的代职父亲，而且整个拍摄期间都是如此。汉密尔顿对施瓦辛格的传记作者奈杰尔·安德鲁斯说，弗朗和施瓦辛格两人“情感上的年龄差不多”。三人在沙漠拍摄期间，同在一辆车里度过了许多时光。她说：“阿诺德在那里教艾迪怎么和女孩子交往，我坐在旁边毫无办法。实在是受不了他们。”在整部电影的制作过程中，弗朗长大了，不仅因为当了演员，而且他也确实进入了青春期。电影拍到一半时，他开始变声。这样一来，就给配音室增加了许多工作，之前拍摄的大批镜头都得重新配音。开始拍摄电影时，弗朗还是个又弱又小的孩子，但是在片场吃了几个月的餐车伙食之后，明显发育了很多。在电影拍摄后期，有一次，卡梅隆必须补拍一段汉密尔顿和弗朗分别站在一辆汽车两边的镜头。但此时两人的身高差别已经和几个月之前相去甚远。为了保持统一性，工作人员不得不在地上挖了个洞，让弗朗站在里面。

T－1000

卡梅隆花了许多工夫，设定出限制影片中大反派的一系列规则。在他的设想中，这是一具能够快速变形，并会模仿几乎一切形状的液体金属——可以变成一个人、一张桌子、一把刀。在编剧过程中，卡梅隆在客厅里激动地向他的朋友兼合作者斯坦·温斯顿解释 T－1000 的概念，而斯坦这时提出了一个疑问："我不知道这个坏人是谁。我需要一个明确的人物，一个具体的形象。"对温斯顿来说，卡梅隆仿佛在描述一团泥巴，而不是什么标志性的恶人。温斯顿后来在一本介绍其工作室历史的图文书《温斯顿效果》（*The Winston Effect*）中接受采访时说："从故事的角度来看，我觉得这里面有问题。"卡梅隆非常看重温斯顿的直觉，知道他善于创造令人难忘的角色。于是，卡梅隆开始重新考虑该如何塑造这个反派。当天稍晚的时候，温斯顿接到了卡梅隆的一个电话。"我有主意了！"卡梅隆说，"他是一个警察！"T－1000 在电影中大多数时候都是以一位洛杉矶警察的形象示人。这样就解决了温斯顿提出的叙事难题，并使卡梅隆有机会在两部《终结者》电影中都埋下一个相同的中心主题：即人如何会变得野蛮，尤其是那些在暴力环境中工作的人，比如警察和士兵。他说："《终结者》系列实质上讲述的不是人类被未来的机器所杀死，而是我们自己失去人性，变成机器，沦于互相残杀与攻击。警察认为所有不是警察的人都比他们低等、愚蠢、弱小、邪恶。他们把自己发誓保护的人不当人来看，并麻木自己以持续这份工作。"卡梅隆在二十世纪九十年代创造的这个洛杉矶警察局的恶棍形象，诡异地发生在该警察局一段黑暗历史之前，且与其有着奇怪的关联。1991 年 3 月，洛杉矶警察命令罗德尼·金停车靠边的地点，正好是《终结者 2》中涉及圣费尔南多峡谷的场景之一。那段著名的业余视频有两大段录像：第一段是《终结者 2》的摄制人员从一辆摄影车上拍摄施瓦辛格和弗朗骑摩托的镜头；而第二段录像，则是几周之后罗德尼·金在同一地点惨遭警察殴打。

针对 T－1000 的规则之一，是它能变形为一把刀，而不能变成枪。这一限制在它穿越精神病院的铁栏而手枪被卡住时暴露了出来。在卡梅隆看来，T－1000 能够使其质量的一部分变硬成为刀锋或刀尖，但它无法将部分质量变成由多个互相分离的部分所组成的复杂机器，也不能造出火药来推动子弹。卡梅隆认为，向观众显示出这一角色的弱点是很重要的。这对温斯顿来说意味着大量的工作。他必须制作上百部刀具，从手指变成的尖刃到整个臂膀变成的大刀。卡梅隆说："在科幻故事中必须要有规则，你必须把它们说清楚，并且遵守这些规则。增加复杂度能使幻想显得更为真实。”

接下来，导演需要找一个身手敏捷的精瘦演员来扮演 T－1000，以更符合他最初设想中渗入反抗军内部的终结者形象。他说：“我想找一个与阿诺德形成鲜明反差的人。如果说‘800 系列’机器人是人形的坦克，那么‘1000 系列’机器人就应该是保时捷。”在电影的早期概念设计图中，可以看到一脸坏笑的比利·爱多尔身着警察制服的样子。卡梅隆一度考虑过请这位摇滚歌手来扮演 T－1000，但他骑摩托车出事故跌断了腿，一时无法恢复到能够奔跑的程度。最后赢得这一角色的是一张不太为人所知的新面孔。这位出生于佐治亚州的演员名叫罗伯特·帕特里克，曾经在罗杰·科尔曼出品的电影中担当过一系列反面角色，还在《虎胆龙威 2》（*Die Hard* 2）里扮演了一名恐怖分子。他上大学时曾是美式橄榄球和田径队运动员，身上正好具备了卡梅隆所要的那种竞技感。他还有一种强烈的气质，不用太多的对话就能让观众相信他是一个极不寻常的坏人。帕特里克为了扮演这具液体金属的角色，投入了相应的身体锻炼。他找了一位训练师，集中进行柔韧度的锻炼，以使得他的身体在镜头前看上去更柔软。他练习在短跑时只用鼻子呼吸，节奏平稳，从而看起来更像机器人。有一次拍摄时，帕特里克令人难以置信的速度却带来了一个问题。T－1000 应该是徒步将骑着摩托车的约翰·康纳追出停车场。一辆摄影车拖着弗朗的摩托车，帕特里克在后面猛追，完成了他所扮演的液体金属最出色的一次短跑。在这个镜头中，约翰·康纳最终逃脱了。但帕特里克穿着沉重的警靴，居然追上了摄影车，并拍了拍弗朗的肩膀。卡梅隆确实找到了他想要的人体保时捷。

T－1000 的梦幻效果，是通过混合帕特里克的表演与最新的 CG 技术，并辅以最高超的化妆技巧和木偶来完成的。丹尼斯·穆伦曾领衔“工业光魔”为《深渊》制作特效的团队。这一次他重新上阵，带领公司的三十五位 CG 设计师为卡梅隆制作这个怪异而具有智慧的液体金属机器人。借助帕特里克的影片和照片，“工业光魔”的团队在他们的电脑中建立起三维模型，复制演员的动作，甚至连他因过去玩美式橄榄球时受伤而造成的很难察觉的细微跛行都没有放过。卡梅隆这一回比在拍摄《深渊》时押上了更大的信心。在《深渊》中，如果水柱做不出来，他还能删掉这段镜头。而在《终结者2》里，T-1000是故事的核心。如果完不成，《终结者2》就拍不出来。在T-1000从一种形态变为另一种形态的镜头中，“工业光魔”采取了他们在1988年朗·霍华德执导的《风云际会》(*Willow*)中首次运用的那种名为“变形”的技术。在《风云际会》中，一个角色平滑地从一头山羊变为各种动物，最后又变回人。这部片子票房非常失败，数码技术上的突破并没有给观众带来多少兴奋，远低于“工业光魔”的预期。直到《终结者2》之后，这项技术才达到横扫一切的地步，得以广泛应用，从《变相怪杰》(*The Mask*)之类的电影到迈克尔·杰克逊的著名MTV《黑与白》(“Black or White”)，甚至还出现在治疗脱发产品的电视广告里。

卡梅隆希望T-1000完成的若干动作，对“工业光魔”来说有些勉为其难。当电脑绘出的人物展示某些姿势时，其肩膀上会出现大面积的黑色空隙。剧烈的运动把人物的几何构造给拉开了。一些科学家造访了“工业光魔”位于加州圣拉法耶尔的工作室，协助设计师们解决T-1000所造成的数学难题。穆伦说：“我路过几次，看见有人在讲课。黑板上写满了数学公式，就好像一部科学滑稽电影中的场景一样。”穆伦的团队完成了任务，而功劳则要归于一位二十多岁的“工业光魔”员工约翰·诺尔和他在密歇根大学念研究生的兄弟托马斯所发明的新软件。他们设计的这种软件正是第一版的Photoshop。过了几年之后，Photoshop才成为图像编辑的标准软件。当卡梅隆看到T-1000从爆炸中走出来的这个早期概念镜头时，心里的石头落下了大半。液体金属机器人光滑的银色表面倒映出周围的火花，和卡梅隆想象中的一样。“看来这的确行得通，”他心想。“工业光魔”团队的每一步工作都建立在前一步的基础之上，他们因此便能做出诸如T-1000穿越精神病院铁栏之类原先不可能的镜头。穆伦惊叹：“当时不是说这个镜头两年前还做不出，而是这个镜头一个礼拜前还做不出。”卡梅隆的狂野想法给了“工业光魔”的设计师一次大大提升技术实力的机会，而假如他们做的是一些平淡无奇的东西，比如一只熊，这种进步是不可能发生的。穆伦说：“这部电影将我们推到了最前沿。”

《终结者2》给"工业光魔"的预算超过六百万美元，虽然这个数字很快就被超越，但在当时看来实属天价。使液体金属机器人更具真实感的另一因素，是随动作而变化的音效。与画面特效相比，其代价就小得多了。T－1000变形穿越铁栏的音效，实际上是将狗食从罐头里倒出来的声响。这具液态金属发出的软泥似的粘稠声音，则是源于将一个用安全套包着的麦克风浸入稀面糊中，并向里面吹入压缩空气。电影的音效设计师加里·赖德斯特罗姆说："我最得意的是，'工业光魔'要在视觉特效上花数百万美元，而我们只不过花三毛五分钱买了一个狗食罐头而已。""工业光魔"制作T－1000影像的时间极为紧迫，因此在许多镜头尚未拍摄之前，背景就先拍成照片送去"工业光魔"。比如：T－1000躺在地上自动愈合枪伤的镜头，卡梅隆得先拍摄一张地板的照片。这样就必须事先把有待拍摄的那些镜头中的灯光确定下来，再把背景图交给"工业光魔"，好让他们开始制作特效。过了几个月，卡梅隆才最终拍摄这个特效场景前后帕特里克的镜头，而采用的正是一开始确定的灯光和角度。

虽然《终结者2》留下的最大一笔遗产便是给CG技术带来的进步，但是，在T－1000展现出变形和自愈能力的十五分钟镜头中，只有六分钟是完全由电脑制作，另外九分钟则是在温斯顿的工作室里用木偶和化妆术完成的。这也是数字特效和实体特效首次得到如此和谐的共同运用。T－1000的镜头一般都分配给温斯顿和"工业光魔"共同完成。例如温斯顿用实体技术显示出一颗子弹击中T－1000的胸部，而"工业光魔"则用数字技术完成伤口自愈的效果。由于这一特效衔接实在太过严密，日后业内人士详加分析而认定出自CG技术的大量镜头，其实都是由温斯顿的团队制作的。最有名的例子就是施瓦辛格说出"Hasta la vista, baby"*这句经典台词，然后向冻住的T－1000开枪，其身体随即碎裂的镜头。为制作这个镜头，温斯顿的工作室用玻璃钢制作了一个帕特里克的假人，里头填充了金属屑和表面做过金属处理的泡沫碎片，然后用雷管将泡沫炸开。第一次试验效果不太理想。碎片向外飞溅，仿佛

* 西班牙语，意为"下回再见，宝贝儿。"——译注

爆炸，而不像中枪之后那样溅落。而且，爆炸产生的烟雾掩盖了一部分效果。因此，卡梅隆在假人上方安置了一台特大风扇朝下吹，将烟雾驱散，并使碎片如变戏法一般在地面散开。再配上另一个简单的音效，即一把钉子掉在地上的声音。最终，这个镜头效果非常出色。

与往常一样，卡梅隆亲自投入了《终结者2》的特效设计。温斯顿的设计师们伏案构图时，卡梅隆会从他们肩头硬塞进自己的图稿。有一天，温斯顿的设计师克拉什·麦克利里正忙于大家昵称为“饼干人”的复杂设计，卡梅隆走进工作室，对他说：“你的设计很不错，但应该是这个样子的。”麦克利里回忆，卡梅隆拿了一张餐巾纸，只用了几秒钟就花出一张完美的草图，展示了T－1000被霰弹枪击中后躺在地上的姿态。麦克利里说：“作为设计师，看见这一幕之后，你只想把铅笔扔了，马上转行。”以这些设计为蓝本，温斯顿的团队用泡沫和橡胶造出了几个假帕特里克，内部表面作了金属镜面处理，使其看上去更像液体金属。这些假人将用来显示T－1000在战斗中的不同状态。除了“饼干人”之外，还有一个叫做“甜甜圈头”的木偶，头上有一个穿脑而过的大枪洞；还有“刀切人”，显示帕特里克被一根钢棍切开的样子。

温斯顿的团队完成的最富创意的特效之一，就是子弹打在液体金属机器人身上的效果。设计师们花了好几个星期，将石子打向烂泥，观察在烂泥上造成的效果，按这个形状雕刻了几个不同大小的伤口。他们把伤口隐藏起来，配上一套弹簧装置，一旦收到指令，伤口就会裂开。这些花朵形状的伤口装在一块玻璃钢胸板上，帕特里克把它穿在胸前，外面再套上事先留下切口的服装。当控制员通过无线电发出指令后，这些银色的枪伤就会在演员的胸前一一绽放。

制造混乱的艺术

电影的拍摄现场直接反映了导演的性格。卡梅隆的片场总是紧张而繁忙，有时甚至相当严酷。在《终结者2》的拍摄过程中，快马加鞭的拍摄时间表意味着卡梅隆一贯的冲劲又倍增不少。从镜头开拍到影片发行，中间只有十二个月的时间来完成影片所有复杂的动作和特效镜头。电影在1990年10月于帕姆戴尔沙漠开拍，一直持续到1991年4月，拍摄地遍及加州。从丰塔纳闲置的钢铁厂到圣费尔南多峡谷的防洪水闸，从圣塔莫妮卡人头攒动的一家购物中心到硅谷的一座办公楼。

第一幕的追车镜头要穿过峡谷的泄洪口，其中包括了整部影片中最复杂的动作摄影和最危险的特技。T－1000开着一辆大卡车，紧追骑在摩托车上的施瓦辛格和弗朗。这个镜头即将开拍时，工作人员才意识到他们所用的卡车太高，无法从桥下穿过。卡梅隆决定将这个后勤上的问题转为情节上的有利条件，把这辆卡车改装成一辆“两用敞篷车”，事先在顶部留下切口，这样一来，卡车在穿过第一个桥洞时，其顶部便会被轻易地削掉。这个镜头的拍摄动用了多架摄像机，卡梅隆坐在一辆三轮摩托的车斗里，手里也拿着其中一架摄影机。高大的卡车就在他跟前，他在车斗里颠簸，离地面只有四英寸。卡梅隆本打算重拍那个T－800单独骑在摩托上的镜头，想把它拍得更紧张一些。他用步话机呼叫了施瓦辛格，此时的施瓦辛格已不光是一位电影明星，更是卡梅隆的好朋友，并在周末时常与他一起骑摩托。卡梅隆问他能不能使那辆“哈雷－戴维森”摩托转弯转得快一些。施瓦辛格说：“这我可没办法。”他知道自己的能耐，他也是少数敢对卡梅隆说不的人。导演便换上一个长焦镜头，稍微往下偏一点，从而使施瓦辛格在最后的镜头中看似快了许多。

电影中最麻烦的外景地，大概就要数高速公路了。剧组设法在加州圣佩德罗关闭了一段五英里长的公路，以拍摄一段夜间的追车镜头。T－1000开着大卡车和直升机追击T－800和康纳母子（在卡梅隆的电影中，只有坏人才驾驶大卡车——好人只有旅行车、面包车、皮卡和摩托可开，以此营造出一种车辆上的劣势）。制片人B. J. 拉克和史蒂芬妮·奥斯汀发现，剧组的电缆被盗，这一来麻烦可大了。他们得在二十四小时之内找来足够的电缆，用于长达五英里的路面照明。电线再次铺好之后，他们请来保安，在拍摄期间保护这些设备。有几个晚上下雨，他们无法拍摄施瓦辛格、弗朗和汉密尔顿在一辆特警车里沿着公路慌忙逃离的镜头。因此，他们用“穷人制作法”进行了拍摄。他们将汽车停在一座立交桥下，几名工作人员在车外将它前后摇动，并让灯光从窗口扫过。

虽然在许多宣传照片中人们会看到史蒂芬·斯皮尔伯格或马丁·

斯科西斯充满智慧的目光从镜头中穿过，但实际上，好莱坞的导演很少亲手操持摄像机。卡梅隆有能力亲自上阵，还往往以此为荣。卡梅隆情绪糟糕的时候，工作人员有一条屡试不爽的策略来分散他的精力。他们会问："如果你来，这个镜头怎么拍呢？"卡梅隆的情绪必然好转，开始大谈特谈，例如"摄影师没有胆量，不敢站到小车上……"就好像孩子问爸爸当年大学时玩美式橄榄球的经历一样，这个办法像咒语一样灵验。等故事讲完，导演已经忘记自己为什么发脾气了。在《终结者2》的拍摄过程中，卡梅隆为自己的神话又增添了素材。他的手持摄影师吉米·穆罗对卡梅隆要他拍的一大段公路追车镜头感到十分为难——追着T-1000的直升机得从桥下飞过。年轻的穆罗很有激情，从电影学院毕业，自《深渊》以来就成了卡梅隆的一员宠将。当初他总是果敢而坚定地背着八十磅重的摄像机稳定支架，在"深核"狭小的布景中倒着跑，拍出稳定平滑的镜头。然而，对于《终结者2》片场那个晚上，穆罗回忆："我对他说，'吉姆，我做不到，'结果他说，'好，你不做我做。'"卡梅隆很信赖直升机飞行员恰克·坦布洛。这位越战老兵是飞行方面的专家。他将那个危险的飞行动作做了两遍，这样卡梅隆就能拍到前部和后部的镜头。在卡梅隆心目中，拍摄这组由造价不菲的高档直升机连续上演的镜头，是他电影生涯中最刺激的时刻之一。他说："我一直钟情于电影中那些优秀的动作镜头。我喜欢让人们安坐在剧院中却能感受到心脏的剧烈跳动，似乎危局真的扑面而来。能够做到这一点，能够亲自向全世界的观众施加这一魔法，让我在工作中引以为乐。所有的辛劳和不眠不休，都是值得的。"

《终结者2》紧张的时间表对卡梅隆一贯令人抓狂的完美主义毫无影响。他在镜头结束时的口头禅——"这正是我不想要的！"和"完美！再来一遍！"——使《终结者2》的工作人员不胜其烦，有人甚至穿起了写着"终结者3：我才不干"的T恤衫。高速公路上的那场镜头中，有一段要求T-1000一边开着直升机一边更换机枪子弹。但在拍摄当晚，导演意识到T-1000没有足够的手臂来同时做两件事。这就是卡梅隆的经典逻辑——他让观众放弃怀疑，接受了时间旅行和外表如真人般的机器战士，但他不愿强迫观众相信一个只有两只手的家伙可以在开着直升机的同时更换子弹，哪怕这个镜头只是一闪而过。T-1000必须另外长出两只手来，而且要快。清晨五点钟，高速公路将重新开放。温斯顿的团队在睡梦中被匆忙叫醒，急速赶到圣费尔南多峡谷的工作室，取了一些工具材料，驱车四十英里前往圣佩德罗去临时制造四只手的新服装。在电影紧张拍摄期间，温斯顿手下的设计师约翰·罗森格兰特逐渐习惯了这种半夜打来的电话。“你还躺着，本来要休息三四天时间，结果电话打来了。电话那一头，背景一片嘈杂，副导演们正通过无线报话机嚷嚷。”罗森格兰回忆：“某个家伙吩咐：‘你能不能把五号弹孔衣拿来？’哦，我的天，搞什么呀?!”奥斯汀是第一次制作卡梅隆的电影，她担心温斯顿完美的枪伤道具不能及时送到，便跑到餐车里找了一些锡箔，用一支奇异笔，坐在路边制作替代品。温斯顿的道具总算在最后一刻送到。而卡梅隆被奥斯汀的足智多谋逗乐了，最后在镜头中也用了一些她制作的伤口。有一个例子可以看出卡梅隆对他这位爱吵架的制片人有多欣赏：在影片中，T-1000穿的警察制服上，用的是这个名字——“奥斯汀”。

一天晚上，在丰塔纳钢铁厂拍摄一段未来战争的镜头时，导演坚持要将终结者骷髅的脚踩在孩子头骨上的镜头拍好。这是一个复杂的镜头，需要多位木偶控制员非常精确地移动终结者，而且远处的爆炸要掐准时间。温斯顿的团队为此用蜡造了一种可被踩碎的头骨。如果导演是别人的话，他们大概会做十个头骨。但这已是他们与卡梅隆合作的第三部电影，于是他们做了二十八个。凌晨三点，拍到第二十次的时候，温斯顿的人开始紧张。谁也不想告知卡梅隆头骨快用完了。拍到第二十六次，导演终于不情愿地决定拍下一个镜头。温斯顿的团队泄气地回到家里，以为搞砸了。第二天，当他们到达片场时，卡梅隆把他们叫到自己的房车里，放了一段昨晚拍摄的镜头。“看看这个！”他说，“很完美！”那是第五次的镜头。

关于和平的一部暴力电影？

与往常一样，剪辑室对卡梅隆来说只是又一轮地狱般的煎熬。与《深渊》一样，卡梅隆最大的挑战就是影片结尾。那一刻，卡梅隆不仅要动用最具视觉震撼力的布景，也试图在此时传递其更宏大的主题思想。在这部运用大量爆炸、枪战、械斗等镜头的终极动作片中，导演立意高远。电影发行前的四周，他对《新闻周刊》说，“我认为《终结者2》是一部关于和平的暴力电影。而且我对这些模糊之处非常满意。这是一部关于生命价值的动作片。”或许卡梅隆不认为这一矛盾有什么问题，但他的投资人却生出若干疑虑。《终结者2》最初采用的结尾是从工业炼狱般的钢铁厂之战切到多年后经过化妆的老年汉密尔顿身上，完全回避了机器人的胜利和核灾难。在明媚的阳光照耀下，汉密尔顿坐在公园里，看着成年的约翰·康纳参议员和女儿一起玩耍。这个结尾有许多问题，有些是基调上的，有些则是逻辑上的。这个镜头似乎完全出自另一部电影——我们这位强健的女英雄突然变成了温和的老祖母。如果莎拉·康纳避免了未来的战争，她如何能遇上儿子的父亲？约翰·康纳这样一个不良少年又怎么会成了参议员？

尽管卡梅隆曾因《深渊》的试映而深受伤害，卡洛克方面还是要求举行试映。试映会在乔治·卢卡斯的“天行者农场”（Skywalker Ranch）举行，当时屋外风雨大作。观众的反应极为一致——他们非常讨厌这个结尾。卡梅隆起初不太愿意接受试映的结果，但最终还是做出让步，另外制作了一个新的结尾。“我开始想，这部电影的中心思想最好不要这么直接地展现给观众，”卡梅隆在一本公开出版的《终结者2》剧本前言中说，“我们也不会完全将其漂漂亮亮地包装起来，而是会暗示斗争仍在继续，进一步说，我们这种不完美的生物，将永无休止地跟技术以及我们自身之暴力心魔较量下去。”卡梅隆最后重写的剧本，在电影发行前一个月才出炉。他将未来公园中的这一段改成夜间在高速公路上前行，配以莎拉·康纳的旁白：“未知的未来向我们走来。我第一次以希望面对它，因为如果连一部机器、一个终结者都能够领悟到人类生命的价值，或许我们也可以。”这是一个很好的折中——卡梅隆得以保留其非暴力的主题，又将它包装成观众更容易接受的模样。

包括卡萨用来签下演员和卡梅隆花在特效和动作镜头上的开销在内，《终结者2》的成本大幅提升，最终成为首部成本超过一亿美元的电影。这是卡梅隆的第一部“史上最昂贵的电影”，但并非最后一部。投资上的决定不像听起来那么风险重重。依靠收益丰厚的发行合约,《终结者2》尚未在银幕上问世,就已经为卡洛克赚回了成本。当《终结者2》于1991年美国国庆周末上映时,其票房就占到整个北美票房的二分之一。该片最终的国内票房达到两亿美元,全球票房超过五亿美元,成为至今四部《终结者》系列电影中票房最高的一部。与《异形2》一样,卡梅隆完成了一部电影续集,成功地扩张了首部电影的观众群,又没有抛离原先的支持者。对《终结者2》的评论大多是正面的——《纽约时报》称其为“一部高节奏而令人兴奋的特效巨作,高额的成本完全说得过去”;《新闻周刊》则认为“在各种完美的特效和激动人心的悬疑之下,这部出奇惊险的电影始终不忘对人性的关怀。”

《终结者2》赢得了音效、化妆、视觉效果和剪辑四项奥斯卡奖。电影所留下的最大遗产落在了CG领域。“工业光魔”在《终结者2》上所取得的进步,使其下一个项目《侏罗纪公园》成为可能。穆伦说:“《终结者2》这部电影改变了我们这个行业。”在地球另一半的新西兰,一位年轻的恐怖片导演彼得·杰克逊注意到了这个变化。他说:“天啊,我完全没想到电脑竟然能做成这种事情。”当时,杰克逊离他的《指环王》系列首部曲还有十年时间,此刻他完全沉迷于《终结者2》这部展现电脑创造的人物可以如此真实的电影。“这是在运用电脑成像技术,但看上去太逼真了。整个电脑成像技术大潮由此拉开了序幕。”

对卡梅隆来说,《终结者2》摄制过程中的一切都令他兴奋,从创新的特效到狂野的动作镜头,再到与汉密尔顿坠入爱河。但是,在接连拍摄四部科幻电影之后,卡梅隆准备接受新的挑战,打算执导一部以人物为中心的剧情片,甚至一部喜剧,规模稍小,换换口味。他的下一部电影,将会把一架“鹞”式战斗机停到一座摩天大楼的楼顶。对于他而言,这没什么好奇怪的。

7.
神话与《谎言》

小电影，大合约

在《终结者2》取得惊人的成功之后，卡梅隆也来到了他电影生涯的关键时刻。这部电影为他赢得了成堆的好莱坞资本——所有的电影公司都想和这样一位梦想宏大、赚钱也很宏大的电影人合作。然而，卡梅隆的注意力却放在一个更为私密的故事上。这本由丹尼尔·凯斯所写的传记名为《比利·米利根的心灵》(*The Minds of Billy Milligan*)，故事的主角是俄亥俄州一名患有多重人格分裂症的强奸犯，他的律师则成功地以精神疾病为由替其罪责进行了辩护。卡梅隆说："在完成'史上最昂贵的电影'之后，我想拍一部小规模的剧情片。"他发现了米利根的故事，觉得可以把其童年时代长期遭受虐待的经历拍成一部牵动人心的电影。"要将那个伙计头脑中纷繁复杂的人物拍出来，是一次很大的挑战，与拍摄《深渊》不相上下。"他向纽约一位正打算尝试一下制片人角色的酒店老板桑德拉·阿卡拉预定了这本书的版权，随后便与曾在《深渊》中扮演一位嬉皮士的演员兼编剧托德·格拉夫开始合作写剧本。卡梅隆和格拉夫这部名为《拥挤的空间》("The Crowded Room")的剧本，同样包含了卡梅隆诸多科幻作品中那类华丽的视觉要素，但所涉及的科学和布景都发生在人脑之中。《拥挤的空间》运用了和《泰坦尼克号》类似的倒叙结构，读起来是一部优秀的心理悬疑片。但是，卡梅隆这部小电影，即将撞上一堵大墙。

1992年春，福克斯与卡梅隆签订了一笔总价五亿美元、包含多部影片的国内发行合约，允许他在七千万美元的成本范围内制作任何电影而不需经福克斯批准，并可保留所有影片的版权，条件则是卡梅隆旗下的公司“光风暴”必须自己承担营运费用和所有超支的成本。卡梅隆计划通过出售影片的境外发行权来获得这些资金。对于卡梅隆来说，这是一笔重要的合约——通常电影公司购买电影的全球发行权，并且承担所有制作费用，因而完全拥有电影的所有权。这一合约给了卡梅隆更大的控制权，但他也需要比一般导演承担更多的责任。卡梅隆说：“当时我刚刚为卡洛克拍完《终结者2》，非常羡慕他们的做事方式，自己做老板，行事果敢。我在《异形2》和《深渊》中受够了大公司系统那一套做法，我觉得这两部片子都未能通过正确的方式来发行。所以，在拍完《终结者2》之后，我觉得，可以建立一套新的体系，让我自主决定影片最终的模样。”《洛杉矶时报》认为这笔合约“或许将成为经典范例”，并高度评价了合约的设计者——“光风暴”主席拉里·卡萨诺夫和卡梅隆在ICM的经纪人杰夫·伯格。

《拥挤的空间》不算新合约的一部分，仍是以小成本来制作。然而，在卡梅隆与电影巨头的庞大合约宣布后没过几天，阿卡拉将他告上了法庭。她控诉说自己被排除于《拥挤的空间》前期制作之外，并要求将自己的报酬从二十五万美元提升到一百五十万美元，绝不让步。卡梅隆因本人的成功，自身反而成了受害者。阿卡拉对《综艺日报》(*Daily Variety*)说，卡梅隆“现在的权力大了许多，影响力也很大……跟我将这部影片介绍给他的时候相比，他已经大不相同。”卡梅隆意识到了自己成为出头鸟所带来的诸多不便——很多人都想顺着你的背往上爬。他以一贯的实用主义对待阿卡拉的要求。卡梅隆说：“我从不跟恐怖分子和敲诈者谈判，所以我对她说：滚蛋吧你，这个项目就此免谈。”《拥挤的空间》胎死腹中，同时也让卡梅隆放弃了摆脱好莱坞期待的高成本大制作的念头。他觉得在这一历史性的合约之下，自己为福克斯制作的第一部电影必须是高度商业化的。阿卡拉后来将《拥挤的空间》带到其他电影公司，还考虑过多个导演和演员的组合，包括大卫·芬奇与布拉德·皮特、史蒂芬·索德伯格与西恩·潘、丹尼·德维托与莱昂纳多·迪卡普里奥，以及乔尔·舒马赫与科林·法瑞尔，但这部电影一直未能拍成。

末世纪暴潮

《终结者 2》上映后的第十八个月，是卡梅隆自《异形 2》和《第一滴血》那场马拉松以来最为繁忙的编剧阶段。除了《拥挤的空间》，他还在为一部蜘蛛侠电影撰写故事情节，另有一部自 1985 年以来就在他脑中酝酿的未来主义黑色电影《末世纪暴潮》（*Strange Days*）。这个故事发生在 1999 年的最后一天，洛杉矶烟雾腾腾，废墟遍布。街头的黑市出现了一种新型高科技设备，叫做"超导量子干扰设备"，简称"SQUID"，是一种虚拟现实的设备，戴在头上，能够连接人的大脑，并记录一个人的所有感觉。戴上这种设备的人可以感受到别人的恐惧和快乐，对象包括各色人等，从罪犯到爱侣，不一而足。这简直就是《警员》（*Cops*）* 的升级版。在卡梅隆写《末世纪暴潮》时，《警员》是美国仅有的一档真人秀节目。但是，他清晰地预见了即将到来的摄像机文化。故事中，一位邋遢的前警员名叫莱尼·尼罗，他在走私这种高科技设备时，无意中弄到了一张内容是警方将一位饶舌明星殴打至死的光碟。

卡梅隆有足够的理由不再延后《末世纪暴潮》——再等七年，千禧年前夜就到了。不过，最终，他是在凯瑟琳·毕格罗的要求下才开始写出详细的剧情。"我一直很喜欢，"毕格罗说，"这是对间接的现实以及生命的陨落所作出的黑暗、前卫而勇敢的银幕诠释。"卡梅隆和毕格罗在《终结者 2》上映后便立刻离了婚，他也不再向她以及别人隐瞒他与琳达·汉密尔顿之间的关系。虽然卡梅隆有这段婚外情，但他与毕格罗多年来依然是朋友。前妻和他保持良好的关系，这足以表明，要么是卡梅隆在离婚过程中处理得当，要么是他在好莱坞的权力使然——抑或两者

---

* 福克斯电视台的真人秀节目，追踪警察办案的故事。——译注

兼具。2009年春天一个周五的晚上,卡梅隆离开《阿凡达》片场后急匆匆地前去参加毕格罗那部广受赞誉的伊拉克战争惊悚片《拆弹部队》(*The Hurt Locker*)的放映会,并带着他的现任妻子苏茜·埃米斯。

卡梅隆在1992年的时候对洛杉矶不久之将来的描绘,并非《银翼杀手》那样到处是飞车和完美的金发机器人。其预言非常灰暗——未来跟今天相仿,只是更糟糕。他是个长于宏观考量而非微观描述的未来主义者。他对1999年时尚的预测如下:女性流行"奥斯维辛混搭大都市风格",男性则穿苏格兰裙和紧身短裤。感谢上帝,这些预测没有成为现实。不过,《末世纪暴潮》对2009年左右的洛杉矶却做出了准确得惊人的描绘,甚至比卡梅隆预想的1999年更准确。下面是他对城市的叙述:

> 经济更加糟糕。失业率上升。新建住宅减少。所有的指数都不断向红色的方向移动……加州这个"Shake n' Bake"之州*还在往外发欠条,并等着大集团来将巴斯托市变成沿海地产。高速公路堵得不可开交,汽车越来越小,停得越来越近。汽油接近三美元一加仑……商场、办公楼、银行、学校、便利店里到处是摄像头……真人秀和业余视频主宰了电视节目。在这个窥视狂和错位生活的时代……我们乐于旁观。

卡梅隆将《末世纪暴潮》的想法写成一部八十页的文稿,篇幅类似中篇小说,他称之为"剧本情节"(scriptment)。这个概念是他在摄制《终结者》时玩笑式地提出的,用来描述他笔下篇幅过长的故事提纲。这种文稿是剧本(script)和故事情节(treatment)的混合体,包含一些对话和大段的叙述性文字。多数故事情节不超过二十五页,而卡梅隆的剧本情节要长得多——他为《阿凡达》所写的那篇剧本情节,多达一百页。作为一位编剧,卡梅隆的强项在于合情合理地组织文稿结构。他的独到之处是能够描绘出生动的景象,连好莱坞最缺乏想象力的一群人——电影公司的高层——都能看得明白。但卡梅隆的弱项是对话,他自己也很

* 意指加州发展得超前、轻率、泡沫太多。——译注

清楚这一点。他的血性台词,如"你想活就跟我走"、"离她远点,你这婊子"、"我会回来的",都让人印象深刻,而且经常被人引用。但是,日常对话却让他深感为难。在《末世纪暴潮》中,卡梅隆付出了额外的努力来捕捉人物语言的真实感。"这份作品是我最引以为豪的,主要就是因为对话中那种腔调。我试着模仿艾尔莫·伦纳德*的口气,虽然不太成功,但这仍是我写得最好的对话。"

毕格罗导演了《末世纪暴潮》。这是自《第一滴血》以来卡梅隆的剧本首次由别人来导演,而且是他仅有的一次相信别人能够执行他的原创想法。当卡梅隆忙于其他项目而无法亲自将他的中篇小说改写成供拍摄用的剧本时,《纯真年代》(*Age of Innocence*)的编剧、与马丁·斯科西斯多次合作的杰·科克负责了这部分写作任务。毕格罗说:"我想他认为杰的能力足以信赖。从创意的角度而言,吉姆基本上从那时起就放手这一项目了。"卡梅隆交出了写作的职责,但仍以制片人的身份扮演了举足轻重的角色,在毕格罗和电影公司之间周旋。毕格罗说:"他替我们挡开了电影公司的争权较量和高层政治。"最后完成的电影确实是一部奇怪的片子,稍显凌乱。影片上映后,一些影评人对毕格罗大胆的执导风格颇为赞许。她通过手持镜头和主观视角来表现佩戴"SQUID"的感受——十四年后,她在《拆弹部队》中将这一技巧使用得更为娴熟。她的选角很独到——雷尼这位猥琐的前警察,扮演者是拉尔夫·费因斯,他在《辛德勒的名单》(*Schindler' s List*)与《英国病人》(*The English Patient*)这两部影片的间隙接演了这样一个小人物。观众并不认同这部电影关于未来的黑暗预期——《末世纪暴潮》成本为四千两百万美元,而票房收入不到八百万美元。

如果詹姆斯·邦德得向老婆交代,将会如何?

在施瓦辛格成为州长以及卡梅隆成为五个小孩的父亲之前,他们经常一起骑着摩托穿行于圣塔莫妮卡山脉的峡谷之间。施瓦辛格走在前

---

* Elmore Leonard,美国著名黑色喜剧作家。——译注

面，就好像领队一样。汤姆·阿诺德是两人共同的朋友，有时也与他们一起去骑摩托车。他说："吉姆不一定要带路，阿诺德则一定要打头。其他人都跟在他后面。"卡梅隆和他的头号男演员两人身上的大男子气概有着微小差别，主要表现在他们对坐骑的选择上。卡梅隆喜欢买新款的雪佛兰克尔维特，而施瓦辛格的挚爱是他的奥地利陆军坦克。* 两人一个喜欢速度，一个喜欢力量。而他们都以各自的方式扮演着超级英雄。在礼拜天骑摩托车时，卡梅隆和施瓦辛格经常顺道去"石头商行"（Rock Store）。这家夫妻店位于穆赫兰多一段弯弯曲曲的路边，二十世纪六十年代史蒂夫·麦奎因便驾着摩托时常光顾此地，之后这里一直是摩托车爱好者的圣地。施瓦辛格说："我们在一起时，往往谈论你想不到的内容——教育、环境、跟女人的关系。"有时候他们见面不带摩托车，而是在施瓦辛格的"Schatzi"餐厅一起吃早饭。这家餐厅现已停业，在二十世纪九十年代曾以其美妙的"维也纳碎肉"（Wiener schnitzel）和卫生间里播放的德文课闻名。1993 年初的一天早晨，在"Schatzi"餐厅里，施瓦辛格照例吃着自己的大盘燕麦粥，凑过头去向卡梅隆建议他们接下来该合作一部如此这般的电影。当时只有他们两个人，此后不久，他们才认识汤姆·阿诺德。

那天早上，两人都有饥饿的理由。施瓦辛格刚刚拍完《幻影英雄》（*Last Action Hero*）。这部动作喜剧片深受舆论负面评价之苦，成了 1993 年夏天最失败的电影。卡梅隆在前一年春天与二十世纪福克斯签订了那笔数额巨大的合约，但仍未拍摄任何电影。批准这笔合约的福克斯主席乔·罗特对电影人比较友好，此时他已跳槽到迪斯尼。接管福克斯的是彼得·彻宁，众人对他都不太了解，而且他的经验主要是在电视行业。卡梅隆希望在新合约下制作的首部电影能够一炮打响，以巩固他与福克斯以及"光风暴"新加盟的外国合伙人之间的关系。

施瓦辛格的小舅子鲍比·施赖弗给他看了一部有趣的法国电影《完全女人》（*La totale*！）。主人公是一位秘密探员，而他的家人却把他当成

---

* 施瓦辛格当年在奥地利服兵役时开过美制 M47 中型坦克，后来他将自己开过的那辆坦克买了下来。——译注

一个无聊的公务员。这部电影没有任何炫目的动作镜头，只有几段为时很短的汽车追逐戏。然而，吸引施瓦辛格的是这个人物的潜力——他是一个英雄，却苦恼于家庭生活。施瓦辛格买了《完全女人》的录像带给卡梅隆看，而卡梅隆当天晚上看过后就被吸引住了。他说："我觉得这部电影是007的对立面，一个对梦幻男性角色的现实版考验。也许你能跑遍全球，机智地干掉所有的坏蛋。但是，作为男人，回到家里你还是得向老婆汇报。邦德永远是一个可怜的光棍。他永远不会知道作为一个男人、一个丈夫和一个父亲的真实滋味。但这也正是为什么这一梦幻角色显得如此有魅力，尤其是对已婚男性。因为，邦德不需要向老婆交代。"这部电影引出的玩笑就是"如果詹姆斯·邦德得回家向老婆交代，将会如何？"当时，卡梅隆正和琳达·汉密尔顿交往，他们没有结婚，而第一个孩子即将出生。施瓦辛格已和玛利亚·施赖弗结婚，有两个孩子。卡梅隆说："阿诺德和我都借鉴了各自做丈夫的经验——好的、坏的、不堪的*。"他设想的电影是一部通俗的动作喜剧，规模宏大，目的是要娱乐大众，并以他本人和施瓦辛格为卖点。卡梅隆将这部涉及家庭的电影取名《真实的谎言》。

这位科幻大师对于写一部喜剧有些发憷。他说："我在电影中写过好笑的桥段，但大部分都非常严肃。我可从未写过一部没有喜剧就转不动的电影。"施瓦辛格的代理人急于开始下一部电影，以重塑他的形象。到卡梅隆写完《末世纪暴潮》时，距离施瓦辛格的团队为《真实的谎言》定下的截止日期只剩下几周。如果到期不能写完，他们会另请高明。时间一如既往般紧张。卡梅隆找来了兰德尔·弗雷克斯帮忙，当年写《终结者》时，卡梅隆就是在他家的地板上过夜的。跟弗雷克斯合作写完第一稿后，卡梅隆觉得不够好笑。整个剧情本身很幽默，但剧本缺少搞笑的台词和滑稽的场景。卡梅隆找来一群喜剧写手，为剧本增添笑料。但是，他对结果并不满意，基本没有保留他们写的台词。不过，他留下了施瓦辛格的一句话。当施瓦辛格发射那枚绑在恐怖分子身上的导弹时，他

---

* 原文为"the good, the bad and the ugly"，卡梅隆在此借用了塞尔吉奥·莱昂内的经典西部片《黄金三镖客》(*The Good, the Bad and the Ugly*)的片名来调侃。——译注

说了句双关妙语:“你被炒了。”(You're fired.)

卡梅隆在编剧中强调真实有据,这便造成了剧情与现实之间若干值得玩味的并行相映之处。1993 年,冷战已经结束。好莱坞正在寻找新的恶棍来代替俄国人。在《真实的谎言》中,卡梅隆挑选了一个在佛罗里达活动的中东恐怖集团。卡梅隆和弗雷克斯查阅资料后,他们开始对现实生活中的类似情况感到担忧。弗雷克斯回忆:“我们意识到将枪支走私入境是多么容易的事,而要侦测到这些活动又是多么困难。我们获知中东地区的宗教和政治极端分子有多么专注和严肃,而且他们又如此反美。我们有些不安。我们不想给任何人出主意。”为了赶紧写完剧本,他们决定将《真实的谎言》写得尽可能荒诞,为此也加入了大量夸张的道具。但在这部动作喜剧好戏过半时,有一段诡异的独白,由恐怖分子的头领阿齐兹对着下属手持的一个摄像机发言:

> 你们杀死了我们的妇女和儿童,像懦夫一样将我们的城市轰炸得火光冲天,却竟敢称我们为恐怖分子。然而,现在受压迫者获得了一柄威力强大的利剑,要向敌人还击。除非美国立即将一切军队永久撤出波斯湾,否则,红色圣战将每周向一个美国主要城市播撒火焰,直到我们的要求得到满足为止。

这份剧本写于“9·11”事件的八年之前。那时“基地”组织刚刚在苏丹起步,而对于恐怖分子通过粗糙模糊的黑白录像发布威胁,观众仍可一笑而过。今天,阿齐兹的讲话听上去就像 CNN 上出现的新闻。在 2001 年的恐怖袭击之后,卡梅隆放弃了拍摄《真实的谎言》续集的计划。他说:“拿玩弄核弹的恐怖分子取乐,不像以前那么合适了。”

“他那个领域”的大师

此时的卡梅隆已经促成了两项 CG 领域的里程碑:一是《深渊》中的水柱,二是《终结者 2》中的 T-1000,两者均由乔治·卢卡斯位于北加州的“工业光魔”完成。在《终结者 2》之后,卡梅隆相信视觉效果行业正处于一个重要的十字路口，开始从光学构图转向数字领域。传统上，特效摄影就是将一个镜头的不同成分——绘制好的背景、演员的表演，还有模型——分别摄制于不同的胶片，然后将其用光学印刷机印在同一条胶片上。这是一个很复杂的过程，而且，如果过程不正确的话，会在不同成分结合的部位显露出毛糙的线条，造成颜色和胶片质量的参差不齐。如果你在老电影中看见一个应该坐在沙滩上的演员被吓人的光环所包围，很可能他就是构图不当的受害者。但是在二十世纪八十年代，将一个镜头的不同部分用数字方式天衣无缝地结合起来，在技术上已经可行。“工业光魔”得以完成 T-1000 镜头的原因之一，正是在于对数码构图的运用。卡梅隆希望投身到特效领域的数字革命之中：“作为一个电影人，我希望自己保持在浪潮前列，而不是从后跟随。”为了做到这一点，他认为需要拥有自己的实验室。

就在他开始考虑组建自己的特效公司时，卡梅隆访问了斯坦·温斯顿的工作室。这位导演惊讶地看到，温斯顿这个老式特效大师竟已配置了近十台电脑工作站，并且安装了 CG 软件，正让他的设计师们为他创造 CG 人物呢。通过为史蒂芬·斯皮尔伯格的《侏罗纪公园》制作特效，温斯顿也树立起了他自己的一座里程碑。显然，温斯顿觉得，未来的特效将会是 CG 与化妆设计各占半壁江山，甚至有可能是 CG 一统天下，完全取代那些传统艺术形式，而后者正是他本人处于全球领先地位的行当。卡梅隆说：“斯坦的做法确实符合他的个性，与其坐以待毙，不如先发制人，尽早将 CG 融合到他的既有业务中。”这位导演向他提出，光有十台电脑小打小闹，远远不够，应该弄两百台，由世界上最好的动画师和艺术家来操作。温斯顿接受了这个提议，随后便和卡梅隆一起组建了一家特效公司——“数字领域”。

“数字领域”还有两大重要问题尚待解决——一是资金，二是人才。蕾·桑奇妮第一次见到卡梅隆，是 1990 年在卡洛克公司飞往戛纳的包机上。当时她是卡洛克的一位高层，此行的任务再简单不过，就是陪同卡梅隆从法国回到卡洛克位于北卡罗来纳的制片公司，卡梅隆准备去那里考察《终结者 2》的拍摄地。他们的航班在戴高乐机场延误，因此造成一连串的误机。最后，桑奇妮和卡梅隆上演了一场加强版的《飞机、火车和汽车》(*Planes, Train and Automobiles*)*。等他们完成这段旅行到达制片公司时,他们已乘了五趟飞机——其中有一趟搭乘的还是协和客机——以及两趟长途出租车。他在旅行开始后一个小时就向桑奇妮坦白,其实他无意在那里拍摄,因为在拍《深渊》时他恨透了在南部拍电影。桑奇妮说:"他很友善,把我的包从一个登机口拎到另一个登机口。但他这么做影响不了大局。"然而这趟旅行并非完全一无是处。卡梅隆和桑奇妮很合得来。她的父亲曾效力过航天工程项目,而她自己对科幻小说相当痴迷,因此,在那延误的三个小时中,他们有许多可以谈论的话题。桑奇妮很有头脑,在加州大学洛杉矶分校获得了法学硕士和 MBA 学位,并在卡洛克侵略性的扩张中发挥了关键作用。当他们的旅行终于结束时,她回忆:"我说,'我失败得很惨,明天大概就会被开除了。'吉姆说:'那我就雇你。'"桑奇妮回到旧金山后并没有被开除,但是,两年之后,卡梅隆确实雇了她,请她帮他和温斯顿解决"数字领域"的财政问题。她最终从 IBM 募集了一千五百万美元,占公司股份的一半。推销"数字领域"不算难——在诞生不久的数码特效行业中最值得支持的人,正是《终结者 2》和《侏罗纪公园》幕后的这些英雄。负责"数字领域"日常运营的是斯科特·罗斯。他曾在《终结者 2》制作期间统领"工业光魔"。卡梅隆知道罗斯是一个聪明利落的管理者,行事负责,于是请他加入进来,成为第三位创始人。公司第一个大胆的举措,就是根本不设立光学构图部门,而是完全致力于数码构图的研发。这是一个风险极高的决定,毕竟当时的好莱坞在大多数情况下还是依赖于光学构图。不过,"数字领域"一开始就以如此面目示人,也促使其迅速占据了相对于传统特效公司的优势地位。

卡梅隆在"数字领域"中学到了很多商业和管理知识。战略规划和董事会政治对他来说是一片陌生天地,但他很快就适应了,还学会了行话,洞悉了争夺权力之道。卡梅隆仔细观察温斯顿如何管理其手下的艺术家,并注意到他那种重于鼓励的领导风格。最让卡梅隆兴奋之处,还是在于他又成了一名先行者。由于较早涉足数码构图,"数字领域"很

---

* 1987 年在美国上映的一部著名喜剧电影。——译注

快成为全球第二大特效公司，仅次于“工业光魔”。在卡梅隆和温斯顿最感兴趣的 CG 人物造型和角色动画领域，“数字领域”始终未能达到业界第一。到二十世纪九十年代中期，卡梅隆会专门为“数字领域”写一部日后让其大显身手的电影——《阿凡达》。而此时，该公司所效劳的第一部电影，是《真实的谎言》。

滑稽的人们

卡梅隆在写《真实的谎言》中施瓦辛格的妻子海伦·塔斯克这个角色时，他头脑中已经有了杰米·李·柯蒂斯的影子。他在《霹雳蓝天使》拍摄期间通过毕格罗跟柯蒂斯碰过面。他说：“杰米给我的印象是特立独行、极其聪明、性感、酷。我们三人都成了朋友。”柯蒂斯是珍妮特·利和托尼·柯蒂斯的女儿，凭借约翰·卡朋特 1978 年的《万圣节》脱颖而出。她所扮演的那种女强人形象给了卡梅隆许多灵感，创造出一些他自己的女性角色。柯蒂斯随后参演了几部 B 级恐怖片，接下来得到了一个很有分量的喜剧角色——在 1983 年的《颠倒乾坤》(*Trading Places*)中与丹·艾克罗伊德以及艾迪·莫菲演对手戏。柯蒂斯很喜欢《真实的谎言》中穿着老套而又希望生活中能有些刺激的家庭妇女角色。如此一来，选定这个角色的扮演者，本该非常容易。但是，还剩下一个问题。“施瓦辛格不喜欢这个主意，”卡梅隆说，“他和我看法不同。而且，阿诺德这个人，习惯于按自己的喜好行事。”施瓦辛格在艺术上不想与卡梅隆直接对抗，或是对其提出质疑，所以便通过当时的经纪人卢·皮特传话，说自己不同意选柯蒂斯。卡梅隆说：“我想，哎，没办法。她本是上好的人选。但是这部电影是阿诺德的宝贝，我得尊重他的选择。”

于是，为了找到完美的海伦，他们开始了长达三个月的选角。卡梅隆见了许多女演员，还让一个似乎很不错的人选与施瓦辛格试镜。有一天晚上，在华盛顿选了一整天的外景地之后，卡梅隆回到旅馆房间，看见桌上放着一盘录像带。这是卡梅隆几个月前就吩咐他的办公室员工去找的喜剧影片《一条名叫旺达的鱼》(*A Fish Called Wanda*)，由约翰·克里斯主演。卡梅隆想看看柯蒂斯最近的作品。他将录像带放进录像机，本来想就着一杯酒看上十分钟，结果他一直看到凌晨两点，把整部电影看完了。“杰米扮演的双重角色实在太完美了，性感、迷人、有趣，”卡梅隆说，“她一定得演海伦。”但是，如何说服施瓦辛格？他回到洛杉矶，打了个电话给施瓦辛格。后者立即停下手里的事——不管是什么事，反正紫色短裤穿在身——来到卡梅隆的办公室。卡梅隆回忆：“我说，‘你有多信任我？’阿诺德说，‘那还用问，我完全信任你。’‘不，来真的，不说废话，你有多信任我？’”施瓦辛格表态说他绝对诚恳。“那就是杰米·李了，”卡梅隆告诉他。施瓦辛格僵住了。“我只能猜测他在想些什么。他的下颌咬紧了很长时间，然后才稍微放松，说‘行’。”演员既然已经选定，施瓦辛格随后便全身心地投入这部电影，没有表现过一丝违抗。最终，他很高兴地与柯蒂斯分享片名前的署名，而这种单独署名的特殊待遇在好莱坞是很少有人自愿放弃的。卡梅隆说：“虽然他相信自己是完全正确的，而且习惯于依直觉行事，控制一切，但是阿诺德也听取他信任的人的意见，比如玛利亚·施赖弗，有时也会是我。”

剧本中有一幕是要海伦·塔斯克为她丈夫哈利跳脱衣舞，而自己却以为对方是一位军火商。这后来成为卡梅隆电影生涯中最具争议的一个镜头，甚至有影评人指责他贬低女性。《洛杉矶时报》的肯尼斯·图兰评论：“一条残忍和恶意羞辱的主线，尤其是针对妇女，像恶心的病毒般贯穿了整部电影。”而罗杰·埃伯特称这支舞“残忍而不滑稽”。这个镜头该如何拍摄，很大程度上取决于柯蒂斯。起初，卡梅隆在剧本中是让她裸体，只拍摄一个剪影。她则希望脱到内衣为止，然后在全照明条件下表演一段笨拙的脱衣舞。为了表明她的想法可行，柯蒂斯脱掉衣服，穿着内衣在导演的桌前笨手笨脚地跳起了一段脱衣舞。“那天我才意识到我的工作有多酷，”卡梅隆说，“我脱口而出，‘好，没问题，杰米，这个想法很好。’”柯蒂斯的建议使卡梅隆得以在这场戏中更加耍宝，在她那段业余钢管舞中加了一段跌坐在地的镜头。柯蒂斯与卡梅隆编排这段舞的时候，施瓦辛格不在现场，而他也不知道有这个插曲。如果你仔细看这段镜头——许多柯蒂斯的影迷都仔细看过——就能看到当柯蒂斯跌倒时，施瓦辛格担心地跳起来要帮她，但马上又坐回到阴影中，意识到他忘了自己正在演戏。“这样说得过去,因为哈利意识到他忘了自己是在扮演那个军火商,”卡梅隆说,“我们后来又拍了一遍,但没有这一遍滑稽。”

有趣的是,最喜欢这个镜头的观众里面,有很多却是女性,她们似乎感受到柯蒂斯在演这场戏时的快乐。《纽约时报》的卡琳·詹姆斯认为,柯蒂斯在电影中从一个畏畏缩缩的小职员变成大跳探戈的超级间谍,这一转变“既妙趣横生又让人感觉到一种自由与释放”,并赞许卡梅隆用“喜剧将女性形象的滥调彻底粉碎”。虽然许多男性影评人将这段脱衣舞解读为有辱人格,但许多女性评论员却认为这是一种解放——也许她们注意到了柯蒂斯眼中欣然闪过的神采,而男人们则被她其他的本钱所分心。“杰米·李饰演的角色通过找到自己在婚姻中不曾经历的性感而获得力量,”好莱坞的博客写手、当时为《娱乐周刊》撰稿的安妮·汤普森说:“她设法做到了这一点,而且丝毫也不让我感到恶心。”柯蒂斯凭借这个角色赢得了金球奖。而《真实的谎言》里关于夫妻间谍的故事,则为十一年后布拉德·皮特和安吉丽娜·朱莉的《史密斯夫妇》(*Mr. and Mrs. Smith*)铺平了道路。

因为卡梅隆对自己这个剧本中的喜剧部分没有十足把握,他想把赌注压在选角上,通过挑选机智的演员,希望他们能够即兴弄出些笑料。柯蒂斯已经找定。现在他要找一个真正搞笑的家伙来演施瓦辛格的副手吉布。那时,汤姆·阿诺德的妻子是罗珊·巴尔,而汤姆本人正在为她那部收视率颇高的情景喜剧担任编剧。汤姆进军好莱坞的道路相当奇怪——他一开始在爱荷华州奥塔姆瓦的一家屠宰场切猪肉,在二十世纪八十年代开始说单口相声。他有一个段子,说的是把一条金鱼用胶带绑在一辆小摩托车上,然后让它钻火圈。这个段子引来了少数人的疯狂追捧。他在达斯汀·霍夫曼的电影《小人物大英雄》(*Hero*)中扮演一个酒保,有五个镜头。除此之外,再没有别的银幕经验。好莱坞对他的了解仅限于这个家伙是巴尔经常在笑话中提到的自己那个投机取巧的丈夫。鬼使神差,汤姆的经纪人给他搞到了一个为卡梅隆试演的机会。他回忆:“数数好莱坞所有的演员,怎么也轮不到我来试演《真实的谎言》。我心里想,我绝对不可能得到这个角色的。这个角色太重要了。我只想告诉别人我见过吉姆·卡梅隆了。”导演把施瓦辛格叫来与汤姆对台词,一个是抢眼的动作英雄,一个是激动的喜剧演员,两人在镜头前互不相让。卡梅隆回忆:“汤姆在对戏时非常有意思,歇斯底里,与阿诺德的冷静果敢相映成趣。”施瓦辛格离开后,这个胖乎乎的喜剧演员把卡梅隆拉到一边。“他也不算特别壮呀,”汤姆说,“我觉得我可以打得过他。”这句话把导演逗乐了,这个角色的人选随即敲定。

卡梅隆对很多话题都知之甚详——他能与一位智库研究员谈论能源问题,跟工程师谈论直升机引擎,和历史学家谈论布匿战争。但他的盲点之一是好莱坞八卦。他不看《E!》之类的娱乐新闻。所以,他把这个角色给了汤姆之后,打电话通知福克斯,没想过会有什么问题。“我没有在《罗珊妮》(*Roseanne*)这样的节目上见过汤姆,我也不是特别在意演员过去演电视的经历,”卡梅隆说,“我只看到他能够演这个角色,符合我对这个角色的想象。”后来汤姆·阿诺德才知道,福克斯对这一选择非常不解。汤姆说:“他们问,‘你不看报纸吗?你不看电视吗?’”卡梅隆承认自己确实不看。福克斯方面不同意让汤姆·阿诺德出演,而卡梅隆则威胁要带着影片另找下家。最终,福克斯妥协了,就像卡梅隆为了选用柯蒂斯而让施瓦辛格妥协一样。他又请出老朋友比尔·帕克斯顿来演一个骗子,阿特·马利克演恐怖分子阿齐兹,伊莉莎·杜什库演塔斯克夫妇的女儿,蒂娅·卡雷尔演一个女反派。

不公的遭遇

“光风暴”大胆的财政新计划中存在着一个致命的缺陷,在其开始筹拍《真实的谎言》后不久就显露了出来。无论是福克斯,还是“光风暴”错综复杂的外国股权人,其资金都必须在完工担保书签订之后才能到位,这份书面合同的内容是要保证一部电影在规定的预算内按时完成。但是没有任何一家担保公司愿意在没有详细预算的前提下为《真实的谎言》提供担保。这就意味着卡梅隆必须完成大量前期制作工作——买下剧情版权、和演员签订合同——才能得到担保书。资金以担保书为前提,而担保书又是以需要耗费不少资金的工作为前提,卡梅隆说:“这台又大又亮的引擎转不起来了。”这位导演的团队将事情的顺序弄反了——他们本该先把融资敲定,然后再出售发行权。此刻,他已经答应与好莱坞最大牌的动作明星拍摄一部电影,但却没有必要的资金,也没有东西可卖掉来筹钱。

卡梅隆炒掉了这个方案的计划者之一卡萨诺夫,让曾搞定 IBM 给“数字领域”投资一事的桑奇妮帮他收拾烂摊子。她去找的第一个人就是福克斯的新主席彼得·彻宁。一开始福克斯只答应为《真实的谎言》提供部分经费,但桑奇妮和卡梅隆说服彻宁将福克斯改为电影的主要投资人,保证承担一切超支,这样一来,完工担保书不再必要。作为回报,福克斯公司得到了《真实的谎言》全球的发行权以及卡梅隆未来的两部电影。桑奇妮说:“彼得确实尽力帮忙了。”这就是卡梅隆和福克斯之间一段利润丰厚的长期关系的开端,并经受了制作《泰坦尼克号》的严酷考验。彻宁和卡梅隆具有一些类似的共性。他们都有广博的见识——彻宁毕业于加州大学伯克利分校英语文学系——而且两人都直言快语,这种性格在演艺界不算太常见。彻宁说:“我喜欢吉姆,因为他聪明,而且不会满口胡言。”在预算和后勤问题上,后来证明,借用彻宁的说法,《真实的谎言》不过是“幼儿园版的《泰坦尼克号》”。当时谁都没有料到这一点。

资金问题解决后,被卡梅隆称为“拯救了我的饭碗”的桑奇妮继任“光风暴”主席。而卡梅隆则回去拍他的电影。“光风暴”回到了一个更为传统的模式,即一个电影人领导的公司,主要依靠大公司来为它的电影提供投资。卡梅隆说:“这是一个比较妥帖的方案,过程如下:我提议拍一部电影,他们知道会花很多钱,于是大惊小怪地抱怨成本太高,但他们还是会同意,因为我们以前一直都赚钱。然后我就拍这部片子,他们则一路嘀嘀咕咕,哀叹永远不会赚到钱了。接着电影就赚了钱。周而复始。一旦有哪部片子赚不到钱,就会打破这个循环,所有的赌注都会撤销。所以,我的老板其实是观众,而不是电影公司。”

“谁都不会这么做。斯皮尔伯格也不会。谁都不会”

1993年8月，热浪袭人，《真实的谎言》在加州圣塔克拉丽塔开始制作。六个月之后，主要拍摄工作结束，那时卡梅隆的团队在他的驱使下已经跑了六个城市，期间还经历了一场6.7级的北部山脉地震。一场卫生间的枪战是第一幕动作戏。这个镜头只占剧本中的半页纸还不到，原定花费一天时间。为卡梅隆在《异形2》中建造太空船的彼得·拉蒙特负责搭建布景。在剧组准备拍这场戏前两天，卡梅隆检查了布景，认为还达不到要求。他希望卫生间扩大三倍，要通水电，以取得水花四溅、灯光闪烁的效果——这样看起来固然好，但这个想法是新冒出来的，为此，整个布景都得重新设计。拉蒙特说：“这个卫生间一开始很小，然后慢慢变大。整个场景越来越好，铺上了真的瓷砖，地上是真的马赛克。”但拍摄工作一拖再拖——第一天过了一半，他们连第一句台词都没拍完。卡梅隆在《终结者2》中的制片人史蒂芬妮·奥斯汀又回来为他工作，负责与福克斯沟通。到第三天，剧组还在卫生间里。奥斯汀说：“大家都很担忧，公司正好又打电话来问进度。我说：‘吉姆，我们这是在朝什么方向走？’他完全体会不到我们为何如此紧张。”最后，这个镜头花了五天时间。后来证明，这个镜头在整个拍摄过程中是最容易的一个。

乔恩·兰多当时是福克斯分管制片的副主席，他在卫生间那次马拉松拍摄期间到片场探视，疑惑不解。很显然，卡梅隆是在朝着自己的目的前进。当天的拍摄计划表对这位导演的进度毫无约束作用。兰多刚刚监督过另一位才华横溢的偏执狂、《最后的摩根战士》(*The Last of the Mohicans*)的导演迈克尔·曼。乔恩是纽约人，从南加州大学毕业，对制片的里里外外非常清楚。而且他既有孩子气般的热情，又不乏过人的冷静，这种性格组合非常少见，极为适合卡梅隆片场上那种有序的混乱。卡梅隆说：“我喜欢乔恩。如果你能喜欢上负责你的电影的公司高层，这就足以说明问题。”在《真实的谎言》之后，卡梅隆将兰多请来，担任“光风暴”的专职制片人。

卡梅隆在《真实的谎言》制作过程中认识了另一位摄影师罗素·卡

朋特。卡梅隆最初在为拍摄低成本的《拥挤的空间》寻找一位非工会的摄影导演时面试过他。找到合适的摄影导演与找到合适的男主角同样重要,候选人不仅要有技术,还得跟导演合作默契。《真实的谎言》对卡朋特的事业来说是重要的一步。他此前最值一提的经历是参与摄制《宠物墓地2》(*Pet Sematary Ⅱ*)。但他很有才气,而且性格中有两点非常适合卡梅隆这样的火暴性子——一是乐业敬业,二是脾气和善。在前期制作和开机拍摄后的头几个星期,他享受了一段跟卡梅隆关系的蜜月期。随后,他正式成了剧组大家庭的一员,将直面卡梅隆毫不仁慈的管理风格。卡朋特回忆:"有好些日子,我觉得,'我离精神崩溃只差一步之遥。'"有一天,剧组在"光风暴"总部放映当日毛片。卡梅隆和手下各个部门的主管都在场,总共大约二十人,一起观看施瓦辛格深夜回家后对镜自顾的镜头。当镜头出现在银幕上时,施瓦辛格的倒影很暗。卡朋特做了记录,提醒自己得交代冲印部门把这个镜头加亮。他看了看卡梅隆,发现导演脸朝下直摇头。"吉姆说:'我有全世界甚至全宇宙片酬最高的演员,而我却看不到他的眼睛。'"卡朋特回忆:"我开始发慌。"又过了几个镜头,卡梅隆越来越生气,嗓门也越来越大。"他说:'你在哪儿学的本事?会不会读测光表?!'"卡朋特恨不得全身化为水银,找个地缝钻进去。灯光开亮,卡朋特走到停车场,给妻子打电话,告诉她,自己已竭尽所能,但肯定要被炒了。他在停车场里拿着电话来回踱步,气急败坏。其他几个卡梅隆的老相识在旁边笑嘻嘻地看热闹。卡朋特怒气冲冲地瞪了他们几眼。他们告诉他:"他对谁都这样。跟他一直合作的摄影师也难免。"卡朋特不相信,便打电话给担任卡梅隆《深渊》一片摄影师的米哈伊尔·萨洛蒙。萨洛蒙问:"他有没有说'你在哪儿学的本事?会不会读测光表?'"卡朋特松了一口气。"我才意识到,'好吧,这只是一次承受力测试,就看谁坚持到最后了。'"事实上,卡梅隆不太喜欢开除员工。照他的说法,"开除就太便宜他们了"。卡梅隆不仅没开除卡朋特,还在后来的两部片子中继续请他工作。

在华盛顿拍摄时,施瓦辛格开始习惯于和别的演员一起即兴旅游,这让卡梅隆非常不满。有一次,剧组在"宪法大道"截断了交通。就在这时,片场上的一盏灯坏了。施瓦辛格以为把灯修好至少要花二十分钟，于是叫上汤姆·阿诺德一起去游首都。他跳进这个镜头中由他来驾驶的车，扬长而去，与他的搭档一路途经林肯纪念堂、国会大厦、史密森尼学会。然而，当他们一跑开，那盏灯就修好了，没花二十分钟，而是二十秒。卡梅隆关闭了首都最繁忙的一条道路，却找不到演员。"我们回来的时候，吉姆站在路中间，两手叉在胸前，"汤姆·阿诺德回忆，"我想，'哦，完蛋了。'"卡梅隆隔着车门就对施瓦辛格咆哮："你是不是要保罗·范霍文来执导这部操蛋的电影？你要再搞出这种屁事来，就找他来吧。"施瓦辛格回忆："他简直要爆炸了，骂我们两个耽误拍摄。但是到吃午饭时，他就把不快忘得一干二净了。"

卡梅隆将他一贯咄咄逼人的导演风格用在了喜剧这种新体裁上，并考验了汤姆·阿诺德即兴发挥的本领。在一个镜头中，施瓦辛格和汤姆·阿诺德开车出行，施瓦辛格停了车，下来走到车的另一侧取一些关于对他妻子进行追踪监视的文件。第一次拍摄时，阿诺德没能说出卡梅隆的台词。第二次也没有。"他说，'你能不能念一念我的台词？你他妈能不能就念一回？'"阿诺德回忆："于是我念了。但他开始发飙，'好啊，你觉得自己聪明？现在我们再拍十七遍，我要十七种不同的台词。'"这位喜剧演员得想出十七种不同的方法来问施瓦辛格为什么停车。结果，最终被挑中的一句是"轮到我开车了？"

在《真实的谎言》之前，卡梅隆就已经有了偏爱动作镜头的名声。而他在这部电影第三幕中所采用的大段镜头，更是彻底锁定了这一称号。其中的一个镜头要让观众相信施瓦辛格正在驾驶一架"鹞"式战斗机。这架飞机悬浮在迈阿密的一座高楼之上，而施瓦辛格的女儿吊在机头，一个恐怖分子挂在机翼下的一枚导弹上。为了完成这个任务，卡梅隆打电话给约翰·布鲁诺，此人为《深渊》所做的特效赢得了奥斯卡奖。奥斯汀设法向美国军方借用了几架"鹞"式战斗机，照着实物制作了一架等比例的模型。卡梅隆和布鲁诺知道，他们必须将这架飞机装在某种动力平台上，这样才能带着施瓦辛格和杜什库安全地移动。他们本来设想这个镜头将会在安全的摄影棚里用绿屏技术拍摄，并用一个模型来做了若干测试。在测试过程中，布鲁诺提出，为什么不将飞机和底座搬到真的大厦顶上？这个想法显然太疯狂了。他们得把世界上最大牌的动作明星和一个未成年儿童放在一个玻璃钢模型上，然后整体运到大城市闹市区一幢三百英尺的大楼顶上。布鲁诺说："谁都不会这么做，斯皮尔伯格也不会，谁都不会。更何况阿诺德在里面。"但是，卡梅隆越想越觉得有道理。这样一来就不需要绿屏了，因为拍摄时背景和阳光都是现成的。而且这一梦幻般的镜头看上去会更加真实。另外，这个过程一定非常有意思。为了做到这一点，卡梅隆需要一个摄像机机位。他和布鲁诺想出一个办法，他们找了一幢仍在建设中的大楼，旁边竖着一辆巨大的吊车。他们造了一个摄影架，挂在吊车的吊臂下——这就像是吊车上吊着吊车。这个摄影架虽然极为庞大，不过，他们一旦掌握如何使用，就可以将摄像机设在飞机周围的任意一个位置上。最终，他们拍成了施瓦辛格开着飞机在迈阿密的高楼上盘旋的镜头，画面令人信以为真。

卡梅隆唯一没考虑到的因素是雷电。迈阿密雷雨频繁，而这架吊车就是一根巨大的避雷针。一天中午休息时，剧组下到一层吃饭。乌云开始聚集，一阵巨响，吊车被雷击中了，好在没有人受伤。午饭之后他们又回去工作，心里有些忐忑。在随后的拍摄中，他们都学会了细心留意迈阿密的天空。当他们用完飞机模型后，剧组将它从底座上拆下，用吊车吊回地面。卡梅隆在一边看着，又想出了一个主意："我想我们可以让替身演员吊在飞机模型上，用吊车挂在大楼旁边，拿绳索拉着它旋转，然后从直升机上拍摄。"在卡梅隆的片场上，这类事情司空见惯。他取消了下午原定的拍摄计划，向直升机跑去，而替身们则准备安全绳索，把自己固定在飞机上。一个小时不到，恐怖分子头目的替身已经身处三十层楼的高空，在飞机模型上爬来爬去。驾驶直升机的是恰克·坦布洛。他曾在《终结者2》的拍摄中驾着直升机从高架公路的下方穿过。卡梅隆用长焦镜头紧紧环绕着挂在空中的飞机拍摄。将绳索用数码手段抹去之后，这些特别安排的镜头在整场戏中最为真实，也最具动态。

然而，此时，拍摄没赶上进度，费用又超出了预算。又一次，卡梅隆的电影似乎一定会戴上"史上最昂贵"的桂冠。帕克斯顿拍了一部分镜头，抽空又另拍了一部电影，然后再回到《真实的谎言》剧组拍摄其他的戏。罗珊·巴尔经常打电话给卡梅隆，要求将她丈夫从没完没了的拍摄中解放出来，好让他回到电视剧中去。但拍摄仍在继续。拍完在迈阿密的镜头，剧组移师佛罗里达礁岛群，拍摄最具挑战性的一场戏——七里桥上的直升机追车镜头。柯蒂斯的角色被从高速行驶的汽车天窗拉上直升机，悬空在水面。直升机必须飞得很低很近，发出的巨大噪声使得通话变得困难。卡梅隆忙于协调摄影臂动作、演员、特技司机和悬空的特技替身。他说："这正是我喜欢的那种宏大疯狂、充满道具的场景。"他希望在一架直升机上设置两部空中摄像机。空中协调员坦布洛需要一位副驾驶，这样才能按照卡梅隆要求的准确路径飞行，在汽车以每小时七十英里的速度冲下桥面那一刹那，将一个特技女替身从汽车天窗处拉起来。直升机上有两个摄影师和两个飞行员，没了卡梅隆的位置。他说："让我在下边坐着，他们在天上开心，这怎么行？"于是，他出钱请来的摄影师只能坐在地面的一个野餐桌旁，他自己则在直升机上操控摄像机。

柯蒂斯看到自己的替身挂在直升机上，觉得很有意思，便提出要亲自上阵，拍摄特写镜头。卡梅隆原先计划在绿屏前拍摄特写，"不过，我说，'行，你愿意我就拍。'"于是，柯蒂斯吊上安全带，卡梅隆则被固定在了直升机的机身上。他站在起落橇上，身子以五十度角向外倾斜，以便手持摄像机向下拍摄柯蒂斯。坦布洛将飞机保持低空飞行。"她一挂上钩，我们就迅速爬高，越过桥梁，飞向落日余晖。我拿着摄像机，杰米竭尽全力地尖叫，"卡梅隆说："我也不知道这里面有多少是表演的成分。"

《真实的谎言》最终于 1994 年 3 月完成拍摄。而这部影片确实成了另一部"史上最昂贵的电影"，成本总计一亿两千万美元。影片上映后收回了成本，第一周就登上票房榜首，最终全球票房收入三亿七千九百万美元。此役对施瓦辛格来说是咸鱼翻身，但离《终结者 2》的高标准还差了一亿四千万美元。影评人的回应褒贬参半。《综艺》将《真实的谎言》贬为"三分钟的预告片金玉其外，一百四十一分钟的电影败絮其中"。而《纽约时报》则称赞这部电影是"第一部成功地将卡车和观众的心弦炸成碎片的浪漫喜剧"。除了对影片性别歧视的指责之外，"美国伊斯兰事务委员会"（the National Council on Islamic Affairs）因片中对伊斯兰人士的描绘而抵制了这部电影，穆斯林到影院外示威，他们的标语有“睁开眼睛,终结谎言”和“下次再见(Hasta la Vista),公平”。《真实的谎言》中有一个中东英雄角色,即那位名叫法西尔的双重间谍,由格兰特·赫斯洛夫扮演。在电影的第三幕中,他在一阵枪林弹雨之中消灭了迈阿密恐怖集团的大部分成员。但批评家认为这仍然不够平衡。他们觉得阿齐兹这个角色太过卡通,有种族主义之嫌,类似于好莱坞早期的牛仔对战印第安人的电影中最恶劣的成分。作为回应,福克斯在演职员表后加上了一条免责声明:“本片纯属虚构,不代表个别宗教或文化有此行为和信仰。”

砰!

最终,卡梅隆在《真实的谎言》中完成了三项重要的任务:他尝试了一种新的体裁,巩固了与福克斯的关系,此外,或许最主要的是,成立了自己的特效公司。“数字领域”在使用绿屏的地方——包括一部分实在太过危险而无法在楼顶拍摄的关于“鹞”式战斗机的镜头——置换了背景,再抹去安全缆绳。凭借第一部电影,他们就获得了奥斯卡最佳视觉效果提名。

在《真实的谎言》之后,卡梅隆接下来的计划,本该围绕蜘蛛侠这个他从九年级在奇帕瓦的时候就一直梦想的角色而展开。他说服《终结者2》背后的独立制片商卡洛克于1990年买下了《蜘蛛侠》漫画的电影制作权。卡洛克高层向来不拘泥于文本的条条框框,这种风格很合卡梅隆心意。《终结者2》价值一亿美元的合约,其条文才占了备忘录半页纸。但这一次,草率的合同日后给所有人带来了麻烦。卡梅隆为卡洛克写的《蜘蛛侠》剧本在好莱坞广受好评。漫画原作者斯坦·李也非常喜欢,并力挺卡梅隆来执导电影版《蜘蛛侠》。“这是我们大家都认识并喜爱的蜘蛛侠,”李如此评价卡梅隆的剧情大纲,“同时又给人新鲜感。”斯坦·李的《蜘蛛侠》系列于二十世纪六十年代问世的时候,它突破性地以一个孤独、被人误解且尤其容易让人感同身受的高中生英雄为主角。卡梅隆所写的详细剧情表明他并没有忘记一个桀骜不驯的小孩应该是何模样。他决定将《蜘蛛侠》电影拍成一个追根溯源的故事,解释彼得·帕克如何获得吐丝织网的能力。他对这个超级英雄做了一些很有想法的修改,首先就是蜘蛛侠手腕上的吐丝器。李的漫画中说彼得·帕克要依靠专门的机器吐丝,而卡梅隆认为生物学上的解释更有道理。“我觉得这样的说法不太可信:天才彼得·帕克回到家里,自己制造出这些手腕吐丝器,要知道,美国国防部高级研究计划署(DARPA)的实验室如果能够在二十年时间内研发出这种机器,便足以让他们喜笑颜开,”卡梅隆说,“我认为应该这样,‘且慢,他是被一只放射性蜘蛛咬过,这会使他发生某种不可逆转的彻底变异。’”在卡梅隆的剧情中,随着彼得变成像蜘蛛一样,这些吐丝器自然就长出来了。他这样来描述这个角色在被咬的第二天早上醒来时的情形:

> 他注意到自己的手腕。从几乎看不见的大约四分之一英寸的裂隙中,正渗出珍珠色的白色液体。他按了按裂隙旁边皮肤上的一个暗斑,皮肤下面露出一个颜色和形状都类似玫瑰的刺,一束液体状的细丝射到他的脸上……他从床上跳起来,拉扯身上丝状的网,发现这东西如此强韧。他又看了一眼手腕上的“吐丝器”,呼吸急促,心乱如麻。就像卡夫卡《变形记》中的那个人一样,醒来时发现自己变成了一只虫。

卡梅隆还更新了漫画中的超级反派“电光人”(Electro),以信息时代为背景,重新创造了一个叫卡尔顿·斯特兰德的角色。“电光人”是一个完全以电力驱动的机器人,而卡梅隆的斯特兰德通过触摸一台电脑或者一根电缆便能吸收从中流经的信息——这是对“信息就是力量”的认可。卡梅隆的剧本比二十世纪九十年代人们预期的漫画电影更黑暗,也更成人化——彼得·帕克会口吐脏话,蜘蛛侠和玛丽·简还在布鲁克林大桥顶上做爱。十年之后,由漫画改编的以成人为对象的电影,如《黑暗骑士》(*Dark Knight*)和《300 勇士》(*300*),都吸引了大批观众。但卡梅隆的剧本与当时关于漫画电影的传统理念大相径庭,拍成电影的话,不像迪斯尼的作品那样适合全家观看。如果由《终结者》中诸多粗犷角色的创造者来讲述这位少年英雄的故事,一定很有意思。但卡梅隆版的《蜘蛛侠》并未拍成，因为好莱坞现实中的超级坏人——律师——登场了。当卡洛克于1995年申请破产保护时，大家才发现卡洛克所拥有的蜘蛛侠版权弱不禁风。卡梅隆说："我正写着《蜘蛛侠》的剧本，却发现索尼对《蜘蛛侠》版权有部分留置权，最后的结果是卡洛克并不拥有《蜘蛛侠》的版权，虽然他们一直以为自己有。"卡洛克垮掉后，卡梅隆试图让福克斯去争夺《蜘蛛侠》。如果这只是购买版权的问题，福克斯当然会乐于为最能替公司赚钱的导演买下他心仪的项目，但是，要争夺《蜘蛛侠》，意味着将陷入一场法律混战，甚至可能与多家电影公司的制作人纠缠不清。这场纠纷可追溯到1985年"惊奇漫画公司"将其作品的电影制作权拿来出售的时候。卡梅隆说："他们太怕风险了。本来花几万美元的律师费就能得到一个二十亿美元的大系列，他们却搞砸了。"

从某种程度上说，卡梅隆本人对《蜘蛛侠》也有些心不在焉。他脑中还有另一个神话——《泰坦尼克号》。到1999年索尼最终赢得《蜘蛛侠》电影制作权时，卡梅隆已无意拍摄这部不完全属于他的电影。然而，他当年写的故事情节，或许也为萨姆·雷米执导的《蜘蛛侠》提供了重要的参考。这部电影在2002年上映，整个系列迄今已经赚得二十五亿美元的全球票房。最重要的相似之处，在于故事的开端——托比·马奎尔扮演的蜘蛛侠会从手腕射出丝网，这与卡梅隆在其剧本中的描述一样。当被问及为什么这部电影的演职员表上没有他的名字，卡梅隆停顿了片刻，没有当场回答。"我觉得他们并不是太礼貌。"在好莱坞，争夺剧本署名权是司空见惯的事，通常最终由美国编剧工会裁决，结果往往对卡梅隆这样的导演兼编剧不利，偏向于那些仅靠写作赚钱的全职编剧。像《蜘蛛侠》这样的项目，基于已有的人物，且多年来辗转多个编剧团队，争取署名权的人可能有一长串。最终，《蜘蛛侠》只署了《侏罗纪公园》和《碟中谍》(*Mission: Impossible*)的编剧大卫·凯普的名字。跟其他通过美国编剧工会以法律手段要求署名权而未能成功的编剧不同，卡梅隆根本没有去争取。他凭《泰坦尼克号》积累下了大笔财富，不再需要《蜘蛛侠》可能带来的后续稿酬。况且这部电影总有失败的可能，虽然这个可能从未变为现实。无论如何，卡梅隆决定弃之不顾，的确显得个性十足。

这段关于《蜘蛛侠》的插曲，既说明了卡梅隆对漫画书的口味，也展示了他做事的风格。在他电影生涯的大部分阶段，他没有任何经纪人或公关助理，只依靠少数关系紧密的同僚，如“光风暴”主席桑奇妮，以及《泰坦尼克号》和《阿凡达》的制片人乔恩·兰多，来帮他协调与外界的关系。卡梅隆对官司极端反感。他的律师伯特·菲尔茨及其所在的“格林伯格 & 格鲁斯克律师事务所”（Greenberg Glusker）负责审阅卡梅隆的合同，但卡梅隆个人很少与他们接触。菲尔茨曾在不同时期代理过史蒂芬·斯皮尔伯格、杰弗里·卡森伯格、汤姆·克鲁斯和迈克尔·杰克逊。他说：“我不会打电话过去跟他说，‘我们一起吃个午饭吧’。他不适合于这么来打交道。因为他会问：‘为什么？出什么事了？’”卡梅隆很少跟人吃饭或出席派对，也从来不将他激光束似的注意力放在那些娱乐圈博客和《综艺》杂志中详细追踪报道的好莱坞权力斗争上。“他对金钱不是太在意，这很不寻常。”菲尔德斯说，“吉姆不会问，‘斯皮尔伯格赚多少钱？’，而我的其他一些客户却会这么问。我认为他根本不会考虑这种问题。”对于《蜘蛛侠》的署名权和由此可能带来的回报，卡梅隆的亲友似乎比他更激动。“我不觉得受了多大伤害，”他耸耸肩，“被冷落了而已，但没受伤。”

8.
不沉之船

“带我去俄国”

昆汀·塔伦蒂诺有一次在《霍华德·斯特恩脱口秀》(*The Howard Stern Show*)上讲了一个笑话:

> 有个好莱坞的家伙死了,去了天堂。他在天堂门口朝里看,望见一个人骑在一台吊车上,手里拿着一部摄像机。他说,“我不知道詹姆斯·卡梅隆已经死了。”圣彼得回答:“不,那是上帝,他以为自己是詹姆斯·卡梅隆呢。”

在《泰坦尼克号》之前,卡梅隆已经在好莱坞有了这样的名声:片场暴君、花钱散漫、自我膨胀——几乎就差大肆屠杀群众演员了。在完成《泰坦尼克号》之后,他这样的名声亦未改观。但是,这部电影拍摄过程之严酷,大概在好莱坞史上绝无仅有,它将从根本上改变卡梅隆执导的方式,甚至为人之道。

少年时代,卡梅隆就看过沃尔特·洛德 1955 年出版的纪实文学《记取斯夜》(*A Night to Remember*),以及 1958 年罗伊·沃德·贝克依据此书改编的同名电影。书中详细记述了泰坦尼克号的最后一夜。与卡梅隆在历史课上学到的伟大文明的崛起和衰落一样,这艘崭新的蒸汽邮轮的沉没,令他心驰神往。对于载有2223名乘客的泰坦尼克号来说,此次事故堪称世界末日——而这正是卡梅隆一直痴迷的主题。但是,直至1985年海洋学家罗伯特·巴拉德在北大西洋两英里深的海床上发现泰坦尼克号,并于1986年下潜到巨轮的残骸之后,卡梅隆才开始以叙述者的眼光关注这艘船。在1987年一部关于巴拉德潜水探索的纪录片中,卡梅隆首次看到了巴拉德随潜艇携带的用于探索沉船的遥控潜水器。卡梅隆光凭直觉便能理解遥控潜水器的工作原理,包括控制缆线、推进器和照明。"我意识到,机器人被用到了深海之中,"他说,"一个科幻之梦变为了现实。外太空科幻小说中常见的技术,开始在深海探索中粉墨登场。"

接下来几年,卡梅隆几乎把泰坦尼克号抛到了脑后。然而,在1992年,这位导演漫无目的地随手从架子上拿起《记取斯夜》的录像带,看了一遍这部电影。他说:"电影结束时,我有了想法,觉得可以重述这个故事,在真实的人物基础上不妨添加一段爱情传奇,拍出一部美妙的电影;而且,借助目前的新式机器人,可以讲述一个关于沉船残骸真相的现代故事,将两者联系起来。这一切同时跳入我的脑海中。"看完录像后,卡梅隆着手翻阅一叠新信件。其中有一张布满铆钉的黑色卡片,设计意图在于模仿泰坦尼克号的船身。这张卡片是《深渊》的水下摄影师阿尔·吉定斯发来的邀请函,请卡梅隆参加他刚刚执导的一部关于探索这艘沉船的纪录片《泰坦尼克号:深海的宝藏》(*Titanic: Treasure of the Deep*)的放映会。要么是巧合,要么就是上天注定,这部纪录片激起了卡梅隆拍摄一部关于泰坦尼克号的虚构电影的兴趣。在放映会上,他对一组镜头留下了深刻的印象。电影工作者们与一队俄国潜艇驾驶员在一艘名叫"凯尔迪什"号(Keldysh)的科考船上携手合作,驾乘先进的"和平"号潜水器下潜至一万两千英尺深处的沉船残骸。放映会后,卡梅隆从八百多名观众中挤出来,跑到吉定斯面前。"他非常激动,说话都有点口吃,"吉定斯回忆。那天晚上,两人在电影院里促膝长谈,直到清洁工临近午夜时把他俩赶出去。"吉姆说,'太不可思议了。我想把这个故事变成我的下一部电影。带我去俄国。'"

经过一番信函交流，签证也已办好，几周之后，卡梅隆和吉定斯于1992年8月到达了莫斯科，与俄罗斯科学院"谢尔绍夫海洋研究所"（P. P. Shirshov Institute of Oceanology）的阿纳托里·萨加列维奇博士见面。他们又从莫斯科转乘俄罗斯航空公司的接驳飞机，前往作为"凯尔迪什"号停泊基地的港口加里宁格勒。卡梅隆在那里参观了这艘科考船，并受到了俄国式的热情款待——大量的伏特加酒和船长的自弹自唱。当卡梅隆坐在这艘俄国科考船上时，他并未想到，此后十一年间，他会在船上度过十个月的时光，还将乘坐"和平"号下潜超过五十次，最深达三英里。在这趟1992年的旅行中，卡梅隆、吉定斯和萨加列维奇讨论了如何将一台35毫米摄像机安放在潜艇前部的钛质容器中、装在哪里、灯光如何工作。他们还谈及这次探索应如何组织、经费从哪里来。1991年苏联解体之后，萨加列维奇的经费几乎降为零。而他又迫切希望再次下潜，即使目的是准备一部商业电影，跟科学毫无关系。酒过三巡，萨加列维奇和卡梅隆达成共识，他们将合作进行一项前所未有的计划——在海底数英里深处拍摄一部好莱坞电影。

卡梅隆在重新考虑泰坦尼克号之前，先拍完了《真实的谎言》。任何时刻，这位导演的电脑里或写字台上都有好几个电影计划、剧本和故事情节。至于拍什么电影，则取决于他当时感兴趣的主题、所需的资金以及他希望探索的新技术或剧情领域。那些与卡梅隆交往最密切的人，如"光风暴"主席蕾·桑奇妮，通常只是等待着卡梅隆做出选择。《真实的谎言》之后，这位导演在《泰坦尼克号》和另一部电影之间权衡。他说："对于《泰坦尼克号》，我有很多疑虑。想法能否实现？深水摄影会不会成功？我们可不可以发展出所需要的技术？有没有人愿意看这部电影？"在他斟酌再三之际，萨加列维奇发来一封传真，上面写着："生命之中，有时需要做一些不凡之事。"在卡梅隆眼里，这句话似乎在纸面上熠熠发光。"对，我意识到，有时候你必须做一些不凡之事。一些疯狂的事。我打电话告诉蕾，我们要拍《泰坦尼克号》。事情就是这样。"

爱情故事

卡梅隆喜欢说他拍的所有电影都是爱的故事。这话不假——《终结者》中跨越炼狱的爱情、《异形 2》中瑞普丽的母爱、《深渊》和《真实的谎言》中了无生趣的婚姻因核灭绝的危险而重新复苏。但是,他一直没有拍过以爱情故事为核心的影片。而迈入一片自己未曾开采的领域,正是最让他着迷的事情。就像拍完《终结者 2》后那样,卡梅隆开始考虑一部比《真实的谎言》更容易摄制的电影。他对同行好友吉尔摩·德尔·托罗说:"我接下来想拍一部小制作,向人们证明我不是只会拍摄大片和壮观的场景。我要拍一个爱情故事。"德尔·托罗以为他的朋友真要寻找一个非常私密的故事,便建议卡梅隆去读卡森·麦卡勒斯的小说《心是孤独的猎手》(*The Heart Is a Lonely Hunter*)。这个动人的故事以二十世纪三十年代生活在佐治亚州小镇上的一个聋哑人和一个十来岁的顽皮姑娘为主角。几个月之后,卡梅隆又找到了他的朋友。"吉姆说,'我在写我自己的爱情故事,你想不想读?'"德尔·托罗回忆,"'那便是发生在泰坦尼克号上的故事。'"此后,他再也不提什么小制作了。

对卡梅隆来说,潜水造访泰坦尼克号残骸才是最主要的目的,拍电影只是顺道为之。"沉船潜水"是他多年的爱好——他感兴趣于那些埋葬于深海的人类悲剧,以及其中包含的浪漫和神秘。这一回,正是攀登沉船潜水之珠峰的良机。他说:"我内心是探险者,职业是电影人。好莱坞给我创造的机会中,没有比探索一个无人到过的地方更让人兴奋的了。"卡梅隆发现,泰坦尼克号幸存者的社会阶层和性别因素是一个有意思的话题——在 1912 年北大西洋那个严寒刺骨的夜里,头等舱的妇女有 97% 幸存了下来,而末等舱的男性则只有 16% 的幸存几率。为了给探险筹集经费,卡梅隆写了一个生离死别的爱情悲剧。他将故事的核心定在一个头等舱女性乘客和一个末等舱男性乘客的关系上。如果说冲破樊篱方能造就伟大的爱情故事,那么,确实没有比死亡更大的樊篱了。这个时候,卡梅隆预计他的爱情故事大约需要八千万美元的成本,当然,以他的标准来看,不算太过分,比《真实的谎言》还低四千万美元。

但是，他必须以现实的态度来看待一部长篇历史故事的票房潜力，因为这个故事的结局众所周知——一千五百人葬身海底——而且，没有拍摄续集的可能。没有大明星，没有汽车追逐，没有外星人。没有观众期待卡梅隆呈现的任何元素，也没有显然会取得成功的任何迹象。

1995 年 3 月，卡梅隆到二十世纪福克斯主席彼得·彻宁的办公室做了一个简单的说明。他没有任何书面材料，而是带去了一本茶几读物（coffee-table book）*——《泰坦尼克号：图说历史》（*Titanic*：*An Illustrated History*），由画家肯·马歇尔绘图，研究泰坦尼克号的历史学家唐·林奇撰文。卡梅隆翻到书中间的一副大插图，画面上的这艘海轮灯火通明，船首沉在水下，救生艇纷纷离开，驶入黑夜中。他说："泰坦尼克号上的罗密欧与朱丽叶。"仅此而已。《泰坦尼克号》的想法获得认可，起决定作用的就是这么一句话。这次会议后十四年，彻宁回忆："拍摄《泰坦尼克号》简直是场灾难。这是好莱坞有史以来最困难的制作。每天我都以为自己要被炒了。但我与这部电影的个人接触，毫无疑问是我事业中最好的一段经历，这次会议便是开端。"卡梅隆和彻宁随后花了几个小时，讨论《泰坦尼克号》故事情节的戏剧潜力以及卡梅隆希望采用的回忆式叙事结构。而卡梅隆真正需要劝说旁人接受的，是实地潜访沉船这项探索工程，这也是他打算拍这部电影的主要原因。在爬进俄国的潜艇前，他首先要说服彻宁，让其明白潜水是制作这部电影的关键环节。他说他需要沉船残骸的水下镜头，不管是实地拍摄还是利用 CG 技术；而实地拍摄虽然不一定便宜，但至少不会比 CG 特效贵太多。卡梅隆提出应至少将探险费用中的一部分算入宣传成本，因为这要比安插演员到各个脱口秀更具新闻价值。潜水所需的四百万美元，与电影公司往往在前期制作中承诺用以购买剧本或聘请演员所需的开销相比，金额还是少得多。即便如此，"仍然有些人提出了质疑，"桑奇妮承认，"毕竟他们当时甚至连剧本都没有。"

---

* 指装帧精美、以图片为主而内容贫乏的书籍，多置于客厅茶几，供随手翻阅，装点门面。——译注

冰雪星球

与《深渊》一样，制作《泰坦尼克号》将会是工程和艺术的双重挑战。拍摄残骸的第一步，就是要建造一部能够在水下一万三千英尺深处承受每平方英寸五万磅压强的35毫米摄像机。这样的压力能把普通潜水氧气瓶像啤酒罐一样压扁。在卡梅隆的拍摄之前，所有的深水摄影都是通过将摄像机镜头凑在潜艇观察孔上这种原始的方式完成的。卡梅隆希望把摄像机置于潜艇之外，这样他就能真正运用电影的拍摄方式来平移和改变镜头角度。除了摄像机本身，他还需要一套遥控装置和盛放摄像机的容器。为了做到这一点，卡梅隆找来了他的兄弟迈克，后者曾为《深渊》制造过"海洋黄蜂"水下推进器。《泰坦尼克号》的拍摄还需要巴拉德在1986年下潜时所用的遥控潜水器。卡梅隆设想中的遥控潜水器，日后被他冠名为"史努比小狗"，是至关重要的电影道具。这只小机器人将在电影里现代那部分场景中露面。他告诫自己，不会真的让"史努比小狗"进入到残骸内部，但它仍然需要在深海中担负起承载摄像机的任务。为了这项工作，他请来了WSM公司，正是这家位于圣塔芭芭拉的高科技企业制造了《深渊》中的潜水头盔。准备器材的赛跑开始了，紧锣密鼓，以争取能在这个号称"飓风走廊"的区域天气最好的八月和九月期间拍摄。然而，美国工程师和俄国科学家的工作风格迥然不同。迈克·卡梅隆曾用传真发给萨加列维奇一份三十个问题的列表，要求了解潜艇的电气系统。两天后，萨加列维奇只是简单地回复："迈克，'和平'号电力充足，没有问题。"

八月，"凯尔迪什"号的科学家和卡梅隆的团队到达新苏格兰的哈利法克斯。他们将从这里启航前往泰坦尼克号的残骸。此时，这一项目的代号为"冰雪星球"——除了福克斯的少数高层、参与此次探险的科学家、工程师和剧组成员之外，没有人知道一位好莱坞大导演正乘着一艘俄国科考船去拍摄真实的泰坦尼克号。"凯尔迪什"号是世界上最大的科考船，长四百二十二英尺，可以搭载一百三十名船员，有一个游泳池、一个篮球场以及用来制造伏特加的多个蒸馏器。卡梅隆这次旅行之前,不算久远的当年,克格勃曾在船上安装了窃听设备。在开放的新时代,这套音响系统被用来在派对上播放音乐。卡梅隆对“凯尔迪什”号的娱乐配置并不是很感兴趣。他将一个会议室改成了一间放映室,以便审阅浅层拍摄的测试胶片。卡梅隆的剧组还携带了沉船残骸以及“和平”号的高精度模型,卡梅隆和俄国驾驶员花了好几个小时练习在泰坦尼克号模型周围移动,卡梅隆用一个口红大小的摄像头拍摄,俄国人则操纵他们微小的潜艇。这些模型练习并不只是小孩的游戏——要将潜艇开到拍摄地点,大约需要十个小时,而一旦到达,只留给卡梅隆十二分钟用来拍摄。时间非常宝贵,下潜的费用又如此高昂,准备工作便显得至关重要,以免造成浪费。

1995 年 9 月 8 日早晨,卡梅隆把自己高大的身躯挤进了“和平”1 号潜艇,仅七英尺宽的驾驶室内,旁边是萨加列维奇和一位俄国工程师。三人将会在接下来的十四个小时共享这个局促的空间,前往泰坦尼克号,然后返回,用时大约相当于从纽约乘飞机前往东京。这趟旅行没有鸡尾酒,也没有可以后仰的座椅靠背。卫生间就是一个杯子,俄国人自豪于从不率先使用。卡梅隆在下潜途中养精蓄锐,打打瞌睡,翻翻书,并透过小小的舷窗看着外面的海水从绿到蓝慢慢变暗。潜到九百英尺以下,外面已一片漆黑……但前方还有一万一千六百英尺的路。在水面时,潜艇中的空气又热又湿。随着他们越潜越深,空气也越来越冷,最后接近冰点。他们穿上备好的衣服,喝了些茶,准备着陆。一到海底,他们就用声纳找到残骸,而俄国驾驶员还在边学边用这种新型声纳。他们置身于完完全全的黑暗中,知道泰坦尼克号就在前方某处。“和平”1 号与混凝土搅拌器差不多大小,萨加列维奇负责驾驶,他眼前里一扇直径六英寸的舷窗。他们没有办法看到后面、两侧以及上方的情况。而他们身边,实实在在地躺着一艘巨大的沉船——到处是扭曲的钢板和垂挂着的钢索。在这个地雷阵中,潜艇一不小心就会困在大洋底部,他们会在体温逐步降低的过程中缓慢而痛苦地死去。当然,死神随时可能降临,反倒让卡梅隆觉得这次潜水够刺激,也更过瘾。

他们首先遇到一堆比潜艇高的粘土。萨加列维奇驾驶潜艇向上爬过土堆,但是推进水流激起的沙土环绕舷窗,挡住了他们的视线。沙土落定，卡梅隆终于初睹泰坦尼克号芳容——一座钢铁黑墙，布满铆钉，在十英尺开外径直向他迎来。他们离得太近，开得又太快。萨加列维奇立刻全速后退，同时尽力爬升，沙土再一次挡住了他们的视线。卡梅隆以为撞击难免，便团起身子，但“和平”1 号潜艇越过栏杆，直接驶到了甲板上方。驾驶员小心翼翼地将潜艇下降，大家面面相觑，全都僵住了。他们此刻就停在泰坦尼克号上。幸好他们及时看到了残骸，才避免了迎头相撞。卡梅隆说：“这时候我才意识到，深海里的沉船潜水还不是一门精确的科学。”他对残骸的记忆、对图表和甲板平面图的研究以及模型练习此时发挥了作用。“我就像是宇航员登上了月球，”他说，“我之前做了大量准备和训练，初次下潜就对沉船熟门熟路。”泥沙散去，卡梅隆马上就判断出他们位于前甲板左后侧，靠着前端的井甲板，面朝船身左后方。萨加列维奇抬升潜艇，他们开始探索。借着“和平”1 号的灯光，卡梅隆透过舷窗看到的正是海水漫过栏杆时船上乐队演奏《上帝我向您走近》（“Nearer My God to Thee”）的那块甲板。“这就好像一个梦，”他说，“我非常激动，毫不犹豫，马上开始拍摄沉船。”他手里有一张镜头清单，要求另一艘潜艇——“和平”2 号——进入准确位置，将灯光打在甲板或船身上。他们没有时间到处观光，立即投入工作。直到那天晚上回到“凯尔迪什”号安全的船舱里，卡梅隆才意识到他刚刚去过的是一千五百一十七人的棺材。他开始发抖，热泪满眶。“惨剧排山倒海，生命化为乌有，恐怖四处蔓延，这一幕幕悲情画面让我的内心饱受撞击，”卡梅隆说，“这是一个极为情绪化的地方，而我的反应延迟了。那一刻，我向自己发誓，别再想着做什么太空人了，你该在每次下潜时花些时间来认识这艘沉船，来纪念这个地方和这起事件。”

这次探索结束之前，他们又进行了十一次下潜。最终，卡梅隆无法拒绝将“史努比小狗”送入沉船的诱惑。在这艘伟大沉船的骨骼中游走，他看见当年奢华的套间如今满是深海动物，一座木质雕花的壁炉前，一只螃蟹在爬行，泥水从黄铜镂花的精致门扇里流过。这些镜头后来不仅被用于重塑今日的泰坦尼克号残骸，还出现在了《泰坦尼克号》中。卡梅隆说：“这为本片的其他部分设立了优秀的标杆。所有的布景和服装都必须达到这一标准。”

最糟的一次下潜,事后被戏称为“海底风暴之旅”。卡梅隆第三次造访泰坦尼克号时,一股奇快的海流扰起泥沙,使能见度降到十英尺之内,并将“和平”1号像海滩上的石子一样推来推去。经验丰富的驾驶员从来没有碰到过如此怪异的险情——这就好像发生在海底的一场沙暴。但卡梅隆仍想继续拍摄。每次下潜要花费四万美元,他不愿意白白浪费这次旅行。由于能见度欠佳,他无法拍摄任何广角镜头,不过,他能够捕捉锚和舷窗的特写。有一回,镍钢质的潜艇被一股湍急的洋流直接推离沉船,停在一百多码外的地方。有了泰坦尼克号的遮蔽,“和平”1号的舱员们得以停留在海底,考虑下一部的行动,而萨加列维奇则逆流开动推进器,将潜艇保持在静止的位置。他们一直全神贯注于这场风暴,没有留意电力储备。而在这样极端的条件下,电池用得格外快。卡梅隆回忆:“阿纳托里说,‘啊,不!’你知道,驾驶员这么说,一定不是什么好事。我们对视了一秒钟。”然后,众人开始关闭各自的电源。他们需要立即停止潜行,同时,驾驶员已开始用残余的电力排出压舱物。随着载重变轻,潜艇开始缓慢地上浮,“伊——咚,伊——咚”地发出电源耗尽的噪音。最后,“和平”1号停止了喘息。他们仅以每分钟几英尺的速度缓慢上升,电力已经用尽。卡梅隆看着海底以令人煎熬的速度缓慢地远离。靠这种速度,“和平”1号可能得需要十个小时才能上升到海面。还好,至少他们在上浮。当他们到达离海底八十英尺的高度时,潜艇停了下来,又开始下降。“我想,‘搞什么鬼？这可不对劲。’”他们再次落到了海底。

困在海底两英里深处这场风暴中,“和平”1号的舱员们盘算,如果让电池休息一阵子,也许能够再排出一些压舱物。于是,他们坐在黑暗之中等待,半个小时,没人说一句话。泰坦尼克号可能又将迎来三个遇难者了。最终,驾驶员测试了帮浦(pump),它微弱地转了几圈之后,又停工了。但他们却开始上浮。奇怪的是,到八十英尺时,他们又停了下来,然后重新沉回海底。他们又等了半小时,并再度尝试。“和平”1号的舱员们不知道,洋流从沉船顶部涌过,在他们所处的位置上方形成了一股向下的水流。不过,每一次上升受挫,他们都被刮得离沉船更远一些。第三次尝试,他们在接近八十英尺时又慢了下来。卡梅隆屏住了呼吸……万幸的是,他们继续上升。很快,速度稍有提高,虽然依然慢得像蜗牛爬。正常的上浮要花两个半小时。以当时的速度,他们大约要花十个小时。这将是一个漫长、寒冷、黑暗的回程。萨加列维奇开始掀起潜艇的地毯。他在黑暗中摸索,抓住了一个手柄。“也许我们应该扔掉些紧急负重,”卡梅隆记得这位驾驶员嘀咕了一句。“天啊?我们有紧急负重?我们还一路带着它?!我立刻说,‘是的,绝对应该,赶紧扔掉。’”他们上升得更快了一些。最后,花了五个小时,他们回到了海面。

杰克和罗斯

卡梅隆的剧本要求男女主角都得年轻——罗斯·德威特·布卡特十七岁,杰克·道森二十岁。对于导演来说,《泰坦尼克号》的爱情故事一定要是初恋。“初恋最纯洁,感受也最强烈,”卡梅隆解释,“对于我们许多人来说,这是一生中最刻骨铭心的经历。”但是,按剧本的描述,杰克和罗斯属于传统型的角色,对于1995年的年轻演员来说,或许算得上是他们所能面临的最大挑战。这类旧式角色,奥黛丽·赫本或吉米·史都华扮演起来不费吹灰之力就能牢牢吸引住观众。他们看似什么都不做,便足以使观众赞叹。

《泰坦尼克号》的选角总监玛丽·芬恩曾为卡梅隆的《真实的谎言》发掘出了爱德华·弗朗。她对年轻的演员有着灵敏的嗅觉。她解决的第一个角色是罗斯。观众将通过罗斯的眼睛来体验泰坦尼克号,而扮演罗斯的演员必须高贵、勇敢、坚强。芬恩极力推荐二十一岁的新星凯特·温丝莱特。她的银幕处子秀,是在彼得·杰克逊风格诡异的《罪孽天使》(*Heavenly Creatures*)中扮演一位谋杀成性的女学生。后来她又扮演了一系列引人注目的角色,其中包括《理智与情感》(*Sense and Sensibility*),这部影片使她在二十岁那年就获得了奥斯卡提名。由于参演了大量历史题材的影片,温丝莱特得到了“胸衣凯特”的绰号,但是,对卡梅隆来说,这却成了一个负面因素。他喜欢发现新东西,其中就包括演员。在他看来,给凯特·温丝莱特再次穿上紧身胸衣,是懒惰而缺乏创意的选择。不过,在芬恩的坚持下,他还是见了温丝莱特,并在剧组专门为此仓促搭建的一个袖珍历史布景中拍了一段试镜录像。他立刻就被这位典雅而自然的年轻女子迷住了。“她看上去令人惊叹，”卡梅隆说，“仪表庄重、威严，又不乏脆弱、天真、悲悯。她内心具备的那种不可或缺的钢铁品质，使人们相信，无论精神还是肉体，她都能熬过那个晚上。”卡梅隆对罗斯的人选信心十足，但他还必须确保她与扮演杰克的演员之间能够来电。

寻找杰克的计划将当时所有的年轻帅哥都聚集到了剧组，其中包括电影公司提议的马修·麦康纳和克里斯·奥唐纳。卡梅隆觉得二十二岁的莱昂纳多·迪卡普里奥阳刚气不足：“他看上去太瘦弱，不像个男主角，长得也不够漂亮。”考虑到他曾在《不一样的天空》(*What's Eating Gilbert Grape*)中扮演约翰尼·德普那位患精神病的兄弟，以及在《边缘日记》(*The Basketball Diaries*)中扮演对海洛因上瘾的高中运动员，且两次表演都很有分量，导演还是请他来了一趟“光风暴”。奇怪的是，卡梅隆发现办公室里所有的女性员工都跑来参加会议，甚至包括会计和秘书。他让迪卡普里奥坐在窗边，这样他就能仔细观察阳光在其脸上的效果。这位年轻演员很快迷住了一屋子人，尤其是女性，随即，“我开始意识到，他可能确实非同一般。”

会议之后，卡梅隆安排温丝莱特从英国飞过来与迪卡普里奥对台词。当时温丝莱特正在英国拍摄肯尼斯·布拉纳的《哈姆雷特》(*Hamlet*)，在片中扮演奥菲利娅。迪卡普里奥年仅十九岁便以《不一样的天空》获得了第一个奥斯卡提名，随后又获选出演巴兹·鲁赫曼的《罗密欧与朱丽叶》(*Romeo + Juliet*)，在好莱坞的星途可谓一片大好。不过，他对这个看似传统罗曼史的角色并不太感兴趣。他也多少还带着几分玩世不恭的痞气。当卡梅隆交给他一份剧本时，迪卡普里奥宣称：“我从不对台词。”卡梅隆握了握他的手，感谢他来，接着转身就走。“等等，”迪卡普里奥说，“你的意思是我不对台词就不考虑我了？”卡梅隆声明了他的政策——如果不看到演员的表现，他绝不选择他们。

迪卡普里奥勉强答应与温丝莱特演一场戏。他缩到排演室内，点了一支香烟，漫不经心地看了几眼剧本。他半躺在沙发上，转身面对温丝莱特。卡梅隆一喊开始，迪卡普里奥就变成了杰克。“他转眼间就变成了你在电影里看到的那个人，"卡梅隆说，"他的表演太精彩了。他就是我写的那个人。而且你可以看到凯特的回应，看到他如何激发了她的表演。这是瞬间的默契，瞬间的角色创造。"场景结束，一如开始得那般突然，迪卡普里奥又马上瘫回到沙发上。这个镜头之后，温丝莱特对卡梅隆耳语："即使你不雇我，你也一定要雇他。"导演告诉温丝莱特这个角色肯定是她的。在她回到英国之后，温丝莱特寄给卡梅隆一支玫瑰，署名是"你的罗斯(ROSE)"。

迪卡普里奥花了十五分钟时间为卡梅隆试演，而在之后的三个月，卡梅隆则要接受迪卡普里奥的挑选。好莱坞大多数男星都梦寐以求得到杰克这个角色，甚至连汤姆·克鲁斯的经纪人也直接询问过，但是，迪卡普里奥并不太想出演本片。他不喜欢这个角色，或者说，不喜欢卡梅隆的剧本。他对《洛杉矶时报》说："我就是不习惯扮演坦率而活泼的角色。我之前扮演的都是备受煎熬的人物。要扮演一个如此接近我本人的角色，相当困难。"与此同时，福克斯不想支付迪卡普里奥经纪人开出的四百万美元片酬，而对当时名气更响的奥唐纳或麦康纳兴趣更浓。因为迪卡普里奥不允许卡梅隆拍摄他与温丝莱特对台词的过程，福克斯的高层都未能亲眼目睹这位年轻演员奇迹般创造出来的杰克。卡梅隆的时间越来越紧迫。他必须定下主演，得到电影公司的认可，然后开始建造那艘船。他与迪卡普里奥又见了一次面。"我觉得你思路不对头，"卡梅隆跟他坦言，"你总是在寻找问题，想着毒瘾和瘸腿。你总在做自己会做且已得到认可的事，扮演一个白痴，或者一个瘾君子。你是在找一根表演的拐棍。"卡梅隆希望迪卡普里奥明白，杰克这样的角色，若放在当年，扮演者得是能将一个平凡朴实的好人演得扣人心弦并因此足以支配整个银幕的演技大师，诸如吉米·史都华或贾利·古柏。"如果你能做到这一点，你就算条汉子，小伙子。你不想做些富有挑战性的事情？相信我，这将是你平生所遇难度最大的角色。"正是考虑到这个角色本身确实极富难度，迪卡普里奥才决定接演。卡梅隆所选的演员中没有真正的巨星。毕竟那艘船本身就是绝代名优。而且卡梅隆也希望他花费的每一分钱都在银幕上显示出来。温丝莱特的报酬不足一百万美元，而迪卡普里奥拿到了两百五十万美元。卡梅隆找来的最大腕的演员是凯茜·贝茨,她扮演绰号"不沉"的莫莉·布朗。为了付给她五十万美元的酬劳,卡梅隆得从自己的腰包里倒贴十五万美元。

一百天建成的影城

虽然二十世纪福克斯为潜水出了钱,但是直到1996年春天,彻宁还没有完全同意拍摄《泰坦尼克号》。当时,一个事实日趋明显,那就是卡梅隆最初估算的八千万美元成本太过保守。考虑到手上这部影片不算太商业,卡梅隆和桑奇妮向福克斯提出了一个非同寻常的方案。《泰坦尼克号》是卡梅隆出于个人所爱而拍摄的电影,不以赚钱为目的。他愿意降低预付给他个人的酬劳以及他在电影票房总收入中的分红比例。在这一合约下,《泰坦尼克号》的票房表现越理想,卡梅隆的报酬自然越多。但只有票房表现奇佳,卡梅隆才可能拿足全额报酬。5月28日,彻宁为《泰坦尼克号》开了绿灯,批准了一亿一千万美元的预算,同时附加了若干条件:影片评级不能超过PG-13,要有另外一家电影公司分担风险,要在1997年暑期档上映。前两项要求相对容易满足——电影中最暴露的镜头就是凯特·温丝莱特为一幅格调高雅的人体素描充当模特;另外,派拉蒙公司满怀热切地签约加盟,成为《泰坦尼克号》的国内发行商,福克斯则拥有国际发行权。但是,上映日期却显得野心过大,只剩一年多时间,要承诺在此期限内完工,相当不易。

卡梅隆在《真实的谎言》之后便聘请乔恩·兰多担任制片人,此时,两人已经开始寻找外景地。他们起初考虑在波兰的一个船坞里搭建布景,那里造船原料相对便宜。他们只要把搭好的各个布景吊上一艘集装箱船,然后到波罗的海一带去拍摄。卡梅隆非常喜欢高纬度地区的光线——英格玛·伯格曼的御用摄影师史汶·尼克维斯特就将这种光线运用得淋漓尽致。但是,卡梅隆不光要驾着泰坦尼克号出航,他还要让她沉没。这就意味着他们需要一个水池。如果在海边建造水池布景,他们就可利用远处的海洋、天空和自然光来使甲板上的场景看上去更真实,并可通过平移摄像机来造成移动的假象。卡梅隆和兰多想找一个离海不超过一百英尺的低崖,而且天际线要干净,不能有岛屿或者繁忙往来的船只。卡梅隆一直想尝试在墨西哥拍摄，因为可以利用那里的劳工，在建设和人力上降低成本，而且离洛杉矶又比较近。于是，他带上一个泰坦尼克号的模型和制作团队中的几位关键人物，来到墨西哥罗萨里托一个破旧的度假村附近的一座崖壁，那里离美国边境仅半个小时车程。兰多以及六七位剧组主要成员均一同前往，包括卡梅隆的新任副导演乔什·麦克拉格伦，以及《异形2》和《真实的谎言》的英国籍设计师彼得·拉蒙特。拉蒙特刚刚决定推迟退休，接过这次挑战，建造他职业生涯中最宏大的布景。卡梅隆将模型船放在一张桌子上，观察一天之内不同时刻的光影效果。他制造出烟雾，看其在风中如何运动。他研究了好几个小时，以不同角度拍摄甲板和上层船舱的录像，确保所有他需要的镜头都能落实。这是漫长的一天，最终将决定福克斯的这笔钱会投到什么地方，以及卡梅隆和他的剧组将在什么地方度过生命中颇为操劳的几个月。他的制作团队迫切地等待着他们难以捉摸的导演最终的决定。“我们早上到达罗萨里托时，吉姆恨透了这个地方，”拉蒙特回忆，“等到我们晚上离开时，他爱上了这里。他这个家伙非常奇怪。”卡梅隆曾一度不喜欢背景，因此他将桌子往北拖了大约一百英尺，拉到一个缓坡顶上。有人告诉他那里已经算是另外一块地了。他说：“那我们就把这块地买下来。”

彻宁开了绿灯之后不到两周，两千名美国和墨西哥的建筑工人就在巴哈半岛的这块地上开始建造好莱坞自二十世纪三十年代以来规模最大的摄影棚。福克斯决定将海边的水池和布景建成公司的永久地产，此处即是日后的福克斯巴哈影城。工人们必须在一百天时间内完成如下工程：占地四十英亩的一座包含五个摄影棚的大片场、世界上最大的室外摄影水池、世界上最大的室内摄影水池、世界上最高的摄影棚、一幢服装楼、一幢演员楼、若干幢办公楼和加工场所。而且，在不比这段时间长多少的期限内，工人们还要造出一艘泰坦尼克号的复制品，与原船的宏伟程度大致相当。泰坦尼克号当年是镀金时代奢华的象征，动用了一万四千名工人，花了三年多时间才完成。卡梅隆和拉蒙特设计的泰坦尼克号复制品，高十层楼，长七百七十五英尺。该布景采用一比一的比例，只是截去了中段若干重复的部分，将长度缩短了九十英尺，好让福克斯买来的这块地能够容纳得下。甲板的高度以及门、舷窗和吊艇架的尺寸均完全精确。这艘泰坦尼克号只修建一侧,另一侧通过翻转底片来完成,这样一来,所有的标志、制服和图案都得照着镜像效果反过来制作。建设工期非常紧张,以至于许多布景与容纳它们的建筑同步开工——拉蒙特的团队正忙于搭建餐厅和大楼梯时,工人们已在他们的头顶上修筑屋顶。每个周末都有新的建筑拔地而起,就好像淘金热时的乡镇一样。

布景本身真实细腻,连壁灯和地毯都经过精确考据。头等舱餐室足够容纳五百人,瓷器和家具均力求完美地复制原物。卡梅隆在对细节的专注上的确稍显偏执,从船上的文具纸张到印有“白星邮轮”(White Star Line)标志的烟灰缸。他一向不放过微小的细节,而潜水造访泰坦尼克号的残骸,更使他增加了一层谨小慎微的责任感。最终的成果,堪称好莱坞多年不曾有过的工艺杰作,手笔可媲美费雯·丽在《乱世佳人》(*Gone with the Wind*)中走下塔拉庄园大楼梯时的布景。因为泰坦尼克号的内部照片存世极少,布景大多基于泰坦尼克号的姐妹船奥林匹克号。拉蒙特曾一度派出四个设计团队参与这部电影的制作,一个在英国,一个在墨西哥城,一个在罗萨里托,一个在圣塔莫妮卡的“光风暴”总部。由肯·马歇尔和唐·林奇所著的那部卡梅隆用来向彻宁推销电影的书,被奉为片场圣经,其作者获邀参观甲板,并视察建筑工程。大楼梯用真正的橡木柱和橡木板装修,扶梯立柱则借用了马歇尔几十年来收集的奥林匹克号的立柱,原样复制而成。当这位艺术家站在大楼梯下,看到他曾精心研习并细加绘制的场景竟被如此真实而美丽地复制出来,他几乎流下眼泪。

谁喝了汤?

罗萨里托的建筑工程正在火热进行,《泰坦尼克号》现代部分的镜头已在哈利法克斯海岸的“凯尔迪什”号上开拍了。卡梅隆的几位老朋友都在船上,包括扮演猎宝者布洛克的比尔·帕克斯顿,扮演布洛克副手同时也是卡梅隆潜水伙伴的刘易斯·阿伯内西,还有深得卡梅隆信任的手持摄影师吉米·穆罗。卡梅隆还有一些新同事要认识,其中包括摄影师凯莱布·德夏内尔。此人在《天赐奇才》(*The Natural*)和《太空英雄》中的灯光运用堪称完美,这让他看起来应该是卡梅隆第一部历史题材电影的绝佳人选。德夏内尔已经自行开工。作为摄影导演,在他看来,卡梅隆和制片人把测光表交给自己之后,花工夫去关照演员即可,不用再操心摄影的事。但对于卡梅隆这位经常在摄影方面亲力亲为的导演来说,这样的合作关系似乎并不太自然。另一位泼辣的新人是格洛丽雅·斯图亚特,她在片中的角色是老年罗斯,即凯特·温丝莱特扮演的角色到了一百岁时的模样。这位当年艳光四射的金发美女是经典恐怖片导演詹姆斯·怀勒最喜欢的演员,曾出演《隐形人》(*The Invisible Man*,1933)和《老黑屋》(*The Old Dark House*,1932)。斯图亚特已经淡出好莱坞几十年。这位八十六岁的老人说话直率而尖锐,是片场上少数能够顶撞卡梅隆的人。有一天晚上,导演一直到凌晨三点才准备好拍摄她的特写。兰多去敲斯图亚特的房门,他回忆,"她说,'你们好大的胆子!'接着便对吉姆和乔恩一通训斥。他们被她镇住了。"导演和制片人只好让斯图亚特睡她的美容觉,择日再拍特写镜头。

原定在新苏格兰拍摄的最后一天,卡梅隆在餐厅里吃着包餐人提供的蛤蜊浓汤。饭后,导演和他的副导演麦克拉格伦回到片场,准备格洛丽雅·斯图亚特的一场戏,突然,一位女替身白眼一翻,倒在了地上。此时,卡梅隆也开始觉得头晕。他马上想到了刚吃完的那碗汤,急忙向片场的医生要催吐剂。卡梅隆说:"我想试试能不能把吃的东西吐出来,这样就不会浪费一整天。"可是,医生没有催吐剂,卡梅隆只好跑到楼上的男厕所,手里拿着一瓶水,用老办法催吐。他成功了,但剧烈的呕吐使他的眼睛和终结者一样红。当卡梅隆回到片场时,一个人都没有。他觉得非常奇怪。"那里就好像荒郊野外。当时我脑子转得很慢,我知道我得离开片场,但我似乎连路都不记得了。"终于,卡梅隆稳住自己,走到了餐室,发现整个剧组都在那里。麦克拉格伦正将全体人员分成两组——"没事的站这边,中招的到那边。"当时,中招的人员——像卡梅隆一样觉得恶心、头晕、失去方向感者——大约有七十五人,占剧组成员的90%。当卡梅隆红着眼睛踉跄着走进来时,剧组慌了神。他是第一批吃饭的人。卡梅隆说:"他们以为自己很快就会和我一个模样,仿佛染上了某种僵尸病毒。”

运输队的司机——他们肯定没有喝这道汤——开始将剧组用面包车分批送到最近的医院。卡梅隆和七十五个病人到达了一个加拿大急诊室,而那里只有一名医生外加一名护士。接着,事态愈发怪异。人们开始呻吟、哭泣、流泪、瘫倒在桌子和担架车上。摄影导演德夏内尔带着一群剧组成员在走廊里跳起康加舞,高声喧闹。手持摄像师穆罗则要求和神父说话。卡梅隆开始怀疑事情的元凶是某种街头毒品,并跟兰多说出了他的疑虑。这位制片人没有喝汤,拍了拍卡梅隆的膝盖敷衍他,以为他神志不清。医生则怀疑是贝类中毒。卡梅隆抬起头来,看见第二副导演克里斯蒂·西尔斯正在和医生交谈,说出了多位剧组成员的姓名。卡梅隆意识到她也中了毒,把自己当成了负责人,而不是去接受治疗。于是他找到了对讲机。“凯莉,你在哪里?”西尔斯从腰间拿起对讲机,清楚地回答:“我在医院,正和医生说话。”她就在十英尺之外,说话时还看着卡梅隆。“你跟医生说了什么?”西尔斯盯着老板的脸,回答说她正把剧组人员的名字告诉医生。卡梅隆说:“凯莉,你知道你正在用对讲机和我说话。我就在你面前。跟大家一样,你也是一塌糊涂。”突然,西尔斯纵身一跃,用手中的笔刺向卡梅隆的脸。医生抓住她,把她拽走了。卡梅隆坐下来,一边流血一边大笑。西尔斯刺伤了卡梅隆,但并没有影响卡梅隆在下一部以哈利法克斯为拍摄基地的电影《深渊幽灵》中雇佣她。

医生让中毒的人员喝下大盒的液体活性炭,认为此举有助于吸收消化道内的毒素,不管这种毒是什么。卡梅隆站在大家面前,拿着这盒黑色的糊状物,要他们喝下去。他的团队只好不情愿地喝起这种活性炭鸡尾酒。帕克斯顿说:“哪怕身体中了毒,吉姆仍然是这艘船的船长。”感觉好一些之后,卡梅隆发现自己在医院无事可做,就跑了出来,回到片场。他与帕克斯顿一直到天亮也没睡,谈论着这个怪异的夜晚,一同喝了半打百威啤酒。工作日算是毁了,但总算没有死人。第二天早上,兰多和卡梅隆开始计划拍摄斯图亚特的镜头。幸运的是,这位女演员是在一家饭店吃的饭,没有中毒。后来得出的毒化报告显示,包餐者提供的汤里放了整整一磅 PCP*。初步的判断表明，这次事故，是一位心怀不满的员工在报复卡梅隆。几个星期后，卡梅隆得出的结论如下：一名被辞退的剧组成员因对包餐提供者不满而往那道汤里扔了一磅 PCP，想让包餐者也被炒掉。调查无疾而终。谁都不知道是何方神圣给汤里下了药。至今这仍是《泰坦尼克号》拍摄过程中一个未解的谜团。

闻着对头

当卡梅隆从哈利法克斯回来之后，他所做的第一件事就是换掉摄影导演德夏内尔。两人都个性太强，冲突难免，卡梅隆希望换一个他觉得相处起来更融洽的人。他聘请了罗素·卡朋特，此人在《真实的谎言》拍摄过程中脱颖而出，深受卡梅隆赏识。后来两人又合作拍摄了环球影城主题公园的立体电影《终结者 2—3D 版：跨越时空之战》(*T2 3—D: Battle Across Time*)。到《泰坦尼克号》片场报到的第一天，卡朋特就问卡梅隆这部电影看上去要像什么样子。"他看着我，扔下一句'谁都知道这种电影看上去要像什么样子'。"自从《真实的谎言》那个没完没了的卫生间镜头以来，情况似乎没有什么变化。卡梅隆仍然非常谨慎。摄影导演一路狂奔到美工部门，把设计师们的成果通通琢磨了一遍。稍显讽刺的是，他最后还研究了德夏内尔的电影《天赐奇才》以作参考。

墨西哥的建筑工人二十四小时不间断地工作。卡梅隆则自豪地检查了现场。所有的东西都是崭新的，就好像泰坦尼克号启航时那样。卡梅隆走进罗斯和她专横的未婚夫卡尔(比利·赞恩饰)的套间。在拉蒙特及其团队的努力工作之下，整个房间都用镀金的桃木贴面，极尽奢华。"闻着对头，"卡梅隆肯定地说，"这个房间可以用来拍摄。"这句话从卡梅隆的口中说出，算是莫大的肯定。拉蒙特非常高兴。当然，他努力工作的成果最终都会沉到水底，但至少此时他可以欣赏一番。

整个布景规模实在太大，工作人员甚至时常在里面迷路，不得不用对讲机发出求救信号。卡朋特回忆："大家会说，'呃，各位，我不知道自

* 苯环乙哌啶，是一种麻醉药，有致幻作用，可用作毒品。——译注

己在哪儿。快来人救我。’”最终,剧组设置了一个分区系统来尽量减少迷路事故。有些日子,比如拍摄泰坦尼克号从英国南安普顿胜利出发的场景时,片场里进来了近两千名群众演员,有的讲英语,有的说西班牙语。另外一个镜头要求一千五百人同时向正在倾覆的船尾跑去,就像沉船上的真实情景那样。

泰坦尼克号下沉的效果也是一项技术上的奇迹。这项工程的完成,有赖于汤米·费希尔的努力。这位实体特效总监曾在《终结者2》中帮助卡梅隆扔卡车、炸房子。泰坦尼克号的布景如果竖起来,高度接近纽约的伍尔沃斯大厦。卡梅隆想出的办法是用钢缆将它降到水池里的一个深坑中。在“光风暴”的一次会议上,他将这个想法画在了一张餐巾纸上。钢缆通过滑轮连接到一套巨大的液压系统上。这样一来,他们不仅可以垂直地使布景下沉,还可以在下沉时倾向两种不同的角度。

整个拍摄过程中最紧张的几晚都和艉楼甲板倾覆有关。八十英尺长的一段布景从水平状态完全竖直起来,就好像跷跷板一样。迪卡普里奥和温丝莱特正是抓着这段甲板,随着船只沉入海中。当船尾完全竖直以后,会有一百名特技演员悬在空中,还得往下跳。这是一个规模极其宏大的场面,特技组为此每周六天苦练了好几周。一旦出问题,后果会很严重——演员落地时可能会碰到下面的东西,或者撞到其他演员身上,布景上也可能掉下部件,砸中演员。整个布景的绝大部分,比如巨大的黄铜缆绳柱和进气管,要么是用泡沫橡胶制作,要么就是外面包裹了薄薄一层泡沫氯丁橡胶——照卡梅隆的说法,这是一个橡皮布景。多数特技演员都靠绳索固定在船身。有些人则会落下,由一个气囊接住。从甲板上往下跳的不光是特技演员。穆罗回忆起卡梅隆和他当年为了如何拍摄而细加筹划的那幕往事:“我说,‘吉姆,我们拿着摄像机,然后坐在地上往下滑,下面用垫子接住。’随后我又想了想,有些不安。他说,‘我来拍。’果然,他戴上护膝,说做就做。”

船尾翘起的这场戏和许多卡梅隆影片中的动作镜头一样,看似混乱,实则组织得当。但是,一天晚上,有两个人跳船时出了差错。卡梅隆说:“他们本该往东,结果却往西了。”一位特技男演员摔断了腿,一位特技女演员则在落地时撞上一块道具,断了一根肋骨。这桩事故让卡梅隆认识到他们所做的事情风险太大。他打电话给“数字领域”负责这部电影视觉效果的罗伯特·勒加托。勒加托曾告诉卡梅隆,他们即将研究成功如何通过动作捕捉创造出真实的 CG 人物。这种技术先记录下真人的动作,再把这些动作加到数码角色身上。在此之前,这项技术从未在电影中用于人类角色——倒是曾用来创造过骷髅、机器人或是铁甲武士。勒加托回忆:“他打电话给我,问我‘这个东西你真能做到吗?’他没法继续使用那些他本来安排好的实体特技。他不愿意让任何人再去冒险。而这样一来,他也无法获得他想要的镜头。于是,这部分镜头只好求助于 CG 技术。”虽然勒加托又花了好几个月的时间才证明此举可行,但他当时脱口而出:“没错,我们能做到。”卡梅隆删掉了打算要拍摄的一部分镜头,将它们交给了未经验证的动作捕捉技术。这是他对数字技术又一次押上了巨大的信心。今天,谈起此事,卡梅隆说:“有了现在的技术,我们在拍电影过程中没有任何借口让特技演员受伤。但是,当时,这些技术大多还处于摇篮阶段。”

倾斜的船尾顶端,是温丝莱特和迪卡普里奥待的地方。在他们头上,吊车吊着一个篮子,里头是卡梅隆和手持摄像师穆罗,两人都系上了安全绳索。吊车司机将他们两人以泰坦尼克号相当迅疾的下沉速度吊起。他们从温丝莱特和迪卡普里奥身边经过,上升到距演员四十英尺的高空,以显出轮船在下沉。卡梅隆和穆罗此时距离地面超过一百英尺,在吊车下随着篮子晃荡。“当船尾升到最高点时,大家纷纷往下跳,碰来撞去,或是砸到钢梁而弹开,”迪卡普里奥回忆,“随后你就看见十八台吊车上安装的巨型大灯朝你照射过来,接着,吉姆·卡梅隆在空中出现了,从你身边飞过。凯特和我四目相对,我们不禁感慨,‘我们怎么跑到这个地方来了?我们怎么会置身于此番场景?’”

第八个日落

在设计了多年的悲惨未来和外星球之后,卡梅隆第一次尝试创造美。卡朋特则全心投入于营造绘画风格般的照明。他特别满意罗斯的母亲(弗朗西斯·费希尔饰)调整罗斯束身胸衣的那个镜头,温暖的光线翩然起舞般滑过温丝莱特的脸庞。不过,当卡梅隆审阅当日的毛片时,卡朋特还是屏住了呼吸。“嗯——呃——”,导演让人捉摸不透,顿了一顿,接着他说了一句:“行,墨臣 · 伊沃里(Merchant Ivory) * 就等着服气吧。”这是一句卡梅隆式的褒奖。他们成功在望。

卡梅隆决定,温丝莱特和迪卡普里奥在日落中接吻的镜头要在真实的日落中拍摄,而不是在绿屏前。在甲板上要进行八个白天的拍摄,因此他必须在这段时间内拍到这个镜头。每天日落前一小时,卡梅隆会抬头看看太阳,依据天色决定是否将剧组转移到船头拍吻戏。但是,一天天过去,落入太平洋的太阳毫无诗意可言。头几天他们在糟糕的天气下排练了一次。卡梅隆告诉演员们他希望他们如何接吻:迪卡普里奥站在温丝莱特身后,她转过头去。他们算准了时间,先是迟疑,接着顺从。她的手伸向他的头发。这一切很美——除了光秃秃的天空之外。

最后一天,整个下午都是多云。在日落前一个小时,天上布满了乌云,只在天边有一线晴空。看似天公又不作美。然而,要么是基于愿望,要么是直觉指引,卡梅隆将剧组调到了船头。在一周以来好几次假情报之后,大家动作都不疾不徐。他们调整好摄影臂,安装了一些灯,加上一层橘黄色滤镜来模仿日落时分的霞光。卡梅隆说:“一切都感觉相当恶俗,但我好坏都得拍,而且福克斯开始对这个镜头所花的时间表示不满。”温丝莱特去换衣服,由于她复杂的胸衣、妆容和发式,通常整个过程要花上两个小时,但化妆部门今晚已经收到预警,动作得快一些。

突然,所有人都慢吞吞的时候,太阳出来了。卡梅隆大声呼叫温丝莱特——马上!几分钟后,她大步跑来,身边跟着她的造型团队,给她系裙子、擦粉底。演员们通过一个升降平台到达船头。当温丝莱特爬过栏杆时,一束金色的阳光穿过乌云,温丝莱特尖叫:“快拍!快拍!”随即与迪卡普里奥跳进了预先排练好的姿势。负责聚焦的工作人员没参与排练,唯有即兴发挥。卡朋特大声指示灯光师调整人工光照来配合金色的阳光。已经来不及准备鼓风机了,好在一股自然的微风徐徐地吹拂,而且方向符合要求。卡梅隆遥控着一架摄像机,向挂着这台机器的吊车发

---

* 好莱坞一家制作公司,以擅长历史题材闻名。——译注

出信号，然后高喊“开拍！”摄像机开始拉近。温丝莱特握住迪卡普里奥放在她腰间的手，迪卡普里奥靠近过来，他们比排练时稍微犹豫了一下，随着摄像机绕过他们身边，两人开始接吻。卡梅隆说：“我几乎可以听见配乐。我的心在跳，而且我试着不要把整幅构图搞砸。”这个镜头一结束，太阳就躲到云层后面去了。天空依然光亮，所以他们又拍了一遍，但却没有第一遍的效果。第二天，在审阅毛片时，他们发现第一遍“有一些糊”。聚焦没有对准。但卡梅隆却很喜欢。这就是我们在电影中看到的镜头。这个画面是卡梅隆电影生涯中最令人难忘的一幕，也是电影史上最经典的镜头之一，但实际上画面是略显模糊的。后来，他们又拍了一些特写，以丰富这场戏的视觉效果，结果拍得演员腻烦透顶。温丝莱特尤其如此。“莱昂纳多和我事前有个约定。如果要拍吻戏，我们同意，‘好，我们不抽烟、不吃洋葱、不吃大蒜、不喝咖啡，行吗？就这么说定了。’”结果，迪卡普里奥在拍摄吻戏之前把上述违禁活动统统做了一遍，为自己博得一个“臭莱奥”的绰号。

最终，除了特效部门所作的修饰，这个令人难以忘怀的镜头并未动用什么高科技手段，依靠的是详细筹划、团队合作和运气。回想起拍摄当天的那份鸿运，甚至卡梅隆这位业界最主张运用CG技术的导演，也不仅心生犹疑：今日，电脑为我们提供了一切尽在掌握的拍摄条件，然而，是否什么东西已缺失难觅。“那个日落的镜头现在很容易就能用绿屏做到，”他说，“甚至可以放在某个早上拍。但是，那种日落的场景我能不能想象得到？我能不能想出那些特别的颜色？现在我们能创造出我们想象中的一切。但是，我们的想象能否全然胜任？我不知道。”

钱、钱、钱

从巴哈影城百日工程开始，《泰坦尼克号》的成本便失去了控制。最初，福克斯计划租借那块土地，造一些临时建筑。但是，当电影公司准备最后签下租借合同时，东家却要求福克斯买下土地。福克斯迫不得已做了这笔买卖，临时决定将其建成一处永久设施。这意味着更高的建设费用，另外还有许多布景需要修改。与此同时，卡梅隆对精确性的追求也使得美工、道具和服装部门耗费了愈来愈多的时间和金钱。复制镀金时代的奢侈场面，烧钱自然不在话下。彻宁说："有些地方是吉姆的胃口使然，而他的胃口是没有底的。"派拉蒙担心成本超出太多，于是谈下了一个合约，将他们的投资上限定为六千五百万美元，其余投资全得由福克斯承受。彻宁说："当时我显然被认为是好莱坞最蠢的人。"

其实，建设工程从始至终，缩减支出的努力一直不断。脾气不佳的罗斯与母亲一起喝茶的那间幽雅的头等舱休息室得花费二十五万美元才能精确地复制出来。而这个镜头最终在绿屏前拍摄，因此省下了六位数的开销。液压系统也花了许多心血，可以两次改变角度来代表轮船下沉时的两个阶段。对于轮船的摇晃，卡梅隆只选择了从水平到六度角的区间，这样也节省了时间和金钱。为了模仿其他角度，他将摄像机倾斜，然后让演员走路时倾着身子。桑奇妮说："我们竭尽全力省钱。吉姆因为超支而承受了巨大的压力，其实，他也作出了最大的让步。"

不过，有些地方却绝无俭省的可能，例如不断攀升的照明花费。这艘船有六百多个舷窗，每扇窗都需要一盏灯。另外还有布景所需的台灯、壁灯等灯饰。有的在水上，有的在水下，而且所有的灯都必须保证安全，要装上接地故障断路器。剧组购买了总长超过四十英里的电缆、一千多盏摄影灯以及一百多盏布景灯。卡朋特回忆："福克斯发来一纸公文，说我们买得太多了，埋怨我们太不懂得正确地管理资源，声称要派专家过来。"结果电影公司派来了两位老资格灯光师，他们视察了这艘船，最后站到了卡朋特一边。"他们的结论是，我们的灯用得还远远不够。"

随着卡梅隆的开销越来越大，媒体也开始关注。《综艺》杂志开辟了一个名为"《泰坦尼克号》观察"的专栏，详细报道布景之铺张程度。《时代》杂志则登载了一篇文章，题为"咕噜咕噜咕噜……詹姆斯·卡梅隆奢华的《泰坦尼克号》能否避免灾难？"最糟的是，1995 年 7 月，耗资一亿七千万美元的《未来水世界》(*Waterworld*)上映，这部凯文·科斯特纳主演的作品被普遍认为是一次开销巨大的败笔。《泰坦尼克号》的早期宣传工作也显得困难重重。1997 年 3 月在拉斯维加斯举行的"ShoWest"电影产业博览会上，他们为找到足够的素材用于展示，花费了大量精力。当时几乎所有的特效镜头均未完成，他们只好决定使用一长段节选而非剪辑大量短镜头来作预告片。随后，在周日晚上，桑奇妮正准备观看这些素材，派拉蒙一位高层打来电话："我刚看了预告片，我都吐在鞋子上了。"派拉蒙想要的是卡梅隆式的元素——追车、爆炸——而不是一个小老太婆讲述一条项链的故事。同时，影片的拍摄工作也未能跟上进度。本来计划一百三十五天的拍摄周期，最后用了一百六十五天。电影《泰坦尼克号》仿佛邮轮"泰坦尼克号"——造得太大，源自人类的傲慢，正一头向冰山撞去。

卡梅隆不予理会媒体的聒噪，但成本的压力仍使他备受煎熬。"我觉得很对不起这些家伙，"卡梅隆指的是福克斯，"我答应他们我能够在一定金额之内完成任务，但我没有做到。"拍摄期间，在与福克斯的一系列沟通过程中，卡梅隆多次主动提出要把钱退还给福克斯，先是预付的个人酬劳，后来甚至谈到后期分红不收分文。二十世纪福克斯的比尔·梅凯尼克不幸地被派去缩减这部电影的开支。他对卡梅隆说，提议退还后期分红虽然是高姿态之举，但最终可能只是空头支票，因为这部片子也许赚不到一分钱。他反过来建议，卡梅隆不仅要放弃这部片子的所有分成，而且他为福克斯拍摄的下一部电影分成也得减半。这次对话是在卡梅隆的客厅里进行的。梅凯尼克的还价没有得到好结果。卡梅隆回答："你给我滚出去。"卡梅隆收回了退还后期分红的决定。梅凯尼克当时的老板彻宁说："在好莱坞是从来不会有人把手里的钱退回去的。一方面，吉姆把我们折腾得够呛；另一方面，他是个凭良心做事的人。"最终，卡梅隆和福克斯达成一项共识，用彻宁的话来讲，"我们反复念叨，'我们唯一的希望，就是弄出一部杰作。'"

杀掉船长

随着拍摄工作拖到了第五、第六、第七个月，所有人都精疲力竭。沉船的镜头又湿又危险，非常磨人。卡梅隆通过补充维生素 B12 和饮用小麦草汁来提神解乏——之前在拍摄另一部电影时，他已发誓不再喝咖啡，因为他发觉咖啡因会使自己本已强硬的性格更加激亢。起初，工作人员都穿着齐腰的长胶靴在水里勉力行走。但他们很快发现，如果不小心被电缆或沙袋绊倒，靴子里灌进了水，那么，他们就惨了。所以，许多人干脆换上了潜水衣。

演员们则要面对不同的挑战。穆罗说："莱昂太娇贵，要用温水。而凯特则需要冷水来帮助她入戏。两人差别实在太大了。"在深约六英尺的水池里，迪卡普里奥和温丝莱特绝望地逃生。迪卡普里奥身高超过六英尺，他可以站在那里。温丝莱特虽然气喘吁吁，但她的脚一直没有接触地面。穆罗回忆："他真是个调皮的小混蛋，而她又那么成熟。他带出了她的青春，而她又使他成熟了一层。"迪卡普里奥让下水变成了一件大张旗鼓的事情，卡梅隆为此叫他波斯猫。卡梅隆说："他一只脚伸到水里，马上又抽出来，抱怨水凉，然后，慢慢地，花了一分钟多钟，才滑进水里，还一直不断地嘀咕。整个过程滑稽透了，依我看，他就是怕水。"后来，在一个危险的水下镜头中，迪卡普里奥腰间绑着一根绳，被拖到水底深处。他在拍摄时没有丝毫犹豫，证明了自己是一个颇有能耐的潜水爱好者。迪卡普里奥日后回忆，拍摄《泰坦尼克号》，"把我打造成了一个男人。"

温丝莱特在拍摄中更能吃苦，也更加深切地体会到了个中滋味。有一个镜头，她和迪卡普里奥在进了水的船上奔跑，被一扇关闭的门挡住。温丝莱特的长衣挂在了门上，她被拉到水下。温丝莱特说："我得设法从外套中扭身逃脱。那时我已经上气不接下气，觉得自己快要报销了。而吉姆只是说，'好，再来一次。'他就是这种态度。我不想当窝囊废，所以也没有抱怨。"虽然温丝莱特不会有实际危险，毕竟身边有潜水安全员保护她，但她还是怯意丛生。"我平生第一次在片场上冒出情愿自己缺席的念头。有时候，我早上醒来，心里想：'上帝啊，让我死去算了。'"

至于卡梅隆，他同样苦不堪言。他熬过了第一百六十四个拍摄日，当天晚上还接着干活，然后，就进入了拍摄的最后一天。早上十点，他与手下的剧组成员已经一夜未眠，此时，他只剩下最后一个任务——杀掉史密斯船长。工作人员造好了驾驶舱的布景。这是一个充满空气的水密舱，从顶部进出，位于水下十五英尺。每扇窗所承受的压力有一吨半之多。玻璃预先经过处理，电控雷管会将其一一爆破。

船长的波兰籍替身名叫帕维尔·萨伊尔，他们叫他"塑料帕维尔"，显然,这是因为他柔韧性过人。萨伊尔戴有两套供气装置。一套“水烟袋式”呼吸器,管道贴着他的腿部;另一个气罐则藏在衣服里。卡梅隆从《深渊》之类的片场学到了一个经验,即只要水一涌进来,就会搅起灰土碎片,形成一锅浑汤,什么都看不见。如果萨伊尔没有自己的空气供给,就会淹死,因为救生员在这么低的能见度下很难发现他。布景中只剩下另外一个人——卡梅隆。他将操纵唯一的那台摄像机。他的头顶上方就是逃生阀,他背靠着墙,一身潜水设备,腿上绑着冰球护具,以防水的冲力将碎玻璃冲到腿上。

萨伊尔示意他已准备好。卡梅隆开动摄像机。导演一旦发出指令,玻璃就将从驾驶室由远到近逐一爆裂,创造出一种波浪效果,且在几秒钟之内就将有三十多吨水涌进驾驶舱。这是最后一个镜头。卡梅隆已经濒临崩溃,身心疲惫不堪。后期制作看来将是人间炼狱。截止日期肯定已不再现实,因为大量特效镜头才刚刚开始着手。他的胶片足够制作一部四个小时的电影,成本大大超支,而且别人告诉他这部电影赚钱的可能性是零。他的电影是好莱坞的笑柄,媒体天天都在嘲讽。卡梅隆说:“我心里想,‘主啊,带我走吧,现在正是时候。’”他示意引爆雷管,随之而来的是如雪崩一般的水流。萨伊尔消失了,瞬间过后,卡梅隆被推到了背后的墙上。他眼前的世界一片黯然。水流减弱,卡梅隆缓慢地浮出水面,看见萨伊尔也在,一切安全。他自己没受任何伤害,而且这个镜头看上去很棒。接下来将是后期制作。他完成了一项貌似不可能完成的任务,接着又要面对另一项,但那是明天的事了。

卡梅隆擦干身子,觉得整个人都已虚脱。他与剩下的剧组成员干了几杯酒。有人拿出一瓶龙舌兰,他一把夺过来。他走到水池边,船的布景斜躺在水里,静止在下沉的那一刻。他一离开,这一切就会被拆得片甲不留。他坐在那里,喝了差不多半瓶酒,向布景、水池以及整个拍摄历程道别。然后,他起身离去,钻进了送他回洛杉矶的面包车。车子刚驶出片场大门,卡梅隆就已经睡着了。

好上加好

卡梅隆每拍一部电影,离剪辑的位置就更近一步。他完全没有参与《终结者》的剪辑,摄制《异形 2》时他动手做了一些剪接胶片的工作,在《真实的谎言》中他学会了使用 Avid 数码剪辑系统。到了《泰坦尼克号》,他是剪辑团队的正式成员。组建这个团队的是理查德·哈里斯和康拉德·巴夫。前者在《真实的谎言》中手把手地教会了卡梅隆使用 Avid 剪辑系统,后者自《深渊》以来一直与卡梅隆合作。卡梅隆将 Avid 系统设置在他位于马利布的家里。那里几乎成了某个后期制作中心。他白天解决特效和其他问题,晚上就独自进行剪辑工作。有时候他会重新剪辑别人已经剪好的片子;有时候他们重新剪辑他的成果。卡梅隆有最终决策权,但整个过程需要共同合作。三个人都必须全身心地投入剪辑工作中去——通常情况下,一部三小时的剧情片,有六十万到八十万英尺的胶片要剪辑,而卡梅隆则拍了近两倍的底片。

CG 特效也压得人喘不过气来。"数字领域"无法单独完成巨大的工作量。《泰坦尼克号》从依靠一家特效公司一跃而至同时起用十七家,以加快进度。卡梅隆试图以新的方法来使用这项技术。《泰坦尼克号》不是《终结者 2》。《终结者 2》中出色的特效本身就会引起人们的关注,而这一次,卡梅隆的目的则是要在确凿无疑的现实中创造另一个时空,让沉浸在故事里的观众丝毫觉察不到特效的运用。"数字领域"率先使用动作捕捉技术来创造电影中的数码人群,不过,还有些问题尚待解决。衣服看上去总是不够真实,在膝盖和手腕处总有橡胶一样的褶皱,人的脸庞则如同面具。卡梅隆谨慎而巧妙地选取了这些镜头,没有过度使用。

到了五月,原定七月发行的计划成了棘手的难题。卡梅隆还得给演员的对白配音,为影片配乐,要进行最后的音效合成和底片调光,另外,上百个特效镜头尚未完成。他打电话告诉彻宁,夏天发行就意味着电影质量要打折扣。彻宁花了一天时间来思考对策。最终,福克斯还是吞下了这颗子弹,将原定 7 月 2 日的发行日期延后到 12 月 19 日。这一变化给了卡梅隆些许喘息空间,但新的压力接踵而至。正当卡梅隆焦头烂额地忙于后期制作之际，他在福克斯公司跟新闻集团（News Corporation）主席兼 CEO 鲁伯特·默多克不期而遇。他对这位媒体大亨说："我估计我不会是你喜欢的人。不过，这部电影会是好东西。"默多克告诉他："这部片子，你最好给我好上加好。"

这一时期，卡梅隆个人生活也发生了一些变化。从 1991 年拍摄《终结者 2》开始，琳达·汉密尔顿与卡梅隆就断断续续地约会。她多年来饱受情绪问题困扰。1993 年，两人的女儿出生后，她患上严重的产后抑郁症。后来，在 2005 年，汉密尔顿对拉里·金*说："我记得吉姆有一次跟我讲，'我喜欢早上离开时的那个人，但我不一定知道晚上回来时面对的又是谁。'"在《泰坦尼克号》拍摄期间，汉密尔顿被诊断患有躁郁症，并开始接受治疗，随后，病情有所改善。卡梅隆认为这是个好机会，可以让两人之间有一个新的开始，便在 1997 年 7 月与汉密尔顿结了婚。这是他第四次走进婚姻殿堂，不过，和前三次一样，这次婚姻也未能持续多长时间。

秘密歌曲

卡梅隆为这部电影请来的配乐师是詹姆斯·霍纳。两人在《异形 2》匆忙的后期制作期间曾共同经历过折磨。霍纳为了《泰坦尼克号》的配乐工作而与卡梅隆碰面协商，他们花了不到五分钟时间，简短地谈了谈了各自对于《异形 2》配乐的失望。霍纳说："我向他道歉，他向我道歉，然后他说：'别想那码事了，伙计，过去就过去了。我们现在来说说这部电影吧。'"卡梅隆希望为《泰坦尼克号》配上情感充沛的音乐，霍纳与他就此交换了意见。他们还谈及卡梅隆忌讳的东西。"我的电影里，绝不能有歌，"霍纳模仿卡梅隆确信的口吻，"这件事不容商量。"卡梅隆在《终结者 2》中悄悄地用了一首歌《坏到骨子里》（"Bad to the Bone"），当施瓦辛格走进"机车仔酒吧"（Biker Bar）时，播放的就是这首曲子，尽管他的剪辑人员对此一度大加抵制。总的来说，他很少在电影中使用歌

---

* 美国最著名的主持人之一，在 CNN 电视台主持脱口秀"Larry King Live"。——译注

曲。“它们用在影片中,似乎从来没合适过。”

对于《泰坦尼克号》,霍纳打算还是老套路,配以纯音乐。他已得到了指令。然而,随着乐谱即将完成,他对于结尾的音乐处理感到为难。“整个配乐在结构和谱曲上就像一架情绪过山车。演职员表出现时,我怎么还能再写出一首有意义的曲子呢?”于是,他决定加入人声独唱来解决这个难题。他谱了支曲子,请词作者威尔·詹宁斯配合乐曲创作歌词。霍纳说:“才过了两天,这支曲子就绵延得越来越长,超出我的控制,变成了一首歌。”他想到了适合唱这首歌的人——老朋友席琳·迪翁——她此时正在拉斯维加斯演出。霍纳飞到拉斯维加斯,为迪翁唱了他的歌,迪翁爱上了这支歌曲,急切地想录一卷样带。霍纳回忆:“我向她解释,我这是在越权行事,如果吉姆知道,我的脑袋绝对不保。”

霍纳秘密飞往纽约和迪翁在录音棚见面。那里本来只该有四个人,但索尼的所有高层都来到了现场,加起来近二十人,其中包括唱片公司主席汤米·莫托拉。迪翁将《我心永恒》(“My Heart Will Go On”)这首歌完整地唱了一遍。当她唱完之后,整个房间里一片寂静。有些高层在擦拭眼角。霍纳回忆:“她出来之后说,‘呃,大家觉得怎么样?’”索尼的人给予了一致好评,然后就坐上他们的高级轿车离开了。霍纳复制了四份录音,带回洛杉矶。但是,他觉得还不到时候让卡梅隆听。他得等待时机来解释这首歌的概念。每隔几天,霍纳就和卡梅隆碰一次头,将曲谱过一遍,而每次都似乎时机不合适。迪翁的团队急切地向他打听,吉姆听过这首歌没有?他喜欢不喜欢?

有一天,卡梅隆看上去略显开心——或者说至少不那么不开心。一些特效镜头送来之后,没有搞砸。霍纳抓紧这次机会。“他问我是不是心情很好,我说‘当然不是,你有何贵干?’”卡梅隆回忆。带着些许惶恐,霍纳开始为卡梅隆播放那首歌。“我想,‘噢,不,他这是在推销一首歌。’”卡梅隆说,“一首歌!你会不会在《辛德勒的名单》后面放一首歌?《泰坦尼克号》结尾不能放歌。这是一部严肃的历史电影。”但是,歌还是放给他听了。卡梅隆注意到霍纳非常聪明地将配乐主旋律稍为改写,融入了这首歌,歌词也非常感人。歌曲完美地包含了电影的主题,只播放了一遍,卡梅隆就被征服了。霍纳问卡梅隆有没有听出唱歌的人是谁,他说不知道。当得知是席琳·迪翁时，卡梅隆说："哦，她很有名，对不对?"

多此一举

《泰坦尼克号》的第一次试映，在明尼阿波利斯的"美利坚购物中心"(Mall of America)举行。卡梅隆独自提前飞到那里，理由是为了调试音响系统。兰多、桑奇妮和八九个福克斯的高层乘公务机抵达。卡梅隆为自己在剧院里预留了一个位子。他喜欢坐在观众中间，但不想被人认出；至于坐在公司高层身边，他更是避之不及。因此，桑奇妮是他的缓冲。卡梅隆跟公司高层在一起时，几乎总是一副自信满满的模样，不过有时候也是装出来的。那天，他紧张万分。他的声誉、福克斯和派拉蒙的钱、别人的饭碗，都指望着《泰坦尼克号》"好上加好"。桑奇妮回忆："他说，'早晚有一天我会死在自己电影的试映会上。我会心脏病发作然后挂掉。我清楚得很。我人生的终点站就在这样的地方。'"卡梅隆设置了音响系统，可以自己调节音量——这样他就能分散一点注意力，而不光是紧张。当剧场里的灯光变暗时，他对桑奇妮小声说："头几分钟我们就能知道这部片子有没有戏了。"电影开始了。泛黄的片头，画面上出现海底深处的沉船，而观众则像木头一样，毫无动静。"我们完蛋了，"卡梅隆对桑奇妮耳语，"全完了，没任何指望了。"但电影播映到十几分钟时，观众开始有所反应——从泰坦尼克号残骸转至当年盛景的特效镜头引发了一阵"哇"的惊叹，迪卡普里奥的表演换来了一片笑声。电影似乎逾越了观众这道障碍，卡梅隆松了一口气。

放映结束后，调查小组的负责人采访了观众，发现大家原以为是来看《烈爱风云》(*Great Expectations*，1998)。这是为了保密需要才如此通知他们。他们把前几分钟当成是在播放《泰坦尼克号》的预告片。除了这一疑惑得以澄清之外，卡梅隆还从观众那里获得了另一种回馈。问卷调查结果极其令人满意，但有一个镜头例外。"我们以为人们不会喜欢开头那些节奏缓慢柔和的段落，其实他们喜欢，"桑奇妮说，"他们认为轮船沉没那部分太长了。"最初，卡梅隆在影片中填入了大量动作镜头，以为这是观众和电影公司所期待的。他花了三天时间，超过一百万美元，在倾斜潮湿的布景里拍了一段他谙熟于心的追逐枪战戏码。但参加试映的观众认为，在泰坦尼克号沉没之际插入这一段枪战并不合适。桑奇妮说："这本该是吉姆·卡梅隆露脸的时刻，但他们却不喜欢。"

让几乎所有参与这部电影的人震惊的是，卡梅隆剪掉了这段追逐镜头。"我喜欢这段戏，"他说，"这是一个技术上的奇迹。"但他意识到自己通过巨轮的沉没已经营造出足够强烈的危难氛围，额外加上一个死人和一把枪，实在是多余——用他的话来说，"多此一举"。为了弥补剪除这段戏之后的空白，卡梅隆又补拍了一段温丝莱特和迪卡普里奥从餐厅跑下楼的镜头。最终，影片总长三小时十五分钟。

世界之王

卡梅隆确实又拍出了一部"有史以来最昂贵的电影"。这一次，成本共计两亿美元。但是在《泰坦尼克号》发行前夕，他也明白自己拍了一部好电影。卡梅隆的指纹遍及整部电影，甚至连杰克所画的素描，也是他自己亲手绘制。作为一名电影人，他很满足，也对最后的成果非常自豪，不仅为了他自己，也为了帮助过他的庞大团队。不过，《泰坦尼克号》最大的惊喜还没有到来。票房爆炸了，而且走势匪夷所思。

《泰坦尼克号》的影评大多是正面的。罗杰·埃伯特称其"制作完美无瑕"，《纽约时报》的珍妮特·玛斯琳说《泰坦尼克号》是"几十年来第一部足以让人拿来与《乱世佳人》进行严肃比较的绚烂之作"。也有些影评人觉得壮观的视觉效果是以牺牲剧情为代价的。《洛杉矶时报》肯尼思·图兰的批评尤其尖锐："真正让人落泪的是，卡梅隆坚持认为写这种电影是他能力范围内的事。他不具备这个能力，一点儿都不具备。"

上映的第一个周末，《泰坦尼克号》票房收入两千八百六十万美元，以微弱的优势击败了同时上映的 007 系列新作。之后，每个周末，收入开始逐渐增长，完全不合常理。票房一直攀升，到 1998 年情人节的时候，达到了高峰。光是那一天，票房收入就达到了一千三百万美元，而影片此时开映已七周。推动票房的主力是年轻的女孩子，她们追捧《泰坦尼克号》的热情，可与当年披头士引发的热潮相提并论。《泰坦尼克号》

发行两个月之后，看过这部电影的二十五岁以下女性中，有45%看过两遍。有些人举办《泰坦尼克号》派对，聚在一起欣赏电影原声音乐——还一起落泪。不过，推动票房的不仅仅是年轻女性。年轻的男孩子作为传统的票房主力，也跑来看电影中的动作场面。年纪大一些的观众，不论男女，都占据了购票者中非同一般的高比例。二十世纪九十年代是以犬儒和讽刺为文化标志的十年，而在这个十年的中期，一部极其真诚的电影吸引了大批观众。似乎世界各地的观众所需要的正是老式的情绪释放。笑是地区性的，而无论东京、罗马还是墨西哥城，观众都为电影中的同一幕哭泣。开罗一位名叫拉尼亚·阿尔·拉萨兹的女研究生接受《纽约时报》采访时说，她等了一个多礼拜才买到四月份的一张《泰坦尼克号》电影票。她说："这不是一部美国电影，这是一部属于全人类的电影。"《纽约客》杂志前影评人保利娜·凯尔对《新闻周刊》不屑地说，《泰坦尼克号》"循规蹈矩，但似乎正是人们期待已久的。"

电影的文化影响远远超出了电影院。图书馆中有关泰坦尼克号的书籍被人纷纷借出，沃尔特·洛德1955年出版的《记取斯夜》和1912年参议会关于沉船的调查报告都分别重新出版。彼得曼邮购公司（J. Peterman）通过其邮购目录卖出了几十万美元的《泰坦尼克号》周边产品，包括救生衣、船的设计图和价值两万五千美元的船锚。餐厅的厨师纷纷推出《泰坦尼克号》菜单。邮轮公司则传来了船票销售一路暴涨这个令人称奇的消息。泰坦尼克号曾是人造悲剧的标志，现在则成了浪漫的同义词。邮轮上不断地有乘客试图学着杰克和罗斯那样站到船头去，但随后便失望地发现，在大多数轮船上，此举都是严格禁止的。另外，也有许多人确实开始留意轮船上救生艇的数量。

电影票房在情人节之后终于开始回落，但速度很缓慢。《泰坦尼克号》连续十六周登顶票房榜，打破了历史纪录；全球票房总收入达十八亿美元，又是一项纪录。随着大笔钞票涌来，又出现了另一个戏剧性的故事。福克斯究竟会不会按比例付给卡梅隆后期分红，毕竟这笔钱此时确实已经存在。实际上，从法律角度看，他们别无选择。一年前，他们拒绝了卡梅隆关于放弃后期分红的提议。卡梅隆说："我很高兴，这是一大笔钱。"但他拒绝透露《泰坦尼克号》让他赚了多少钱。"而最让我高兴的地方是，他们因为贪心，最后砸了自己的脚，就好像一只狗为了要倒影里的骨头而丢下嘴里的骨头一样。”

《泰坦尼克号》总共获得了创纪录的十四项奥斯卡提名，赢得了其中十一项，包括最佳导演、最佳剪辑和最佳影片，平了《宾虚》（*Ben-Hur*）的纪录。多年来，卡梅隆的电影获得过多个奥斯卡奖。但这是他第一次拿到属于自己个人的奥斯卡奖，可以将小金人摆在家里。当晚他还三度上台发言。他和琳达·汉密尔顿一起出席了颁奖礼。“实在是紧张得要死，”他说，“琳达晚礼服上一根带子断了，结果这件晚礼服备受关注。等到一切终于结束时，我真的很高兴。”拿到奥斯卡最佳剪辑奖时，卡梅隆第一次上台讲话。他保持了冷静，让别的剪辑人员先说，自己发言时则提到了女儿。第二个奖是最佳导演奖，他举起奖杯，大喊“我是世界之王！”就跟迪卡普里奥在泰坦尼克号船头上的高喊一样。结果并不像卡梅隆预期的那样——许多人觉得他此举不是在庆祝，而是出于高傲。“回想起来，最滑稽的一刻，是我在后台见到沃伦·比蒂时他脸上那种疑惑的表情，”卡梅隆说，“他的神色好像在说，‘你脑子犯迷糊了吧？’”卡梅隆最后一次上台讲话则低调了许多——这回是领取最佳影片奖，他提议为泰坦尼克号的遇难者默哀。虽然这段话在人们的记忆中被“我是世界之王”掩盖了，但是，卡梅隆的最后一次讲话揭示了泰坦尼克号这艘船和这部电影对他个人产生的影响：“《泰坦尼克号》所要传递的信息，当然，是巨轮也会沉没，意外总是难免，未来不可知晓。我们唯一拥有的就是今天。生命如此宝贵，所以，这几秒钟的时间里，我想请大家倾听自己的心跳，这是世界上最珍贵的东西。”

《泰坦尼克号》上映时，卡梅隆四十三岁。无论在奥斯卡颁奖礼上的发言多么不谦虚，他确实是世界之王。这部电影在事业上所达到的高度，对他而言，难以奢望再度企及。而此后几年，他甚至懒得再度出手。完成《泰坦尼克号》之后，他对一位加拿大记者说，打算花几年时间和女儿在后院建造沙堡。他说：“我只希望自己的心能以一条平静而稳定的曲线跳动一段时间。”他的生命将翻开新的一页，进入一个安享天伦和悉心探索的阶段。在登上导演这一行当的权力巅峰后，卡梅隆一度完全告别了电影长片的制作。

9.
现代麦哲伦

新玩意与新冒险

在《泰坦尼克号》之后，卡梅隆开始称自己为"世界上最忙的失业电影人"。虽然多部长片计划到了他的案头——《人猿星球》（*Planet of the Apes*）重拍、《终结者3》（*Terminator* 3）、《真实的谎言》续集、一部关于彗星的《闪亮天使陨落》（*Bright Angel Falling*）、《蜘蛛侠》——他一部也没有接。他已经征服了好莱坞，而且，说实话，他对此并不是很在意。相反，他将自己的眼光放在了人类鲜有涉足的领域——深海、太空和新技术。"他想要生活，"卡梅隆的同行好友吉尔摩·德尔·托罗说，"他想活出我们多数人只敢梦想的人生。在奥斯卡颁奖礼之后，卡梅隆去了**他的**迪斯尼乐园。对他来说，这是一段拥抱新玩意与开创新冒险的时期。"卡梅隆正赶上了探索的时代。太空竞赛、雅克·库斯托的水下探险——二十世纪六十年代，探索的精神在世界各地蓬勃而生。对卡梅隆来说，对于探索的热爱从来没有减弱。"要是生在当年，他肯定是坐着大篷车穿越美国的那批人之一，"卡梅隆的母亲雪莉说，"只要是新奇的东西，他都会钻研。"在《泰坦尼克号》之后，卡梅隆有了充足的时间和宽裕的资金，可以尽情满足自己的"漫游癖"。"我确实觉得我能够做一些以前可望而不可即的事情了,”卡梅隆说,“就好像电影《冲突》(*Serpico*)中弗兰克·瑟皮科的那番高论:‘你懂芭蕾吗?到了我这个地步,什么都能做。’我有了钱,不怕跟任何人叫板,可以休息一段时间了。我先停下电影生涯中的脚步,做些我一直想去做的很酷的事情。”卡梅隆觉得他或许会花上两三年时间进行深海探险,同时开发一些新项目,留待以后再完成。“我不是完全离开好莱坞,不像J. D. 塞林格那样一去不复返。”但是,这位导演离开长片制作的时间,比他预料的要长得多。

分手

当卡梅隆与斯坦·温斯顿、斯科特·罗斯于1993年创建“数字领域”时,他的目的是开拓CG研发,并利用公司的技术进步来改善自己的电影,就跟乔治·卢卡斯在二十世纪八十年代创建“工业光魔”一样。卡梅隆是“数字领域”的CEO兼董事局主席,也是公司最大的客户。卡梅隆的电影将提供大量的机会给“数字领域”,使之致力于这个行业中位居前沿且颇为划算的工作。但是,导演的个人创意之路和公司的商业计划产生了分离,双方最终于1998年在加州威尼斯举行的一次火药味十足的董事局会议上彻底谈崩。董事局忧心卡梅隆担任CEO和身为电影人之间的利益冲突。作为CEO,卡梅隆的职责是推动“数字领域”在商业上的成长。作为电影人,他的动机是以尽量少的钱获得尽量多的CG特效。公司凭借《泰坦尼克号》拿下了第一个奥斯卡奖,然而公司投入的工作量极其庞大,而卡梅隆付的钱却打了折。卡梅隆说:“我一直觉得,我所做的一切都符合‘数字领域’的利益,也符合我本人这些电影作品的利益,但董事局有些意见。我开始不喜欢这种关系了。当我所必需的一切控制都被看成是利益之争所致,这对于我来说不是什么好现象。”

想让别的公司把赌注压在他的特效电影上,卡梅隆知道这绝不现实。但是,他对“数字领域”的要求——尖端技术,尤其是在CG人物造型设计方面——随着公司在结构上愈来愈受制于IBM和媒体集团“科克斯通信”(Cox Communications),也开始变得不太可能。罗伯特·勒加托在二十世纪九十年代曾是“数字领域”的一名设计师,为《泰坦尼克号》创造了数码替身。他说:“作为一门生意,‘不可以’总要比‘可以’多。这对吉姆来说是种煎熬。‘数字领域’因他而创立,现在突然冒出了一群董事,而你也不能再去冒风险,不能再尝试新事物。”此时的卡梅隆对公司规避风险的策略越来越烦恼,董事局已看出特效行业寒碜的现状——整个行业的境况并不那么美妙,5%的年收益率,已经算是好年头了。“数字领域”的主席斯科特·罗斯希望扩张,将特效公司升级为制作公司,重走皮克斯从一个动画研发作坊成长为好莱坞一线电影公司的道路。但是,卡梅隆已经有了一家制作公司——“光风暴”——而他也不想再搞一家。罗斯想通过 IPO 的方式来筹措资金,为此,那次董事局会议上,一位高盛的投行顾问准备要做一番上市计划报告。此时,卡梅隆打断了她的发言,站起来,向董事会宣读了一份手写的文字。卡梅隆回忆:“基本意思就是感谢他们给了我与他们这样优秀的人士合作的机会,并正式辞去 CEO 和董事局主席的职务。”正当卡梅隆起身准备退席时,他自《终结者》以来的创意伙伴和朋友温斯顿也站了起来,重复了卡梅隆的话,和他一起离开。罗斯对外发布了一份声明,解释说“随着‘数字领域’的成熟,公司具备了更大程度的自立能力”。但是,私底下,董事局暴跳如雷。卡梅隆和温斯顿是公司品牌的支柱,没有这两个人,华尔街才不会追捧“数字领域”。

当七年后卡梅隆开始制作下一部特效电影《阿凡达》时,他没有找“数字领域”,而是请彼得·杰克逊旗下曾荣获奥斯卡奖的特效公司“威塔数码”来完成大部分 CG 特效工作。“威塔数码”以电影人为中心的结构正是卡梅隆在创立自己的公司时所力图实现的目标。“数字领域”离开卡梅隆后也活了下来。虽然它从未上市,也没有成为下一个皮克斯,不过,2006 年,《绝世天劫》和《变形金刚》(*Transformers*)的导演迈克尔·贝买下了这家公司。2009 年,凭借在《返老还童》中将布拉德·皮特饰演的主角生命历程返老还童的特效,“数字领域”获得了本公司自《泰坦尼克号》以来的第一个奥斯卡奖。卡梅隆说:“我对我们在‘数字领域’所创造的一切深感骄傲。我们几乎在一夜之间创建起了一家世界级的视觉效果公司。十七年后的今天,它仍然是一流的公司。不过,现在,那是迈克尔·贝的摊子了。”

那一年,卡梅隆也将结束更具个人意义的另一段关系——与琳达·汉密尔顿的婚姻。自1991年拍摄《终结者2》以来,两人的关系就一直反反复复。他们在1997年7月结婚,而到1998年夏天就已分居。二十世纪九十年代中期,汉密尔顿开始治疗困扰她多年的情绪波动问题,而她与卡梅隆都希望和当时五岁的女儿约瑟芬一起通过家庭生活来寻求安稳。那时,卡梅隆刚刚花了三年工夫完全投身于制作《泰坦尼克号》,当他终于从一心一意的工作中解脱出来,却发现他的家庭气氛远远谈不上平和。就连在那年三月的奥斯卡颁奖礼上,两人的问题在摄像机前都表现得一清二楚。一位记者请汉密尔顿谈谈《泰坦尼克号》囊括十一项奥斯卡大奖的壮举对她丈夫造成了何种影响,她尖锐的回答听上去全然不像一位骄傲的妻子:“他一直是个混蛋,所以,确实没法衡量。”同年十二月,汉密尔顿提出离婚,原因是双方的分歧无法调和。多年后,她坦然讲述了自己与心理问题的纠葛,以及这又如何影响了她的婚姻。汉密尔顿在2005年对奥普拉·温弗里说:“吉姆和我在一起的时候,我的情绪失控正在加剧。我和他争,关于他生活的一切,我都和他争。我确实说了很多残酷而伤人的话。你知道,这些话是绝不该对你爱的人说的。”这便是卡梅隆的第四次离婚。

向深处去

对卡梅隆来说,平和存在于大洋的深处。在完成一部电影后,他说:“通常我会先去潜水,以实际的减压来减压。我觉得水下世界是好莱坞的一剂解药。没有人知道你是谁。你只是食物链的一部分。”在完成《泰坦尼克号》后,卡梅隆希望尽快回到海里,不是作为一个潜水旅游者,而是一个深海探索者。他觉得,最好是拍摄一部以重访泰坦尼克号残骸为卖点的纪录片。这一次通过新的技术,他可以将观众带入更深的内部——顺带再走访一下德国战舰俾斯麦号。他还想借机测试一些与文斯·佩斯合作研发的3D摄像机。佩斯曾协助卡梅隆构建了《深渊》

中的水下照明系统，这部片子也因此获得了一项奥斯卡奖。

2000年，当卡梅隆首次与佩斯联系如何研发新型3D摄像机时，好莱坞大多数人还认为这是已经过气的旧模式。1952年的剧情片《非洲历险记》(*Bwana Devil*)讲述了一个食人狮的故事，立体电影自此开始了一个短暂的黄金时期。不久，文森特·普莱斯主演的一系列恐怖片——其中包括《恐怖蜡像馆》(*House of Wax*，1953)和《疯狂魔术师》(*The Mad Magician*)——将3D推上了顶峰。之后，这一模式逐渐衰微，每隔十几年才重新复苏一次，很快又被人遗忘。因为使用的是传统的摄像机和放映机，3D电影对于电影的拍摄者和放映者来说都过于笨重，有时还会使观众眩晕。制作一部3D电影需要用两台摄像机同时拍摄——一台表示左眼，一台表示右眼。当同步放映且通过眼镜使每一只眼睛只能看到一个镜头的图像时，两条胶片造成了视觉深度上的幻觉。但是，用传统的摄像机，完全同步几乎是不可能的。这种缺点造成了幻影，甚至会导致观众恶心头痛。卡梅隆在《终结者2—3D版》中曾试验过3D电影。这部摄制于1996年的电影时长十二分钟，耗资六千万美元，用于环球影城主题公园。虽然当初拍摄时使用的是两台连在一起的笨重摄像机——整个装置就像一台四百五十磅重的洗衣机——但他的团队依靠一套电缆系统，完成了若干革命性的动态镜头。这一项目使卡梅隆对数字时代的3D电影产生了浓厚兴趣。正如他过往电影生涯中的多次经历，卡梅隆再度忽略了主流智慧，决心自行探索3D的真正潜力。如果对自己的发现感到满意，他就打算在下一部电影中使用3D技术。

卡梅隆同时还在与他的兄弟迈克合作建造几部微型机器人潜水器，以便探索泰坦尼克号残骸的边边角角。他在1995年使用的遥控潜水器"史努比小狗"太过庞大，无法进入舷窗，而且必须通过与"和平"号潜艇相连的电缆才能工作。如果电缆被卡住，机器人就无法取回。卡梅隆从1998年起自己出资研究迷你遥控潜水器。花了三年时间和每部一百万美元的代价，卡梅隆兄弟才造出了两部机器人，分别取名杰克和埃尔伍德，作为对"布鲁斯兄弟"(Blues Brothers)*的致敬。杰克和埃尔伍德最

* NBC电视台《周六夜现场》中的喜剧人物，后来被搬上银幕。——译注

大的成功之处是其微小的体积。多数可在水下两英里半深处工作的机器人都有电冰箱那么大,而杰克和埃尔伍德的大小则接近微波炉。与“史努比小狗”不同的是,杰克和埃尔伍德以内部电池来提供电源,通过一根头发丝粗细的光纤将讯号传回监视器。光纤长两千英尺,绕在机器人内部的一个线轴上,即使卡住或断裂也不会导致机器人无法取回。

2001 年 9 月,卡梅隆重返俄国潜艇,再次回到了泰坦尼克号的沉没地。这一次他的技术实力大大增强。他还带上了比尔·帕克斯顿,目的是在这次探险过程中能够听一听来自门外汉的观点。此外,旅伴还有科学家和历史学家,包括《泰坦尼克号》的顾问肯·马歇尔和唐·林奇、卡梅隆的朋友约翰·布鲁诺和刘易斯·阿伯内西。通过杰克和埃尔伍德,探险队员们可以看到自泰坦尼克号沉没之夜以来无人见过的场景——装着含铅玻璃的舷窗、铁艺门,还有一口桃木橱,虽然经历了轮船剧烈的解体和沉没过程,橱内居然还整整齐齐地叠着印有“白星邮轮”标志的瓷盘。但是,第二次下潜时,埃尔伍德突然失去动力。它身上的电池爆炸了,它也浮到 D 甲板的顶棚上,一动不动。这一来,卡梅隆在沉船里有了他自己的沉船。这次探险又多了新的目的。“我才不会把价值一百万的潜水器留在泰坦尼克号里,”卡梅隆说,“但要把它取回,我则要赌上另一部价值一百万的潜水器,而世界上只剩这么一部了。”两部机器人在设计时就考虑过让它们能够互相解救。它们表面贴满了尼龙搭扣,一部机器人可以贴上另一部,然后拉动。第一次尝试没有成功。再度潜水时,又尝试了第二次,依然失败。不过,探险队做出了决定,不会落下埃尔伍德。阿伯内西发出号召:“一个布鲁斯兄弟不会抛弃另一个布鲁斯兄弟的!”正是他提议在最后一次营救计划中使用一个科技含量很低的工具。

2001 年 9 月 11 日上午,卡梅隆和他的队员们从平静的海面出发,决心要将埃尔伍德带回。他们试图用一个衣架来取回一件尖端技术的结晶。卡梅隆最小的弟弟约翰·大卫在“凯尔迪什”号上负责通讯。下潜后大约一个小时,大卫向“和平”1 号中的卡梅隆发了一条讯息:“恐怖袭击。世贸中心。空中交通停止。”潜艇中的成员不知道这条信息该如何处理。吉姆·卡梅隆回答:“不明白你的意思,你是不是建议取消下潜？完毕。”约翰·大卫回复:“不是,再说一遍,不是取消下潜。”两艘潜艇都收到了讯息。他们只能想象水面上的世界发生了什么。很快,他们到达了海底,开始了营救机器人的行动。卡梅隆操纵着杰克,尽力用衣架勾住埃尔伍德周围的金属网。几次尝试后,他勾住了埃尔伍德,但机器人却无法移动。此刻埃尔伍德已经挂住杰克。卡梅隆打算放弃埃尔伍德,切断两个机器人之间的连接,但却未能成功。他没法分开两个机器人。他决定最后尝试一次,将杰克的推力开到最大。突然,拉力陡然一变。“嘿！动起来了！”他高喊。两台机器人都回了家。

“和平”号舱员回到水面时都喜形于色,登上“凯尔迪什”号后,他们分享了这个好消息。但是,这艘俄国船只上的气氛却很阴郁。他们回来时,世界已经变了天。潜艇里的舱员得知了他们错过的信息——恐怖袭击降临世贸中心,还袭击了五角大楼,另有一架被劫持的飞机在宾夕法尼亚坠毁。三千人丧生。卡梅隆说:“突然之间,我们做的一切都失去了意义,变得如此无关紧要。你融入了自己的幻想,觉得自己的工作是生死攸关的大事,而在此刻,你意识到这其实不过是幼稚的傻事。”当探险队员从最初的震惊中缓过神来之后,他们意识到悲剧之间的共同点。泰坦尼克号是定义了一个新世纪的大灾难,而“9·11”事件同样如此。卡梅隆感慨,泰坦尼克号是一个“关于安全的悲剧”,是来自另一个时空的隐喻,帮助他们反思眼前的失落、哀伤和震惊。

几天之后,他们继续潜水探索泰坦尼克号。考虑到这次恐怖袭击事件的影响,卡梅隆暂停了探索俾斯麦号的计划。到2001年探险结束,卡梅隆已经在泰坦尼克号身上耗费了三百三十个小时,甚至比这艘船的船长在轮船沉没之前待在船上的时间还要多。

伙计吉姆

卡梅隆的朋友说起“伙计吉姆”,好像这个家伙与“导演詹姆斯·卡梅隆”完全是两个人。施瓦辛格说:“这有点不可思议,他几乎完全变成了另一个人。”跟两个吉姆都有交情的人,把片场上换了一副截然不同面孔的卡梅隆叫做“MIJ”[吉姆(Jim)反过来拼写]。他们把卡梅隆的脸当成风暴云一般,小心地察言观色。约翰·布鲁诺说:“我更喜欢‘伙计吉姆’。”他从二十世纪八十年代中期就开始和卡梅隆共事,在生活中也成了朋友。“我可以根据他提问题以及与人说话的方式来酌情判断,注意他说话的时候是什么腔调。他会严厉地对待某人。如果他转过身来说,‘这真是操蛋,’那么,此刻就不是问他话的时候。”卡梅隆的朋友吉尔摩·德尔·托罗说,工作中的卡梅隆,注意力和投入程度仿佛激光,“大家都知道激光会造成什么后果。”

德尔·托罗也许是讲述“伙计吉姆”故事的最佳人选。这两位导演在二十世纪九十年代初结识于朗·普尔曼的国庆节烧烤宴上。德尔·托罗多年以后才执导《地狱男爵》(*Hellboy*)和奥斯卡大赢家《潘神的迷宫》(*Pan's Labyrinth*),并以其黑暗而诗意的幻想成为业界宠儿。他们认识的那一天,德尔·托罗正在美国筹措经费,争取完成首部在美国发行的电影《魔鬼银爪》(*Cronos*),主演就是朗·普尔曼。卡梅隆刚刚完成耗资一亿美元的《终结者2》,与他同去的还有琳达·汉密尔顿,她与普尔曼曾共同出演电视剧《美女与野兽》(*Beauty and the Beast*)。《魔鬼银爪》耗资一百七十万美元,是当时墨西哥耗资最大的电影。卡梅隆对德尔·托罗说:“我听说我们两个分别拍摄了各自国家最昂贵的电影,什么时候我能看到你的影片?”几个月后,卡梅隆成为美国首批观看《魔鬼银爪》的观众,地点在好莱坞“罗利影城”(Raleigh Studios)的卓别林剧院(Charlie Chaplin Theater)。卡梅隆在德尔·托罗的摄影师吉尔摩·纳瓦托的全程翻译下观看了整部电影,因为电影的制作者当时已没有资金来制作字幕。卡梅隆非常喜欢这部电影,发现德尔·托罗跟自己是同道中人。与卡梅隆一样,这位外向的墨西哥导演从电影制作中的技术部门一路做起——他追随一代宗师迪克·史密斯学习了化妆和特效,还在片场上担任过从举麦克风的打杂工到副导演的所有职务。

为了保证制作《魔鬼银爪》所需要的资金,德尔·托罗不得不在填饱肚子和影片的后期加工之间进行选择。他说:“我的日子过得就像流浪汉一样。”不过,每当他到洛杉矶,他都会住在卡梅隆位于马利布的家里,睡在客房,通常一待就是一个多月。卡梅隆和德尔·托罗那个时候都是单身，他们一起叫外卖，看电影，坐着卡梅隆的跑车办杂事。"他是一个极其恐怖的司机，"德尔·托罗说，"我们一起兴高采烈地去买激光唱片。我买三张，他则买一百张。他很喜欢听我提些古怪的想法。"他们看了卡梅隆最喜欢的电影《绿野仙踪》(*The Wizard of Oz*)("因为这是一部完美的电影，"卡梅隆特意解释)，还有日本动画，以及德尔·托罗挑出来的那些糟糕的意大利恐怖片。他们到好莱坞的"Cinerama Dome"影院观赏《2001：太空漫游》。他们还互相批评对方的剪辑初稿，有时在剪辑室里一待就是几天，共同探讨双方拍得有问题的镜头。卡梅隆在巴哈拍摄《泰坦尼克号》时，正是靠德尔·托罗的帮助，才没有在建造摄影棚时被人牵着鼻子走。

但是，直到1998年他父亲在墨西哥瓜达拉拉哈拉被人绑架，德尔·托罗才意识到"伙计吉姆"有多可靠。那时，米拉迈克斯刚刚发行了德尔·托罗成本最高的一部电影——耗资三千万美元的《变种DNA》(*Mimic*)。在自己的家乡，这位导演被认作是好莱坞的大人物。一群罪犯绑架了费德里科·德尔·托罗，向他的儿子索要赎金。后来他们又将赎金数字翻了一倍。在长达七十二天的磨难中，卡梅隆不断地给德尔·托罗打电话，发电子邮件，并依据自己在个人安保上的经验向他的朋友提出建议，商量如何雇佣正确的人来谈判。他审阅了谈判者提交的推荐信，还借钱给德尔·托罗支付谈判者的酬劳，这笔钱对德尔·托罗一家来说可是不小的负担。德尔·托罗回忆："在我所有的朋友中，吉姆是最积极挺身相助的一个。"父亲一获释，德尔·托罗就马上偿还了这笔钱，并将全家从墨西哥搬到了美国。德尔·托罗说："谈论这位艺术独裁者的传奇要容易得多。但很少有人知道吉姆的另一面。"不过，在《泰坦尼克号》之后，随着卡梅隆远离传统的电影制作，全力投身于个人感兴趣的领域，"伙计吉姆"开始得到更多人的认识。

2000年6月，卡梅隆和苏茜·埃米斯结婚。这位腼腆高挑的女演员当时三十四岁，因在《泰坦尼克号》中扮演罗斯的孙女而引起了卡梅隆的注意。她来自俄克拉荷马州，父亲是空军飞行员，母亲是家庭妇女。埃米斯十六岁时就被人发掘，成为模特，很快便到巴黎生活，并参与拍摄了福特模特经纪公司"八十年代面孔"系列作品，在各大杂志封面上现身。1986 年，埃米斯首次亮相舞台，在外百老汇话剧《新马》(*Fresh Horses*)中扮演一位浪荡少女，成为这部话剧中唯一获得剧评人好评的演员。当她被选中加盟《泰坦尼克号》时，埃米斯已经在许多电影中有过出色的表演，只是这些电影通常只为影评人熟悉，而不为一般观众所知。例如，在那部翻拍的西部片《小乔的歌谣》(*The Ballad of Little Jo*)中，她扮演一个装扮成男人的女子，生活在一个矿山镇上。她与她的前夫、演员萨姆·罗巴茨所生的六岁儿子贾斯珀每次都跟她一起到片场。在 1996 年拍片期间，卡梅隆自己的女儿约瑟芬也有三岁了，他当时与琳达·汉密尔顿的关系则时起时落。埃米斯身上敢于冒险的气质是卡梅隆无法抗拒的——她会驾驶赛思纳飞机，精于射击，擅长骑马。此外，她还有一点与众不同——作为一位女演员，她似乎对出名并不那么感兴趣。他们身边的剧组成员都看出埃米斯和卡梅隆之间存在着某种火花。帕克斯顿说："我就知道吉姆对她有意思。"

卡梅隆后来和埃米斯生了三个小孩：克莱尔、奎恩和罗斯，他们与卡梅隆的女儿约瑟芬、埃米斯的儿子贾斯珀一起在卡梅隆位于马利布的家里长大成人。卡梅隆的朋友和家人头一次不必屏住呼吸等着看闹剧。他似乎找到了一个能够平衡他性格的人，不会惹他发脾气。"苏茜是一个平和的人，如同大地之母那种类型。她能够带出他身上最好的特质，又使他能够做回自己，"汤姆·阿诺德说，"他非常尊重她。他一直很尊重女性。你从他的电影中那些人物就能看出来，而且，如果你跟他相熟的话，就会知道他是个勇于反省人生和直面过错的人。"卡梅隆的电影中涉及婚姻的部分表明了他非常传统的观念——《深渊》中的布里格曼夫妇和《真实的谎言》中的塔斯克夫妇都在矛盾冲突过后重归于好。这种皆大欢喜式的结局，他以前一直没有在自己的生活中实现。当他 1994 年拍摄《真实的谎言》时，卡梅隆希望将电影海报设计成一个手榴弹，拉环画成一个婚戒。"我当时还没有遇到苏茜。因此，婚姻对我来说仍是手榴弹。"但是，《真实的谎言》没有拆散家庭，即使全家人都藏着大量的秘密，而且是一群间谍。"你从电影的结局就能看出我非常赞成婚姻、父爱和真情，"卡梅隆说，"我现在还是这样。"

“你们这群怪胎到底为什么想上火星？”

1994 年 8 月，卡梅隆在科罗拉多大学布尔德分校向大约七百名未来的火星探险者讲演。他们多数是非营利组织“火星协会”（Mars Society）的成员——科学家、工程师、学生，还有其他热衷于这颗红色星球的普通人，比如教师和宾馆管理人员。他们倡导探索火星，并向火星移民。卡梅隆嘲笑他们：“你们这帮人都疯了，知道吗？你们明不明白，火星非常非常远，而且非常非常冷？再说，如果你们去了火星，好多年都不能回来，你们想过吗？你们这群怪胎为什么想上火星？”随后，卡梅隆承认，他自己也是这群怪胎之一。在他演讲的时候，他正在筹划一部情节虚构的 3D 版 IMAX 电影，以及一部五小时的迷你电视剧，目的是尽可能准确地描述人类首次前往火星的旅行。同年早些时候，国家宇航局向火星发射了两个探测器，掀起了民众对火星的兴趣和热情。卡梅隆早就认为人类殖民火星是地球一旦无法居住时最好的替代方案。他读过航天工程师罗伯特·祖布林 1996 年宣扬星球改造的小册子《火星计划：殖民红色星球之计划以及我们为什么必须这样做》（*The Case for Mars: The Plan to Settle the Red Planet and Why We Must*），还聘请祖布林担任他那部火星电影的顾问。

卡梅隆的电影讲述的是一群探索者前往火星，设立一个定居点，随后遇到麻烦，最终靠着他们的智慧和勇气脱险的故事。虽然是一个虚拟的故事，但卡梅隆希望将故事编得尽可能真实。卡梅隆在《泰坦尼克号》中力求还原历史，重现沉船那一刻，这次他也严守规则，这些规则符合物理，且深入挖掘到了细枝末节。对卡梅隆来说，奇思玄想的科幻作品，如《星际迷航》和《星球大战》，都让太空旅行看上去过于容易，略去了探索其他星球时真正面临的挑战和困难。“我的火星电影是真正的科幻作品，是从当前的真实场景延伸到未来某个特定时间的真实场景，”卡梅隆说，“这不同于幻想式的作品，比如《阿凡达》，因为在《阿凡达》中，我们去往另一个世界，在那里编造出我们设想中的规则。”

卡梅隆设法得到了一份非官方的国家宇航局研究文件，名为“设计参考任务2.0”(Design Reference Mission 2.0,简称DRM),其中列出了跟火星探险相关的诸多概念。卡梅隆着手分析其中涉及的数学问题。他发现,DRM中的数学问题存在不妥之处。于是,他向国家宇航局的工程师指出了这一问题。他们不好意思地表示同意,辩称DRM偏重于“概念性”,只是一种思维练习。卡梅隆说:“之前我却把它当真了,花了好几个月的时间来研究。”不过,他确实在DRM的基础上加以改进,甚至设计了自己的火星登陆器和漫游车,且是两者合一,他称之为“登陆漫游车”。这一设计在国家宇航局之前的文档中并未出现过。而且,当卡梅隆将自己的图稿和表格带到休斯顿的“约翰逊航天中心”(Johnson Space Center),展示给那里的工程师时,他们承认他这种非正统的想法确实有可能行得通。这是一架颇具实用功能的航天器,而设计者只学过几门大专物理。祖布林说:“如果吉姆·卡梅隆受过专业训练,他会是一个顶尖工程师。虽然只是业余玩票,他却提出了许多有创意的想法。其中有些稍显离谱,但也不乏好主意,而这些好主意,对于科班出身的工程师来说,他们可能永远都想不到。”2011年,国家宇航局将发射一艘造价四十亿美元的飞船前往火星——那正是一辆登陆漫游车。这并非卡梅隆的设计,但两者却很相似。

卡梅隆希望,他的火星电影,即他第一部虚构的3D版IMAX电影,能够在业界推广3D格式。但是,出了几件事,降低了民众对火星的兴趣,也因此削弱了这部影片的商业效应。1999年发射的两个火星探测器先后失败,这对火星爱好者来说堪称莫大的失望。此外,另外两部火星电影在2000年上映:一部是布莱恩·德·帕尔玛的《火星任务》(*Mission to Mars*),另一部是瓦尔·基尔默的《红色星球》(*Red Planet*)。两部影片都既不叫好也不叫座。如果想让业界拥抱3D,卡梅隆觉得他可能得转向一部观众面更广的电影。祖布林回忆:“他说,‘我知道这些电影表现不佳,但并不代表火星电影不能成功。尽管此类偏见确实存在。如果我要推广3D化的IMAX技术,我必须拍一部无比成功以至于没有影院会拒绝的电影。’”因此,卡梅隆决定在下一部他认为商业上更有潜力的科幻电影《阿凡达》中使用3D技术。他说:“我觉得我只要在我们确实登陆火星之前拍成那部火星电影即可。这样的话,我还有二十五年左右的时间。”

虽然卡梅隆暂时搁置了他的火星电影计划，但他对于真实的太空旅行反而更加热情高涨。2000 年，他找到一家名为 Energya 的俄国私营航天公司，洽询有关前往“和平”号空间站并在那里拍摄一部 3D 纪录片的事宜。他接受了深入的体检——眼科、牙科、跑步机测试、肛门检查——并在莫斯科严酷的训练中顺利过关。但是，当卡梅隆回到美国时，“和平”号空间站由于缺乏经费，即将关闭。Energya 打电话给卡梅隆，建议他到国际空间站去。这听上去不错，但却意味着要和国家宇航局打交道，这可是一个谨慎的官僚系统，刚刚被第一位太空旅游者丹尼斯·蒂托弄得非常尴尬——此人未经国家宇航局允许就自己乘坐一艘俄国飞船到达了空间站。卡梅隆回忆：“我说我不单是只想做一名空间观光客。我想在国际空间站停留几个月，拍一部有关太空工作和生活的 3D 电影。”卡梅隆的电影计划稳步迈进。他筹到了三千万美元的经费，但还要更多的钱，以用于保险。他得知，如果想如愿尝试太空行走，他得在国外进行十八个月的训练。由于刚刚组建新家庭，卡梅隆请求国家宇航局给他六个月的时间来考虑这一计划。在此期间，“哥伦比亚”号航天飞机在德州上空解体，七名机组成员全部遇难，这桩意外使国家宇航局态度骤变。卡梅隆说：“在‘哥伦比亚’号空难发生后，我这个计划无论如何都没法说服他们。他们甚至连自己的人都不让飞，更别说咄咄逼人的电影制作人了。”卡梅隆搁置了这个计划，但是，他与国家宇航局依然保持着联系。

2002 年，卡梅隆加入了“国家宇航局顾问会”（NASA Advisory Council）。这个独立的民间组织向国家宇航局的管理者提供建议，从而使卡梅隆得以跟宇航员巴兹·奥尔德林和约翰·格伦这样的人同桌而坐，该组织成员还包括大批著名的科学家和工程师。另外，卡梅隆参与设计了一台 3D 高清摄像机，以用于未来的火星任务。卡梅隆在国家宇航局的主要职能是指导他们更好地讲述自己的故事，并给这个机构里的科学家和工程师发表演说以鼓动人心。2005 年，在佛罗里达的奥兰多对航天工作人员发表的一番演说中，卡梅隆敦促国家宇航局展示其科学探路人的热情，让普通人了解他们，认同他们，并通过他们而真切地认识太空旅行。他说:“世界上有六十亿人只能待在地上,有机会进入太空者为数寥寥。那些飞向太空的人将成为其他人的阿凡达,代表了其他人的耳目、心灵和精神。”奥兰多的听众被他的讲话迷住了,报以雷鸣般的掌声。卡梅隆是一个科学追星族。他最大的梦想就是进入太空,不过,能够和宇航员在一起,进入他们的世界,也算一个不错的安慰奖。

试验女孩

卡梅隆的电脑上总是存着一个创意清单。他用自己的切口略语,勾勒出大致的人物和情境。里面提及的概念,可能是源自他看了《科学美国》杂志中的某篇文章,或是碰见某个人之后心头的感触。清单上的想法有几十条。有的只是几个字,有的则包括好几页的详细描述。他说:“我只会感到时间不够,不会想法不够。”在二十世纪九十年代末期,卡梅隆的清单上冒出了这样一个概念——“试验女孩”。这个想法后来导致这位导演首次进军电视,并且让杰西卡·阿尔巴这位当时还默默无闻的年轻女演员事业迎来了转机。

卡梅隆一直在寻找一个能与老朋友查尔斯·埃格利(绰号“Chick”)合作的项目。他们在新世界公司的时候就已熟识。埃格利写了卡梅隆第一部电影《食人鱼2》的剧本。虽然那次创意之旅令两人都不堪回首,但是因此结成的友谊却维系多年。埃格利后来成了“史蒂芬·博奇科制片公司”(Steven Bochco Productions)的一位高层,制作了诸如《谋杀一号》(*Murder One*)和《纽约重案组》(*NYPD Blue*)等电视剧。当时,二十世纪福克斯正鼓励卡梅隆尝试创作一部电视剧,而“光风暴”主席蕾·桑奇妮也支持这一动议。“电视应该可以作为一种渠道,实现吉姆的某些创意,”桑奇妮说,“成本不是那么大,你尽可多试验、多尝鲜,还可以对社会上的热点问题做出反应。电视本身以及它所具有的即时性这种特征,带来了大量有趣的效应。”2000年秋,卡梅隆的“试验女孩”变成了福克斯电视台新摄制的连续剧《末世黑天使》(*Dark Angel*)。马克斯·格瓦拉是一名受过基因改造的超级女战士,生活在2019年所谓“信息末日”之后的西雅图。恐怖分子在美国上空的大气层内引爆了一种电磁脉冲武器，摧毁了大多数电脑和通讯系统，使整个国家陷入了一个经济萧条、犯罪横行、政府专制的时代。为了马克斯这个角色，桑奇妮考虑了几百位女演员，其中包括罗莎里奥·道森和雅辛达·巴莱特。阿尔巴从十三岁起就开始染指演艺事业，曾经参演过几部尼克罗顿儿童频道（Nickelodeon）* 的节目、几集《飞越比弗利》（*Beverly Hills*, 90210），还有德鲁·巴里摩尔的喜剧《一吻定江山》（*Never Been Kissed*）。然而，她发现，充满异域风情的相貌（因为她身上有墨西哥、丹麦及加拿大法语区的血统）难以为自己在影片中赢得主要角色，甚至连找一份赖以谋生的稳定工作，前景也不容乐观。阿尔巴说："如果我当时得不到出演《末世黑天使》的机会，我就准备去上大学，另谋出路。"旁人已经警告过她卡梅隆脾气暴烈，颇具凶相。所以，当她来到"光风暴"参加试演时，发现卡梅隆正亲自操纵摄像机，设置灯光，而且没有往常所见的大批选角助理和制片人，她大为吃惊。阿尔巴回忆："他说他想先选定扮演马克斯的演员，然后再围绕她来写剧本。我们讨论了马克斯的背景故事，以及她该如何来处理自己的情感。我有些胆怯。他是如此有影响力的大人物，却对一个十八岁女孩提出的观点兴味盎然。"卡梅隆特别指明不要金发碧眼的超级美女。阿尔巴回忆："他说他相信未来世界将是个种族融合的混血世界。这一观念那时多少是种忌讳，但他确实希望我能接受。"

《末世黑天使》的第一集，短短两个小时，在许多方面都算是一项成就。光说成本，这是卡梅隆头一回没有超支。一千万美元的成本，以电视的标准衡量，相当奢侈，是通常情况的两倍。而以卡梅隆的标准来看，这番开支真是低得让人喜笑颜开。他说："这样摸爬滚打，速战速决，确实很不错，不像电影拍起来没完没了。"当《末世黑天使》于 2000 年 10 月首次亮相时，《时代》周刊称赞了这部连续剧的黑暗气质以及阿尔巴充满活力的演出："我们见到的是未来的女性，她实在够劲。"其他的评论者都同意这一点，甚至连《纽约时报》政治专栏作家莫琳·多德也加入进来，承认她更愿意看《末世黑天使》中"爽快利落的对话、引人入胜

---

* 美国主要制作和播出儿童节目的电视频道。——译注

的色调和扣人心弦的打斗镜头”,而不是同时播出的2000 年气氛沉闷的总统大选辩论。显然,许多观众也有同感。当晚,超过一千七百万观众收看了该剧。

《末世黑天使》第一季的播出时间紧跟在《七十年代秀》(*That '70s Show*)之后,因此保持了相当可观的收视率。但到了第二季时,这部科幻连续剧的播出时间遭到变更,被挪至萧条的星期五晚上,排在一系列重播的喜剧之后。发现自己在电视网这个世界中无能为力,卡梅隆颇受打击。他可以打电话给电影公司的老板,说自己的电影还要额外多花六个月才能完成,但他却无法将《末世黑天使》从电视节目表的地狱中解救出来。即便如此,该剧仍然在获利。因而,当该剧主创在第三季前夕获悉接下来发生的变动时,大为震惊。卡梅隆、桑奇妮、阿尔巴和埃格利正准备飞往纽约参加福克斯向广告商和媒体宣布他们新一季电视节目的见面会,这时,卡梅隆得到消息说《末世黑天使》被取消了,是在最后一刻为《萤火虫》(*Firefly*)所替代。《萤火虫》是一部具有西部片风格的太空题材电视剧,出自《吸血鬼猎人巴菲》(*Buffy the Vampire Slayer*)的主创乔斯·威顿之手。后来,《萤火虫》平均每周的收视人数只有四百七十万,播完一季之后就被取消了。卡梅隆说,“这就是我在电视领域的十分钟探险。让人恨得牙痒痒。”

在主题上,《末世黑天使》具有许多卡梅隆式的风格:一个强健的女主角、大规模的技术失灵、人物在冷峻的未来世界闯荡。不过,这部电视剧之于日后的最大影响,就是将阿尔巴变成了一个真正的现象。她后来出演了电影《罪恶之城》(*Sin City*)和《神奇四侠》(*Fantastic Four*),成为后种族时代的性感尤物。正如卡梅隆当年预测那样,阿尔巴谜一般的美,完全不会给她带来难题。

我们阳光下见

当威猛的德国战舰俾斯麦号在靠近法国海岸的地方被击沉六十一年之后,2002 年 5 月 27 日,卡梅隆终于踏上了延迟多时的探险历程。此行是为“探索频道”制作一期特别节目。卡梅隆带上了那场血战中德军方面的两位幸存者。此役,这艘纳粹德国的超级武器沉入了大西洋水下三英里的深处,一千九百九十五名船员中有90%丧生,罹难者平均年龄二十岁。这是一处与泰坦尼克号截然不同的残骸。随着"和平"号潜艇靠近这艘卡梅隆称为"死亡之星"的战舰,他们看到船身一侧褪色的巨大"卐"字。俾斯麦号的残骸毫无美感可言。这是一个战争的工具,是一处惨暗的坟场。两位坚韧的战争幸存者已年届八十,看到卡梅隆的水下影像时,他们都流了泪。

俾斯麦号的沉没原因仍有争议。对卡梅隆来说,这次探险将变成一个侦探故事。二战期间,纳粹希望用俾斯麦号切断英国的生命线。这艘纳粹战舰击沉了作为英国王牌军舰之一的胡德号,并使船上的一千四百一十五名船员除三人之外全部丧生。"击沉俾斯麦号!"成了英国举国上下的呼号。在俾斯麦号执行首次任务的第八天,一支英国舰队在空军战机的支援下对其施以重击,最终使这艘可畏的德国军舰沉入了海底。这一胜利成了英国的骄傲,甚至派生出一部电影和一支歌曲。但是,有些幸存的德军士兵却声称,俾斯麦号并非被英国人的炮弹击沉,是德国人为避免英国人将船掳去而自行凿沉的。

利用遥控潜水器,卡梅隆拍摄了若干照片,目睹了这艘战舰自沉没以来再也不曾为世人所见的部分真容。他发现俾斯麦号的船体内壳没有被任何鱼雷或弹片击穿,因此,英国的鱼雷其实并未造成任何严重的进水。卡梅隆对前人在探索时发现的船体大裂缝提出了这样的理论——俾斯麦号发生了"液压破裂",即当它沉落水底撞击海床的时候,船身两边向外鼓出,导致某些地方出现了破裂。这在沉船调查中是一种重要的思路,不仅关注造成沉船的原因,而且还考虑舰船撞到海底之后发生的事情。基于卡梅隆的发现,研究者推断,受创的俾斯麦号可能用了长达半天的时间才慢慢沉没,正是这段时间让很多德国船员获救。卡梅隆的理论,未能得到自尊心强烈的英国历史学家欢迎,却为专门研究海洋沉船的科学家所接受。

2005年,卡梅隆又参与了"探索频道"另一次充满争议的侦探任务。纪录片《失落的耶稣之墓》(*The Lost Tomb of Jesus*)提出,耶稣的坟墓可能就在1980年开挖的一处公寓楼下面。这部纪录片挑战了传统的肉身复活理论,并提出耶稣和抹大拉的玛利亚死后作为夫妻合葬,而且他们生了一个儿子。卡梅隆下潜探访泰坦尼克号时的朋友查理·佩莱格里诺正在撰写跟这部纪录片搭配的书,他向卡梅隆介绍了这个项目,请他担任执行制片人。2007 年,在推广这部纪录片时,卡梅隆说:“我参与的电影项目,我都认为从中可以学到东西,能够满足我的好奇心。我对早期基督教历史非常着迷,很想知道这一切都是如何开始的。今天我们对耶稣的了解,超过了人们在两千年来的历史中对他的认识。”

此时,卡梅隆已远离电影制作。无论在智识上还是在情感上,他如此沉迷于探索和发现之旅,几乎连他自己都没觉察出来。2001 年至 2004 年,他有七个月的时间花在海上,进行了四十一次深水潜水。他生活的重心开始改变。“以前一切都以电影为中心。什么都能做,什么都能牺牲,跑到英国去,放弃拍片酬劳,不顾一切地拍电影,为上映做准备。”而在这段时期的探索之旅中,电影事业首次成了卡梅隆生活中的次要因素。每次下潜在即,关闭舱门之前,卡梅隆都会高呼:“我们阳光下见!”他很清楚,说不定这真有可能再也实现不了。卡梅隆的领导理念也因这些探险经历而有所改变。他得为别人的生命负责,在飓风来袭时决定是否下潜。他说:“这个问题不该取决于电影本身或艺术家的脾性。考虑此类因素,完全不合时宜。”他还开始反思自己以批评为主导的管理方式。“与人打交道,你得学会以尊重为基础。在开口说话之前,如果你意识到自己该尊重别人,你就会用不同的方式来对待他们。”

在俾斯麦号之旅过后,卡梅隆甚至自己买了潜水艇。全家本来要去巴黎度假,后来转到了法国南部的土伦。卡梅隆下水探险,妻儿往往会跟着去港口,为他送行,或者欢迎他归来。2003 年,他拍摄了纪录片《深海异形》(*Aliens of the Deep*),这是一部融合了雅克·库斯托的纪录片风格与外星幻想色彩的影片。卡梅隆与国家宇航局及其下属的“喷气推进实验室”(Jet Propulsion Laboratory)的科学家合作,调查海洋中的热水喷出孔。这些地方存在着一种奇特的生态系统,栖身于这个环境中的生物体不需要阳光就能存活。虾、蟹、蠕虫在此繁衍生息,所有能量都来自喷出孔的热量。科学家早就知道这一生态系统的存在,而对于这部影片的大多数观众来说,他们第一次知道生命离开太阳也能存在。在这部纪录片里，卡梅隆提出了一种得到太空生物学家支持的理论，即这些热水喷出孔生态系统的原理，或许可用来解释地外生命的存在方式，尤其是在木星的卫星“欧罗巴”上。经研究发现，这颗卫星冰封的表面下存在着液体水海洋。这趟探险刺激了卡梅隆的想象空间，他打算讲述自己的科幻故事。他看到的那些发着荧光、外形怪异的海洋生物，为他在《阿凡达》中设计动植物形象时提供了参照。

在探索过程中，卡梅隆找到了激情。而想要通过电影的方式表现出来，他得设法筹措经费。不过，除了让自己乐在其中，卡梅隆还开始意识到，勇于探险是一种需要鼓励的文化价值理念。二十一世纪的麦哲伦和达·伽马在哪里？更重要的是，普罗大众过去曾满怀惊诧地观看登月，带着对未知的憧憬，如今他们的探索精神又在哪里？“探索不是一种奢侈，”卡梅隆在2004年的一期《连线》杂志（*Wired*）中说，“它是人类社会作为一种文明形态的标志。它直接或间接地对社会每个成员有所助益。它对我们自身形象、信心和经济社会地位带来的积极影响，大到无法估量。”

到2005年的时候，卡梅隆已将自己中年时代的七年光阴（这很可能是一个导演毕生最多产的阶段）花在了探索新领域与新科技上，而不是用来拍电影。不过，他已准备好将自己在生活、工作和科学上的收获带回好莱坞。

10.

880 计划

avatar *（阿凡达）【名词】*

1. 降临人间的印度教神明，尤指人形或动物形的毗湿奴。

2. 状态或概念的体现或化身：一种现型。

3. 对一持续存在体的暂时或部分体现。

在猛兽的头脑中

2008 年 4 月，洛杉矶一间没有窗的仓库。七十多年前，霍华德·休斯在此建造过他的飞机。此时，另一位行事诡秘而不乏疯狂的天才正在工作。卡梅隆身穿冰球衫和牛仔裤，做着一件大牌导演不会做的事——操作摄像机。"为什么我什么都看不到?!"他站在空空如也的仓库里，向角落一小群围着一台监视器的工作人员大叫。"噢，噢，噢，我这里是猛兽的脑袋!"卡梅隆向后退，往取景器看了一眼：周围的黑暗变成了一片栩栩如生的茂密雨林，个子高挑、蓝色皮肤的外星版西格妮·韦弗正与一头猛兽打斗，猛兽的头刚好挡住了导演的视线。仓库里没有雨林，没有猛兽，没有韦弗，只有一群人和他们的电脑。然而，卡梅隆的摄像机允许他在自己创造的虚拟宇宙中拍摄。他越过猛兽的肩膀，进入了《阿凡达》的世界。

卡梅隆已经十多年没有拍过电影长片了。除了 2005 年在 HBO 电视台的《明星伙伴》(*Entourage*)中短暂客串扮演他本人之外,他几乎完全从好莱坞消失,只顾乘潜艇遨游,拍摄他的纪录片,以及尝试把玩电影制作中出现的新玩意。现在,卡梅隆回到了片场,开始讲述一个在他脑中酝酿多年的故事。一个前海军陆战队员在名为潘多拉的星球上挣扎求生。潘多拉有一类名叫“纳威人”的蓝色人形生物,漂浮的群山和发光的森林是他们的家园。星球上还居住着多种外星生物——六腿马、发光的树精灵、长着翅膀的“斑西”(banshee)*。那里蕴藏着丰富的神秘矿产“unobtainium”**,吸引了未来的人类前去殖民。因为这个星球的空气对人类有毒,一群经过基因改造的“地球人—外星人”混血儿,即阿凡达,被派往那里,其中就包括了双腿残疾的前海军陆战队员杰克·苏里。

《阿凡达》并非改编自任何漫画、小说或电子游戏,在当代的大制作电影中可谓独树一帜。整个故事都出自一个人脑海中的原创,目的既在于极尽未来幻想之能以娱乐大众,同时也对现实提出质疑。十二年前,卡梅隆初次写下《阿凡达》的故事情节。但在1996年那个时候,这部电影还是不可能完成的任务,因为影片所需要的技术手段当时还不存在。

《数字宣言》

卡梅隆开玩笑说他就好像印第安人一样,逮到一头水牛就一定会吃光用尽,不浪费分毫。他的意思是,只要自己有了想法,就一定会善加利用,敲骨吸髓,哪怕有时得等到数十年之后。他在二十世纪七十年代就创作了《阿凡达》中的若干形象。为布雷亚联合学区开车送饭时,卡梅隆已开始构思一些奇幻的景象,这些景物此后一直在他脑海里盘桓——会飞的水母、树精灵(当时他称之为“蒲公英那样的东西”)、发出各种生物彩光的森林和河流、长着翅膀的蜥蜴,还有大眼猫。1978年,当他与朋友兰德尔·弗雷克斯合作编写一部名叫《外星起源》的科幻剧本样稿时,他们设想出好几种星球的环境,以讲述一个人类女性和一个经基因改造的男性寻找安身之处来创造新家园的故事。卡梅隆描绘了云雾缭

---

* 原指爱尔兰传说中的女鬼,在《阿凡达》中被用来称呼一种飞行生物。——译注

** 这是卡梅隆虚构的一种元素,取意 unobtainable,即“无法取得”。——译注

绕的方山、发光的森林和多彩的飞行生物。这部电影没有将卡梅隆设想的这些元素全部容纳在内。故事本来的结局是旅行者最终找到一个星球,打算安家,却发现那里的空气是有毒的。居住在这个世界,儿童必须在子宫里就接受基因改造才能存活。这些混血人长大之后又高又瘦,皮肤是浅湖蓝色,还有金色的眼睛。卡梅隆在二十世纪七十年代晚期曾画过一张肖像,一个高大、纤瘦、蓝肤的女孩站在一片绛红色的草原上。还有一种卡梅隆称为“天鲨”的飞行生物,口里长着玻璃般的利齿,会像蛇的毒牙一样前伸。1996 年,在他撰写第一稿《阿凡达》故事情节时,天鲨的轮廓变得像鳐鱼一样,愈发接近“斑西”。2005 年,《阿凡达》的设计工作开始,它们的形状少了一些放射状特征,长出四张翅膀,最终定名“斑西”。所有的想法都在卡梅隆脑中酝酿多年,只待适时泉涌。从他动笔写《阿凡达》的详细剧情开始,整个故事三至四周就全部完成了,所有那些生物和角色,以及许多后来新增的家伙,都很快找到了归属。卡梅隆说:“剧情喷涌而出,因为这一切都经过我多年思考。”

卡梅隆创作《阿凡达》剧情时,他的一个重要目的就是激发其特效公司“数字领域”的设计师们奋蹄突进。他们创作了《真实的谎言》中的数码构图,后来还为《泰坦尼克号》奔忙,耗时不下十八个月。但两部电影都没有运用太多 CG 动画,更未涉及任何人物造型——要知道,拓展 CG 人物造型与角色动画技术,正是卡梅隆和斯坦 1993 年创办这家公司的初衷。在 1992 年岁末筹划“数字领域”初期,卡梅隆写了一篇《数字宣言》。他在这篇长达十三页的文件中热情洋溢地憧憬了电影制作在未来发展的方向。在这篇宣言中,卡梅隆描述了所谓“表演捕捉”的概念,即演员穿着某种“数据服”,将一系列有关演员身体动作的讯息传送到一台工作站,这些讯息在工作站中被植入某种“人工环境”。设计师们此后便可利用软件把演员的数码表演转换成一个想象出来的角色。“杰克·尼克尔森如果要演绎一个恶魔,他不仅可以创造出恶魔的声音,还能创造其所有的身体动作,不再需要片场里的木偶操控师来控制这个角色尾巴的摇动和耳朵的伸缩。”卡梅隆说,“演员可以惟妙惟肖地‘变成’其动画角色。”继《深渊》和《终结者 2》的突破之后,卡梅隆已与特效领域的精英相当熟悉,而且这也是他们讨论和交流的话题。他说:

"从我们所掌握的技术来看,这一切似乎都顺理成章。"

在一个名叫"咕噜"(Gollum)的人物首次在银幕上露出他那张苍白干枯的脸之前,好莱坞大多数人还认为,以真人表演驱动且效果栩栩如生的 CG 人物,在十年之内难以实现。在二十世纪九十年代中期,电子游戏的制作者开始使用卡梅隆在他的宣言中描述的表演捕捉技术,只不过他们通常称之为"动作捕捉"。1997 年,卡梅隆曾局部使用了动作捕捉技术来创造《泰坦尼克号》中在轮船甲板上走动的人物。1999 年,乔治·卢卡斯依赖这一技术制作了《星球大战》前传第一部《魅影危机》(*The Phantom Menace*)中喋喋不休的冈加人(Gungan)加·加·宾克斯(Jar Jar Binks)。不过,到了 2001 年,才有电影导演革新性地使用了动作捕捉技术。《指环王首部曲:魔戒现身》(*The Lord of the Rings*: *The Fellowship of the Ring*)中,此番革新初试啼声,并在该三部曲的随后两部中运用得更加广泛。彼得·杰克逊创造出了迄今最可信的 CG 人物"咕噜"。在扮演这位水陆两栖的反派角色时,受过莎翁戏剧表演科班训练的演员安迪·瑟金斯穿着一袭蓝色衣衫,浑身上下包括脸部总共有上百个标记点。来自杰克逊旗下"威塔数码"公司的设计师们用瑟金斯表演的数据创造出一个崭新的角色。"咕噜"看上去的确有瑟金斯的影子,脸部轮廓、身体抽搐甚至喜怒哀乐都与瑟金斯一样——要知道,他可是托尔金的小说原著中貌似青蛙的丑八怪。实体表演和特效的这次融合,让人联想到《科学怪人》(*Frankenstein*)中的鲍里斯·卡洛夫,只不过靠的不是绿色的油彩来提升演员的表演,而是 CG 艺术家们不厌其烦反复组合的"0"和"1"。

《阿甘正传》导演罗伯特·赞米基斯于 2004 年在《极地特快》(*Polar Express*)中使用了表演捕捉的一种衍生技术,制作了汤姆·汉克斯的动画形象,效果却诡异而失真。"咕噜"虽然是幻想世界中的非人生物,却异常真实。汉克斯扮演了开往北极的一辆列车上的五个真人角色,可看上去双目无神,表情僵硬。《极地特快》逾越了一条重要的界线,即所谓"恐怖谷理论"(The uncanny valley)。这一假说出自机器人研究,认为如果模仿人类外表和举止的程度接近真实的人类,其效果会使观众感到不安。倒是坚持停留在幻想世界的导演们运用动作捕捉技术时更容易取得成功。杰克逊在2005年的《金刚》(*King Kong*)中重新采用这一技术来制作了那只巨猩，而戈尔·维宾斯基则在《加勒比海盗》(*Pirates of the Caribbean*)第二部(2006年)和第三部(2007年)中使用动作捕捉为比尔·奈伊扮演的海中恶怪戴维·琼斯加上了那副触角构成的胡子。到2007年，动作捕捉已使用得极为广泛，一度引发逆流——皮克斯公司宣传电影《料理鼠王》(*Ratatouille*)时曾高呼："100%真正的动画！绝无动作捕捉或其他表演捷径。"截至2009年，在卡梅隆的《数字宣言》发表十七年之后，已经有二十多家特效公司提供某类动作捕捉技术方面的服务。

1995年卡梅隆写下《阿凡达》，就是要刺激"数字领域"公司，因为这部电影离开了表演捕捉的支持便无法完成。他故意将片中的角色锁定在很小的设计范围内。纳威人这种外星生物高达十英尺，蓝色皮肤，外形像人，却长着猫一样的耳朵和尾巴。"如果他们再像人一点，就可以用化妆来解决问题。这样太无趣，没法推进我的目标，毕竟这种方法在《星际迷航》系列中已经通行了三十年。"卡梅隆说，"如果他们又不那么像人，就很难通过人的表演来予以展示。"当"数字领域"的特效总监将卡梅隆早期的《阿凡达》剧情分开剖析之后，公司的一致意见是这部电影需要大量的时间和金钱，而且极可能看上去很假。卡梅隆说："他们并不乐观，同时非常担心会把公司拖垮。"他与二十世纪福克斯因《阿凡达》的研发经费周旋不下，于是转而全力投入《泰坦尼克号》。因此这部科幻巨作就被放到了一边。直至看见了杰克逊的"咕噜"，卡梅隆才再次跃跃欲试，打算攻坚《阿凡达》。

样片

2005年5月，二十世纪福克斯根据卡梅隆的详细剧情，答应为《阿凡达》提供一千万美元的研究经费，此时的剧情与十年前卡梅隆所写的内容相比，差别极小。这一千万美元将涵盖剧本写作、一年之内创意人员设计人物形象和生物造型的开销、在休斯的Playa Vista仓库建造一个虚拟摄影棚，以及拍摄一部供福克斯决定是否投资这部电影的样片。

《泰坦尼克号》的制片人乔恩·兰多将其昵称为“880 计划”,以对外界保密。卡梅隆一直在考虑下一部电影该拍什么,很自然,好莱坞以及他的忠实影迷也对其计划非常关心。《铳梦》(*Battle Angel*)或许才是能保证赢利的精明选择。这部改编自同名漫画的剧本,最初由吉尔摩·德尔·托罗引荐给卡梅隆,作者是一位籍籍无名的编剧拉伊塔·卡罗格里底斯,他在加州大学洛杉矶分校上学时还曾写过一部关于圣女贞德的剧本,颇受好评。不过,《阿凡达》的剧情更适合测试新技术——一段五分钟的短片,动静结合,两个 CG 人物既有动作又有对话——因此,卡梅隆决定先尝试《阿凡达》。他说:“我当时没想到这个决定最后会变成拍摄整部电影的决定。但事情随后就这么发生了。”

以他的详细剧情草稿为基础,卡梅隆写了一段五分钟的戏,内容讲的是地球人与外星人合体的主人公杰克(当时叫乔什)与纳威女子妮特丽(当时叫祖丽卡)的相遇。在测试镜头中,这个纳威女子保护了男主角,抵挡住一些名叫“蛇狼”的恐怖怪兽,并在死去的动物身上祈祷,还打倒了男主角,斥责他一番;随后他跟着她穿过一根长长的独木桥。顺便一提,这恐怕是卡梅隆的作品中最接近“美丽邂逅”的一幕了——在他的上一部电影中,那对情侣是在女主角试图跳船自杀时认识的;而在《终结者》中,男女主角的复合是由于即将到来的核灭绝促成的。在这部样片里,导演挑选了刚刚参演过 J. J. 艾布拉姆斯执导的剧集《迷失》(*Lost*)第一季的韩裔美籍女演员金允珍,以及一位名叫丹尼尔·贝斯特的年轻男演员。

同年八月,卡梅隆使用了一系列新技术和新手法,花了一天半时间拍完了这部样片。除了瑟金斯在扮演“咕噜”时穿过的动作捕捉服之外,演员们还戴着卡梅隆设计的头部支架,上面装有摄像头和麦克风,可以追踪他们的面部表情。卡梅隆通过一架虚拟摄像机,看见的不是穿着表演服的演员,而是一个粗糙的外星人。之前在“数字领域”工作的设计师罗伯特·勒加托帮助卡梅隆研发了虚拟摄像机。他说:“对导演来说,在 CG 环境中工作非常困难。这并不是思想上别扭,而是直觉上别扭。如果拍摄时面前确实有一个十英尺高的蓝色外星人,你才能体会到身临其境的感受。”卡梅隆用斜坡和平台创造出地形,让演员沿着用来模拟独木桥表面的一根线跑动。

表演捕捉一完成,他就开始试验虚拟制作。他可以重放演员的表演,然后以任意角度重新拍摄,而不需要演员再次表演。他可以改变大小,调节自己动作的平滑度,甚至在周围增加别的人物。他逐渐习惯于如幽灵一般从草木和人物中间穿过,并适应了虚拟摄像机信号两百毫秒的延迟。所有的镜头也都以 3D 格式进行试验。卡梅隆和文斯·佩斯在 2001 年拍摄纪录片《深渊幽灵》的时候就已经研发出了他们的 3D 摄像机,后来还用于摄制另一部纪录片《深海异形》,并借给罗伯特·罗德里格斯在《特工神童》(*Spy Kids*)中拍摄了一些镜头。但是,这项技术尚处于摇篮之中。3D 测试又额外花了两个礼拜的时间,因为卡梅隆遇到了有关聚焦深度选择等各种未曾预料到的问题。最后,这个五分钟的样片剪辑出来后,虽然模型、光照和环境都相当粗糙,却电影感十足。卡梅隆说:"我们认为这就是一颗重磅炸弹。"

下一步就是把这场戏转成全解析度画面,力争将 CG 人物做得足够让人惊叹,以说服福克斯全面投资这部电影。卡梅隆选了一段三十七秒的片段——想再长一些的话,制作起来就太花时间了——并请"工业光魔"的老朋友和老同事、曾在《深渊》和《终结者 2》中助过一臂之力的丹尼斯·穆伦来解决这一问题。最初的结果非常糟糕,尤其是那个纳威女子,肤色不对,嘴唇看上去也很假。卡梅隆说:"她看上去就好像一条被冲上海滩的死鱼。"他的雄心壮志在 1992 年的宣言中提得非常明确,而此刻眼前所见却好像二十世纪八十年代的蹩脚电子游戏。"我对这个计划完全失去了信心。"

失望的卡梅隆让穆伦重新制作。在之后的三个月里,这位"工业光魔"的专家倾其多年积累的 CG 技巧,全力处理这段时长三十七秒的短片。到了圣诞节,一切看上去都有所好转。稍受鼓舞的卡梅隆前往科罗拉多州克雷斯特德比特(Crested Butte)的度假别墅,开始写剧本。新年过后,他又跑到圣塔芭芭拉的农场继续写作(有些编剧只能带着笔记本电脑在几个咖啡店之间换换环境;但如果你是世界之王,你就可以辗转于多间豪宅)。不论身在何处,卡梅隆都面临他一贯的写作心魔。"我不像有些人,可以一天写九个钟头,同时毫不影响家庭生活和社交。我必须完全封闭自己，并且不间断地思考这篇东西。随着事业日益发展，这种习惯带来了越来越多的麻烦，特别是你手头同时有好几个项目，再加上五个帮倒忙的孩子。我只有完全躲起来才写得出好东西。”

在写作的时候，卡梅隆通过 iChat 与“工业光魔”联系，后者正绞尽脑汁设法提升人物肤色、眼睛、嘴唇和光照的真实度。贝斯特那个角色，情况日渐改善，因为角色是围绕他设计的。而金允珍的角色在选角之前就设计好了，外形上完全不像她。“我们本以为就算纳威人跟他们的扮演者毫不相像也没关系，”卡梅隆说，“我们错了，这是个深刻的教训。”女演员的嘴与纳威女子差别太大，这样一来，她讲话的时候，很难使电脑制作的嘴巴贴合到正确的位置。后来，卡梅隆选定纳威人的扮演者时，他看中的是那些形体上与片中角色相似的演员。

一段 3D 样片最终完成，并为福克斯的高层专程放映。他们被折服了。电影公司的主席之一汤姆·罗特曼反复地观看这段样片，还用 2D 格式来观看，以保证电影的两种格式看起来都令人满意。结果确实如此。这段概念性的样片取得了成功。最后只剩一个问题。仅仅六个 CG 镜头就花了好几个月来反反复复细致入微地修改，而整部影片包含两千五百多个镜头，卡梅隆要拍完这部电影，且希望画面在真实度上效果超过样片，他该怎么办？

好消息／坏消息

为完成这部鸿篇巨制，卡梅隆着手增兵添将。他选了一家动作捕捉技术供应商“巨人工作室”（Giant Studios），这家公司曾参与《加勒比海盗》系列电影的制作；还有杰克逊的“威塔数码”，他们创作的“咕噜”非常完美。2006 年 5 月，卡梅隆向福克斯递交了第一份剧本。虽然公司非常喜欢样片，但他们对这份剧本不满意。卡梅隆回忆：“他们做了许多批注，让人感觉这份剧本简直一塌糊涂。”这一稿太长，有一百五十三页，而且尚未收尾。卡梅隆一直就是这样，总是边写边改，将与演员排演时获得的新素材融合进去。但是，在《泰坦尼克号》之后，十年已过，“他们都忘记了我的工作方式本就如此。”站在福克斯的角度，前途一片暗淡。他们盼了这位明星导演十多年，等他从潜艇里爬出来重新回到片场工作，可他交出的答卷并不足以服人。这个计划野心极大，涉及太多高风险的元素，包括未经考验的新技术，以及剧本中让他们费解的拖着尾巴的蓝色主角。与往常一样，卡梅隆打算选择无名新秀。当然了，顺带说一句，这部电影的成本不会亚于《泰坦尼克号》，而《泰坦尼克号》最终的花费比预算超出了近一倍。彼得·彻宁在负责完《泰坦尼克号》大起大落的制作发行之后获得提拔，成了新闻集团总裁。他说："当你说服吉姆对一部新片说'是'的时候，你将面临一个喜忧参半的情境。吉姆最初提出《泰坦尼克号》这一项目时，他列出的预算还算正常。而《阿凡达》这部片子，我们一开始就知道将是一部极其复杂的电影。"其复杂程度之高，吓得福克斯起初不敢接受这部影片。

2006 年夏，在《铳梦》一片的共同编剧卡罗格里底斯的帮助下，卡梅隆重写了剧本。他将两个角色合而为一，变成了那位名叫格蕾丝·奥古斯汀的科学家，还让她能耐更大，地位更中心。此外，他在开篇增加了一段地球上的镜头，交代了男主角的背景。这位残疾的海军陆战队员改名为杰克·苏里（因为工作人员中叫乔什的太多，所以卡梅隆将这个人物改名杰克，以避免混淆）。杰克在开场时的一些镜头最终在 2009 年夏天被剪掉了，此举是为了让福克斯更为满意。虽然有所修改，在 2006 年 9 月 11 日——这个日期非常巧合地在卡梅隆的生命中标记了太多重要的事件——彻宁亲自开车到"光风暴"通知卡梅隆，福克斯正式决定放弃这部影片。彻宁希望亲自告知卡梅隆这一决定，以避免产生误解，以为这是下层人员的决定。卡梅隆立即找到了迪斯尼公司的主席迪克·库克。他们俩因为对 3D 的共同信心而交情不浅。迪斯尼曾与卡梅隆合作拍摄过两部 IMAX 格式的 3D 纪录片，而且在前一年刚刚发行了首部数字 3D 格式的影片《四眼天鸡》（*Chicken Little*）。两天之内，迪斯尼就决定投资制作《阿凡达》，主要原因在于迪斯尼的高层很喜欢剧本。卡梅隆的老东家福克斯得知此事，才决定重新考虑这部电影，毕竟，根据与卡梅隆的约定，他们有优先权。卡梅隆在个人报酬方面做了一些让步，删掉了若干 CG 镜头，终于，在 2006 年 10 月，福克斯给《阿凡达》开了绿灯。

他叫我觉得"啊哈!"

正当卡梅隆修改剧本时,一位南加州大学的语言学家保罗·弗洛莫开始创造纳威人的语言,其中融合了波利尼西亚和非洲语言的成分。这将成为卡梅隆的克林贡语(Klingon)*——一种有具体结构的虚拟语言——而他选来出演纳威人的演员必须熟练使用这种语言。在《阿凡达》的选角过程中,卡梅隆重新请来了《终结者2》中的搭档玛丽·芬恩。由于身患恶性黑素瘤,芬恩2005年退休,且没等到卡梅隆完成《阿凡达》,便先于2007年去世,《阿凡达》也成了她参与的最后一部电影。在离开剧组而将工作交托给选角总监玛格丽·西姆金之前,芬恩为卡梅隆找到了电影的女主角——佐伊·索尔达娜,一位当时名气平平的演员。索尔达娜成长于纽约皇后区和多米尼加共和国,父亲是多米尼加人,母亲是波多黎各人。她小时候学过芭蕾舞,二十一岁时出演了一部影响力有限的歌舞片《中央舞台》(*Center Stage*),从此进入演艺圈。索尔达娜身上独特的美与活力,为她在几部大片中赢得了一些小角色,例如《加勒比海盗:黑珍珠的诅咒》(*Pirates of the Caribbean: The Curse of the Black Pearl*)中与约翰尼·德普和杰弗里·拉什同台的孤独女海盗,以及史蒂芬·斯皮尔伯格执导的《幸福终点站》(*The Terminal*)中一个古板的机场工作人员。后来,在2005年那部重拍自1967年涉及种族话题而于当年堪称石破天惊的同名影片《猜猜谁来吃晚餐》(*Guess Who's Coming to Dinner*)中,她得到了一个分量更重的角色,扮演伯尼·马克的女儿、阿什顿·库彻的女朋友。

2004年的时候,索尔达娜还没有什么知名度可言,却在一次如何看待动作角色的采访中大大咧咧地说:"我情愿不干这一行,也不想总是扮演动作英雄的女朋友。在真实生活中,如果蜘蛛侠老是跑来救我,总有一天我会说,'拜托,我自己能行。'"一年以后,二十七岁的她到"光风暴"为卡梅隆和西姆金试演潘多拉公主妮特丽这个角色。当索尔达娜

---

* 《星际迷航》系列中虚构的语言。——译注

在一个镜头中即兴像猫一样嚎叫时，卡梅隆和西姆金同时被打动了。卡梅隆说："这次表演完全是即兴的，而且正是妮特丽会做出的动作。她的美、她像猫一样优雅的动作、她声音的力量、她的情感跨度，这一切都在向我们表明：佐伊就是最佳人选。"《阿凡达》的制作过程极其漫长，在这期间，索尔达娜被选去扮演了另一个重要的角色——在 J. J. 艾布拉姆斯重拍并于 2009 年上半年发行的《星际迷航》中出演女主角乌胡拉。在这部重拍自同名科幻系列经典且广受好评的电影中，索尔达娜扮演了企业号飞船上能干的通讯官，负责翻译克林贡语，一身迷你裙和靴子装扮，并爱上了年轻的斯波克，但是，唉，没机会施展身手痛扁某个家伙。在《阿凡达》中，她将有机会拯救男主人公。她在电影中出场那一幕，就是将杰克从一群蛇狼之中救了出来。

卡梅隆第一次看到杰克·苏里的扮演者，是在一盘画质很糟的试演录像带上。这盘带子在澳大利亚悉尼录制，上面还有其他二十个演员。卡梅隆说："我要找的不是一个女孩子会为之倾倒的人，而是一个男人们会跟他去战斗的年轻人。"萨姆·沃辛顿出生于澳大利亚西部的珀斯市，十九岁时在悉尼当泥水匠。有一回，他为了支持自己的女朋友，陪她一起去了一所戏剧学院参加试演。女朋友未能如愿，他自己却被选上了，两人后来也分了手，而他便开始走上了一条十年之后将他带到卡梅隆面前的路。他参演了一些话剧和电视节目，并在澳大利亚本国的电影中担任一些小角色。他的突破之作是一部独立影片《堕落飘零燕》（*Somersault*），在片中他扮演一位农场主之子，外表健美，内心脆弱，与当时还不出名的艾比·考尼什演对手戏。《堕落飘零燕》在 2004 年戛纳电影节上颇受瞩目，影片中这位粗犷的男主角随后也得以在新任 007 的选角中进入最后阶段的甄选，不过最终在 2005 年落败于丹尼尔·克雷格。通过录像带给卡梅隆试镜时，沃辛顿根本就不知道这是部什么电影。甚至以澳大利亚的标准来看，那天他的穿着也太过随便。他说："我以为这只是澳大利亚常有的那类浪费时间的电影。"他演的这场戏，是残疾的海军陆战队员与一位科学家碰面，科学家的台词由另一位演员在镜头外念出。沃辛顿如钢铁般不动声色地看着另一位演员，在剧本中台词为"是"或"好"之处，他仅以低声嘟囔作答。这位演员表现得如此冷峻，部分原因在于他根本不知道自己是在试演詹姆斯·卡梅隆电影中的男主角，而这种风格正巧是导演需要的。卡梅隆说："他给我的印象就是，'啊哈'。他显得如此刚毅，又那么孤僻。他是个老式的硬汉，好莱坞已经多年没有见到这样的人了。"

卡梅隆让沃辛顿跟着一位表演教练接受训练——卡梅隆说"他的口音比'鳄鱼邓迪'还重"——接下来，在六个月的时间里，屡次安排他飞到洛杉矶进行一系列试镜。沃辛顿回忆："每个月都要和别的演员有两次表演对决。"福克斯看中了这位澳大利亚演员的潜力，但却更希望找一位有名的演员，例如杰克·吉伦哈尔或马特·达蒙。卡梅隆说："他们两人，谢天谢地，都放弃了。"最后剩下沃辛顿和另外两名演员，其中一位是钱宁·塔图姆，后来他出演了《止损》(*Stop-Loss*)和《特种部队：眼镜蛇的崛起》(*G. I. Joe*: *The Rise of Cobra*)。最终是杰克带领一群人战斗的一场戏，在沃辛顿和塔图姆之间分出了胜负。沃辛顿的表演赢得了电影公司的认可。2006 年 1 月，卡梅隆打电话通知这位演员，恭喜他击败了其他所有的应征者，并敦促他立即坐飞机到洛杉矶开始投入表演捕捉的拍摄工作。沃辛顿接到电话的时候，正站在悉尼的一家咖啡店里，光着脚，而且，他的答复表明他对眼前发生的事情还没有回过神来。"我对吉姆说，'我得先把汽车的刹车修好，因为我准备把车给我女朋友，我还要帮一个伙计搬台冰箱，弄完之后我就过来。'"一夜之间，因为被选中主演《阿凡达》，沃辛顿成了无人听说过的最大牌的明星。跟索尔达娜一样，由于出演杰克·苏里，他在《阿凡达》完成之前赢得了另一个角色，而且还是在一部卡梅隆创立的系列电影中。《霹雳娇娃》(*Charlie's Angels*)的导演麦克金提(McG)挑中沃辛顿在《终结者2018》(*Terminator Salvation*)中扮演一个机器人，而他活力四射的表演，正是这部电影中影评人唯一喜欢的部分。

卡梅隆的演员中还包括了另一位二十年前就向他和福克斯证明过自身实力的老将。剧中泼辣的植物学家格蕾丝·奥古斯汀是在潘多拉星球上负责"阿凡达"项目的科学家。卡梅隆又找到了他手下第一位与外星人战斗的女英雄——西格妮·韦弗。这个角色最初在他的笔下是两个人物，其中之一他希望由摩根·弗里曼出演，但为了简化剧本，他将两人合并为一个角色。韦弗说:“我曾经拿他开玩笑,说我在电影中扮演的是詹姆斯·卡梅隆。这个角色胸怀壮志,过于理想化,是个完美主义者,心底深处则很善良。”

体积

卡梅隆为他的上一部电影建造了有史以来规模最大而细节也最复杂的布景——与泰坦尼克号近乎同样尺寸的复制品。与之截然相反的是,《阿凡达》那个名叫“体积”的表演捕捉摄影棚,看上去就好像一出《周六夜现场》里揶揄后现代话剧的小品现场。整个仓库的空间如此怪异空旷,似乎迈克·迈尔斯随时都会穿着黑色高领衫闪身而出,要求你爱抚他的猴子*。摄影棚里没有布景,只靠移动灰色的三角形和多边形模架以及少量的树木来为演员提供方向位置的参照。卡梅隆使用了比拍摄样片时更完善的技术。在占最终成片60%的CG镜头中,演员们穿着莱卡面料的贴身连体服,上面布满了标记点,可被天花板上的一百零二个摄像头辨认出来。他们头上戴着无檐便帽,上面伸出的一个支架上装着一台微型摄像机,用来拍摄他们的面部表情。“威塔数码”的软件能够在虚拟角色上再现他们抬起眉毛或皱紧嘴唇的神情,并显示在卡梅隆的监视器上。当然,在屏幕上出现的,是他们的蓝色外星人角色。

要让演员们带着情感进入潘多拉的环境中,需要相当的创造力。卡梅隆将演员们带到夏威夷的雨林,并为他们拍摄了部分参考镜头,以便日后回到“体积”摄影棚之后可以随时唤起他们的记忆。为了帮助他们感受爆炸,卡梅隆通过功率放大器制造出巨大的声响,并向他们投掷泡沫塑料碎片,还用一根包着软垫的大棍猛击他们。当索尔达娜“骑着”那只飞行的猛禽时,实际上她是坐着一只安装在万向节上的大型灰色木马,由助手在旁边摇动。影片中有一幕插科打诨的戏,在拍摄的时候,是

---

* 此处指的是麦克·迈尔斯于二十世纪八十年代末到九十年代初在NBC电视台《周六夜现场》中塑造的一个滑稽人物——名叫Dieter的一位西德简约主义者和表现主义者,此人主持一档叫作Sprockets的谈话节目,但是他对受访的名人总是缺乏兴趣,且话题最终总会归结到他的猴子身上。——译注

由一位特技替身骑在一个三百磅重的萨摩亚人背上,绕着场子快跑。为了模仿星球上布满苔藓的湿滑地面,卡梅隆给片场的地板铺上了塑料薄膜,演员走路时只好蹑手蹑脚。另一场戏里,一群儿童演员扮演的纳威孩子得跟着杰克·苏里团团转,仿佛他是那位传说中的“花衣魔笛手”。卡梅隆在沃辛顿的胸口贴了一张纸,上面写上一个七岁小孩会觉得滑稽的词,例如“屁脸”(buttface),然后叫沃辛顿在表演时遮住不让孩子们看。每次拍摄,导演都会换上一个新词儿。虽然镜头拍了一遍又一遍,小孩们每次都跟着沃辛顿跑,咯咯直笑,想看清楚纸片上写的是什么。最终,卡梅隆得到了他想要的效果。沃辛顿说:“我觉得整个工作方式让人有一种释放自我的感觉。你要做的就是像个五岁小孩一样,纵情跃入那个世界。”在这种拍片环境中,既需要想象力,又需要耐性。学习这种新技术并不容易。有位工作人员在一块白板上写下了一句片场口头禅:“这是‘阿凡达’,老兄,不可能一次成功的。”

有些镜头结合了实体表演和CG特效。在这些镜头中,卡梅隆利用了一种名叫“协同工作摄像机”(Simulcam)的新技术,可以让导演看到演员如何在奇异的CG环境中扮演普通人类角色。演员们坐在摄影棚内的一架等比例直升机模型里,而卡梅隆通过“协同工作摄像机”的镜头,能够看到机窗外潘多拉星球的悬浮山。这种细节可帮助导演进行构图,并保持他自己的视觉风格。卡梅隆的目标是使潘多拉星球越真实越好,拍摄的过程中就仿佛他是在另一个星球上摄制纪录片一样。这种自然的外观用CG技术来处理,相当麻烦,因为电脑制作的图形看上去过于干净,太完美。在现实世界中拍电影,大多数时候都是限制过多,选择寥寥——光线会改变,服装是固定的,布景就这么大。而在CG世界里,你的选择几乎是无限的——你可以随意移动你的人物,将某棵树往左移一点,或者加一些午后的阳光。“理论上讲,你应该能够拍出更好的电影,”卡梅隆在片场上一边说,一边调整着手中那台摄像机的角度,准备拍摄第三幕战斗场面。此时已是这部电影马拉松般拍摄过程的第二百一十二天。“它迫使你把事情的细枝末节都组织好,将每个镜头都想清楚。”

2006年岁末,位于Playa Vista的布景迎来了一些大牌访客。史蒂芬·斯皮尔伯格和彼得·杰克逊登门考察卡梅隆的虚拟摄像机和制片工序。杰克逊在2004年曾到“光风暴”跟卡梅隆谋面，那时他正在考虑以3D技术拍摄电影《金刚》。在那里，他快速地学习了如何操控卡梅隆在纪录片中用过的3D摄像机。这位《指环王》系列的导演觉得此刻才决定采用新技术，太过仓促，毕竟影片制作在即。不过，他和卡梅隆惺惺相惜，都欣赏对方的开拓性工作，因此建立了交情。2005年，卡梅隆跟杰克逊的特效公司签约，请他们协助他创造出潘多拉世界。2006年，斯皮尔伯格和杰克逊开始着手根据比利时漫画《丁丁历险记》改编的一系列电影长片的前期制作。斯皮尔伯格将执导该系列中的第一部，而杰克逊则担任制作人。为了以最真实的方式来展现丁丁这个人物，他们去了卡梅隆的工作室。这一代导演中的王牌精英并肩站在一个落满灰尘的仓库里，轮流把玩着一台摄像机。这就好比马蒂斯、毕加索和莫奈聚首一较画技，只不过场景变成了二十一世纪的电影制作。杰克逊和斯皮尔伯格趁卡梅隆剧组休息的空档，在摄影棚里呆了一个星期，使用卡梅隆的器材和工作人员拍摄了《丁丁历险记》的样片，而卡梅隆则在一边向他的同行展示在虚拟世界里如何平移摇转。杰克逊说：“他帮助我们熟悉这些器材。吉姆在分享知识和信息方面非常大度。他不会小心眼地保守技术和秘密。”

卡梅隆倾向于关注电影制作的细节，这在《阿凡达》片场的独特环境中全面得到了满足。他可以用一切可能的镜头反复拍摄复杂的动作场面。在摄影棚里设置有一整套Avid剪辑套件，他能够当场看到每一个镜头并予以修改。他不需要每日一次地审阅洗出的毛片，可以随时重放刚刚拍下的镜头。卡梅隆会花上几个小时来保证一架飞机以正确的方式着陆，这是他特别顽固的一点。他承认：“只有喜欢直升机，你才能彻底地领会到这部电影的妙处。”《阿凡达》剧组想出了一种办法，让他们的导演知道下一个镜头已经准备好了——他们从网上下载了一段潜水艇的声音，播放起来震耳欲聋。但卡梅隆往往还是听不见，他审阅重放的镜头时，太过专注了。

《阿凡达》与《泰坦尼克号》在片场设置上天差地别。这不仅因为电影的风格不一，还因为导演拍摄电影时待人接物的方式也大为不同。沉没了他的大船之后，卡梅隆已经改变了许多，这在很大程度上归因于他的探险经历。Playa Vista 摄影棚紧密合作的团队与他在“凯尔迪什”号上领导的小团体并没有什么不同。卡梅隆说：“我们在野外工作，远远超过了已知世界的范畴。我们正在创新技术，并亲眼看到它得以运用。我们从事着非凡的工作，局外者甚至都无法理解。这些东西让大家走到了一起。”西格妮·韦弗还记得卡梅隆当年在英国历史悠久的松林制片厂横冲直撞的往事，她对剧组的同事说卡梅隆的脾气好了许多。沃辛顿之前从来没有与卡梅隆共事过，此刻只觉得这位导演正是他要求自己去扮演的那种人——你愿意跟着他去打仗的家伙。沃辛顿说：“我正处于生命中的一个关键时刻，怎么说呢，我正在找一个看中我的人，我愿向这个人付出我能付出的一切。”也会遇到士气低迷的日子，尤其是要将镜头按时拍完以尽早移交给多家特效公司去处理，为此不得不加班加点的时候。摄制组的主要人物此时就跑去“母树酒吧”（Hometree Bar）休整，那里其实是片场上一位视觉效果设计师的办公室。他们会喝上一杯龙舌兰酒，振作一下精神。卡梅隆承认：“情绪糟糕的日子当然有，况且，就算在我心情最好的时候，我也绝对比不上朗·霍华德。不过，我会尽量地用一种新的理念来领导团队。”

威塔

《阿凡达》里有两千五百多个特效镜头，它们的主要制作时间并不是用在摄影棚内，而是耗在洛杉矶一间黑暗的放映室里与新西兰惠灵顿“威塔数码”的设计师进行的视频会议上。彼得·杰克逊和另外两位新西兰电影人于 1993 年创立“威塔数码”，同年卡梅隆创立了“数字领域”。“威塔数码”最初接手的任务之一就是参与制作杰克逊的惊悚剧情片《罪孽天使》。这家公司制作的《指环王》三部曲换来了三个奥斯卡奖，此外，《金刚》也得到了奥斯卡的垂青。“威塔数码”由此从一家新西兰的小作坊成长为好莱坞的大公司。“威塔数码”的若干特征，正好体现出卡梅隆创设“数字领域”时对其寄予的希望——敢于冒险，且以导演为中心。

2009年5月，卡梅隆和六位洛杉矶的工作人员正与惠灵顿的同仁就一个关于潘多拉森林的镜头开会。“老兄，这看上去就像大篷车上的狂想涂鸦，”卡梅隆挥动着手里的激光笔强调，“把这个悬崖去掉。”“威塔数码”的团队极尽随和，这里加点光，那里移动一下树枝，悉听尊便。他们已经与卡梅隆工作了两年多，习惯了卡梅隆极其注重细节的个性，也知道他有什么特殊的喜好和忌讳。“威塔数码”的设计师需要处理的相对困难的任务之一，是所谓的“吉姆·卡梅隆蓝”，这种蓝靛色的光线在卡梅隆所有电影的夜间镜头中都出现过。

完美的特效镜头，有赖于特效设计师和电影制作人之间的反复交流。这一次，导演所要求的形象在他的脑海里已徘徊了三十年，绘制的样板早就精心选定了颜色、光线和构图。卡梅隆审阅着一个镜头，发表意见：“我觉得这些花应该更加半透明一些，光线变化要稍微增多。”与卡梅隆的其他电影一样，真实世界被用来给虚拟世界提供信息。卡梅隆建议一位设计师“参考响尾蛇的头骨和颌骨”来创造他想要的一种动物。六条腿的马则被修改得更为油亮，因为“真实的马本来就更加油亮”。潘多拉森林的能量地图是按照老鼠的神经细胞设计的。随着一个又一个镜头被提到屏幕上征求卡梅隆的意见，细枝末节无一逃过他的眼睛。他们花了好几个小时才把外星树液滴落的方式修改正确。当一幕战斗场面中的一个镜头几乎未加修改就通过时，卡梅隆感到满意。他说：“你们看，我的要求也不高啊。”结果引来了南北半球的同声大笑，中间还夹杂着疲惫。有个镜头中的一根柱子让他觉得不安。经过十五分钟的辩论商讨，在自己的偏执面前，他摇着头宣称：“这根柱子可决定五千万美元的国内票房！没有人注意到。好吧，我注意到了。”

电影的后期制作是一个漫长复杂的过程，而卡梅隆又一次成为剪辑团队的正式成员。他再度邀请为《泰坦尼克号》配乐的詹姆斯·霍纳来谱曲，要他结合宗教气氛的合唱和民族乐器，以达到协调有机和超凡脱俗兼具的效果。2009年9月，《阿凡达》占用了福克斯的两个混音棚。一个用来混音；另一个是电脑特效的审阅室，卡梅隆就呆在这个地方，拣选从包括“威塔数码”和“工业光魔”在内的九个特效供应商手中送来的镜头。这种类似混音的“视频混合”，正是卡梅隆在《数字宣言》中详列的理念之一。卡梅隆正逐一实现着他的计划。

阿凡达日

事实证明,《阿凡达》的营销工作之复杂,甚至不亚于其制作过程。由于这是一个全新的故事,没有任何已有的拥趸群体可以依靠,当然,卡梅隆的影迷例外。这部电影的拍摄目的相当明确,就是要把观众吸引到巨大的 3D 银幕前,但福克斯先得通过网站页面上一个小方块里的 2D 预告片来吸引观众。到了五月份,距离电影上映还有七个月。彼得·彻宁开始担心,甚至想过干脆不制作传统的预告片。首次看完初步剪辑的影片后没过几天,彻宁直言:“这部影片如此具有革命性,如果光看预告片,反而可能削弱了这一点。”七月份举行的圣地亚哥动漫大会上,观众首次看到了二十五分钟的电影片段。在圣地亚哥会展中心巨大的 H 厅里,卡梅隆受到了欢迎英雄凯旋般的盛大礼遇。厅里为了《阿凡达》而专门安装了 3D 放映设备。在此次动漫大会上,卡梅隆发布了一个特别的宣传策略——将 8 月 21 日定为“阿凡达日”,福克斯将于当天发布电影的预告片,并在全国一百三十一家以及海外三百多家 IMAX 剧院中免费播放十六分钟的 3D 电影片段。当《阿凡达》预告片正式上线,其受追捧之程度如立竿见影,迅速在 Apple. com 网站的下载数排行榜上雄踞头名。预告片上线首日,就有四百万人次在线观看。

但是,各方的反应并非全都是积极的。有些评论者将纳威人与乔治·卢卡斯引发非议的角色加·加·宾克斯相提并论,其他人则联想到了二十世纪八十年代的电视卡通片《霹雳猫》(*ThunderCats*)。网上还出现了一段非常无厘头的讽刺短片,从二战电影《帝国的毁灭》(*The Downfall*)中截取了片段,重新配上字幕。短片中的希特勒对《阿凡达》预告片非常失望,暴跳如雷地破口大骂:“这真是个操蛋的笑话! 我等了十年,结果却等来了见鬼的‘地球超人’加上猫!”短片里的元首显然是卡梅隆的骨灰级影迷,连《外星起源》和《食人鱼 2》都记得。在剧院里看过《阿凡达》预告片的观众当然比希特勒满意得多,但彻宁当初关于以传统方式来宣传这部非传统电影可能效果适得其反的担心得到了证实。原先环绕着这部电影的兴趣和热望稍有退潮。卡梅隆当年在《泰坦尼克号》上映前也遇到过同样的情况。只不过当时还没有博客写手和在线评论者,而是主流媒体对他冷嘲热讽。不论舆论好坏,他一如既往,全身心地投入工作。

到了七月,卡梅隆在"光风暴"的会议室召集了一次特别会议。他坐在桌子上首,与会者包括:一位植物学家、一位物理学家、科幻和考古作家查理·佩莱格里诺、《阿凡达》编剧拉伊塔·卡罗格里底斯、卡梅隆好友兼常年合作者兰德尔·弗雷克斯、记者德克·马西森。似乎是为了应对质疑,卡梅隆戴着一顶蓝色的棒球帽,上面印着"HMFIC"的字样[HMFIC是"总负责人是个大傻蛋"(Head Mother Fucker In Charge)的缩写]。他们辩论的问题包括:纳威人的平均寿命是多少?潘多拉的大气中有哪些成分?为什么"unobtanium"会悬浮?此类问题都由马西森汇总在《潘多拉百科全书》(*Pandorapaedia*)里,这是一本厚厚的手册,其中记载了潘多拉的植物、动物和星球的其他属性,以便日后拍摄续集或制作电子游戏等周边产品时用作参考。虽然第一部电影已大致画上句号,但这群人却开始重新上路,回过头来着力打造这个神话故事,倾注大量的心血来寻找所有问题的科学依据。

Unobtainium

福克斯当初对剧本提出的异议之一,就是卡梅隆没解释清楚"Unobtainium"这种珍稀的神秘元素,人类在影片中正是因为它而前往潘多拉进行破坏性开采。"Unobtainium"是工程师们多年以来的一句玩笑话,用来描述一切稀少、昂贵或难以取得的必要材料。卡梅隆解释:"'Unobtainium'就是法国殖民加拿大时的水獭皮,或者南非的钻石。它仿佛茶叶之于十九世纪的英国,或者石油之于二十世纪的美国。由此可以列出一张长长的清单。正是这些东西驱使人们漂洋过海去将另一群人打得屁滚尿流,掠走在其故土上生长或大地里埋藏的东西。"对卡梅隆来说,"Unobtainium"具体是什么并不重要。他将其比喻为《低俗小说》(*Pulp Fiction*)中约翰·特拉沃尔塔和萨缪尔·杰克逊要找的那个黑皮箱——你不用管里面究竟是什么，只要知道大家都愿意为它赴汤蹈火就行了。虽然福克斯方面表示反对，卡梅隆在电影里始终未曾解释为什么“Unobtainium”值得人们不惜星际跋涉。其实，问题的答案在于，这种物质在室温下的超导性能可以使石油枯竭的地球上发电成本大大降低。可见，它正是那艘将人类从地球运送到潘多拉星球的“创业之星”号(Venture Star)星际航母不可或缺的东西。一个不幸的讽刺在此浮现——人类从潘多拉取得愈多的“Unobtanium”，就愈有能力前往潘多拉。这是一个不折不扣的恶性循环。

和卡梅隆的所有电影一样，观众既可以带着纯粹娱乐的目的来欣赏《阿凡达》，也可以将其看成是对人类现状的严厉警告。这次他发出的警告不是核灭绝，而是一个关于环境的灭顶之灾。卡梅隆说：“地球上的所有生物都是彼此关联的，而其关联的方式仍然是我们的科学试图要破解的课题。但是，我们的工业社会正日益惊人地影响到这一生命网络，由此将不可避免地引起生物多样性的过度退化，并最终导致环境对人类的严重报复。我们取之于自然，却不做回报，秋后算账的时刻就要来临。”

就像从《终结者》到《泰坦尼克号》的每一部电影一样，在这部电影中，卡梅隆为我们提供了危机当头之际人性之光闪耀的角色，从一个受伤的战士，到一个消瘦的科学家，再到幸存下来的一个种族。卡梅隆说：“对于纳威人，我进行了拟人化的处理，让他们表现出人性中某些为我们所敬仰和激赏的特质，因为我希望观众能够与之产生共鸣，不光是把他们视为外星异类。他们有丰富的精神世界，感情充沛，而且身体强健。他们勇敢，不惧怕死亡，因为他们知道这是一个更大的循环的一部分。他们与自然和谐共存，不是嬉皮式的空想，而是真切地落实到生命中。他们知道自己可以是猎手，也可以被捕猎。而且，他们明白不能使用技术来扰乱自然的均衡，只能取其所需。”在《阿凡达》中，卡梅隆对未来的幻想首次摆脱了现实布景的限制。最终的结果是他拍出了自己最梦幻的电影，里面的生物和环境都符合科学的规律，又不拘于现实世界的道具和凡人之躯。卡梅隆描绘的并非未来，他是在表达自己对现实世界的担忧——我们将会毁掉我们的星球。《阿凡达》表面上是讲述发生在一个有着十英尺高蓝色外星人的星球上的冒险故事，背后的实质则是卡梅隆对于环保精神的召唤。

曲速引擎还是银翼杀手？

未来主义者关于未来世界的想象，往往倾向于全然落入乌托邦的仙境或反乌托邦的梦魇。一类故事，从柏拉图的《理想国》到吉恩·罗登伯里的《星际迷航》，想象出一个比今日更好的社会，我们都将实现文明，拥有和平，或者最终能够以曲速引擎旅行。另一类故事，从乔治·奥威尔的小说《1984》到菲利普·迪克和莱德利·斯科特共同缔造的《银翼杀手》，描绘了一个或专制、或无政府、或充满机器人杀手的世界。而作为一个未来主义者，卡梅隆倾向于两者兼具。在第一部《终结者》中，阿诺德·施瓦辛格扮演的骑着摩托车的机器人，是我们的敌人，而在第二部电影中，他则成了我们的拯救者。

卡梅隆通过他的电影显示出他对人类社会适应变局的能力不报多大希望。然而，或许是因为他自己的生活经历如此不可思议，他对作为个体的我们跋涉前行的潜力充满信心。这个来自奇帕瓦、极富想象力而又忧心忡忡的男孩，走出了一条他自己的不同凡常之路。这条路带他走向好莱坞，走向海洋深处，走向他自己创造的异域世界。卡梅隆给了我们一个尚待解决的未来，那是一条暗夜里的公路，我们得独自去走。

后 记

詹姆斯·卡梅隆非常大方地准许我进入他的片场，进入他亲密的朋友和同事圈子，进入他的大脑。对于我没完没了的问题，他深思熟虑、详尽诚恳的回答，远远超出我一开始请求他对本书给予协助时的预期。当《阿凡达》进入后期制作的收官阶段，他在精力极度透支的情况下继续为我安排时间，因为他答应过我。我感谢他信守承诺，慨然分享他最珍贵的资源——时间。

乔恩·兰多打开了大门。他以绝对的耐性来处理我的要求，此外，他能够将事情落实，一如所有伟大的制片人那样。他的沉稳和诚恳，在《阿凡达》这样一部复杂得令人眩晕的电影之中，堪称实实在在的特效之一。蕾·桑奇妮是卡梅隆大脑的另一叶。她抽出时间，赐以洞见，这对于我探究卡梅隆的事业极富价值。

若干人士为我理解卡梅隆对电影艺术和科学的贡献给予了帮助。彼得·杰克逊、吉尔摩·德尔·托罗和史蒂芬·索德伯格站在导演的立场上提供了他们的观点，丹尼斯·穆伦耐心地向我解释了早期的 CG 技术，而罗伯特·勒加托则周到地说明了表演捕捉技术的玄妙之处。约翰·罗森格兰对斯坦·温斯顿工作室的特效传统提供了重要的梳理。阿尔·吉定斯描述了水下摄影中的精细艺术。文斯·佩斯引导我摸透了 3D 技术发展的每一步。

卡梅隆的多位创意和生意伙伴就其事业为我提供了相关信息。盖尔·安妮·赫德和罗杰·科尔曼回顾了卡梅隆的早年。史蒂芬妮·奥斯汀详细描述了《终结者 2》和《真实的谎言》中的动态布景。彼得·彻宁领我登上了制作《泰坦尼克号》的过山车。吉姆·詹诺普洛斯、汤姆·舍拉克、拉里·戈登描绘了电影公司办公室里的故事。卡梅隆在《阿凡达》一片中的共同编剧拉伊塔·卡罗格里底斯为我勾勒了作为编剧的卡梅隆。萨姆·沃辛顿则介绍了卡梅隆如何与演员打交道。乔什·麦克拉格伦、吉米·穆罗、罗素·卡朋特和彼得·拉蒙特向我展示了卡梅隆手下团队的热情和坚韧。詹姆斯·霍纳、康拉德·巴夫、加里·赖德斯特罗姆描述了他的后期制作风格。唐·林奇、肯·马歇尔、罗伯特·祖布林则对卡梅隆的电影提供了好莱坞局外人的观点。

卡梅隆的朋友对他都爱护有加。他们与我分享了诸多信息,透彻而全面,这对于帮助我了解卡梅隆至关重要。与他有三十八年交情的兰德尔·弗雷克斯和比尔·威舍描述了对他的印象。汤姆·阿诺德、约翰·布鲁诺、兰斯·亨里克森、比尔·帕克斯顿和阿诺德·施瓦辛格以同事兼朋友的身份发表了见解。卡梅隆的家人与他一样聪明、有趣、毫不含糊。他的父母菲利普和雪莉、他的兄弟约翰·大卫给我透露了成为"世界之王"之前卡梅隆大量有趣而不乏深意的故事。

一本书就好像一部电影,要依靠许多人的努力才能完成。我的经纪人艾德·维克多一直是位聪明而不知疲惫的支持者,从我们初次见面以来,我们的合作始终非常愉快。我在皇冠出版社的编辑肖恩·德斯蒙以冷静而乐观的超然心态克服了各种曲折,将这个项目顺利推进。我非常感谢皇冠出版社高效的团队,他们对我和我的稿子待之以细致和热心。迈克尔·格鲁斯科夫是一位真正的好莱坞绅士,他帮我的书找到了合适的推荐人。从我萌生写这本书的想法伊始,我最亲爱的朋友之一扎克·诺曼就在不断鼓劲,并全程相助。

我的父亲查理·温特斯是第一个将科幻小说推到我的手里并向我提出宏大问题的人。我感谢他和我已故的母亲贾丝汀,还有我的姐姐艾米,他们为我营造了洋溢艺术气息和爱之氛围的家。

我的丈夫马丁比所有人都更早相信我能写出这本书,甚至在我自己之前。他读了每一页,通常是在花了许多小时完成他自己的写作任务之后的夜半甚至凌晨。以其一贯的精力、机敏和智慧,他为我提供了珍贵的意见。我非常爱他。

图书在版编目(CIP)数据

天神下凡:詹姆斯·卡梅隆的电影人生/(美)基根著;朱沉之译.—北京:法律出版社,2010.4

书名原文:The Futurist:The Life and Films of James Cameron

ISBN 978-7-5118-0582-9

Ⅰ.①天… Ⅱ.①基…②朱… Ⅲ.①卡梅隆,J.—传记 Ⅳ.①K837.125.78

中国版本图书馆 CIP 数据核字(2010)第 042527 号

天神下凡:
詹姆斯·卡梅隆的电影人生
[美]丽贝卡·基根 著
朱沉之 译

编辑统筹 大众出版分社
策划编辑 赵利铭 柯 恒
责任编辑 柯 恒
装帧设计 乔智炜

出版 法律出版社
总发行 中国法律图书有限公司
经销 新华书店
印刷 世纪千禧印刷(北京)有限公司
责任印制 沙 磊

开本 787×960 毫米 1/16
印张 13.5
字数 170 千
版本 2010 年 5 月第 1 版
印次 2010 年 5 月第 1 次印刷

法律出版社(100073 北京市丰台区莲花池西里 7 号)
网址/www.lawpress.com.cn
电子邮件/info@lawpress.com.cn
销售热线/010-63939792/9779
咨询电话/010-63939796

中国法律图书有限公司(100073 北京市丰台区莲花池西里 7 号)
全国各地中法图分、子公司电话:
北京分公司/010-62534456
上海公司/021-62071010/1636
深圳公司/0755-83072995
西安分公司/029-85388843
重庆公司/023-65382816/2908
第一法律书店/010-63939781/9782

书号:ISBN 978-7-5118-0582-9
定价:38.00 元
(如有缺页或倒装,中国法律图书有限公司负责退换)